Martin Hengel

Der unterschätzte Petrus

Martin Hengel

Der unterschätzte Petrus

Zwei Studien

2. Auflage

Mohr Siebeck

MARTIN HENGEL: Geboren 1926; 1959 Promotion; 1967 Habilitation; 1968–1972 Professor für Neues Testament in Erlangen; 1972–1992 Professor für Neues Testament und Antikes Judentum in Tübingen; Direktor des Instituts für antikes Judentum und hellenistische Religionsgeschichte in Tübingen; seit 1992 emeritiert.

ISBN 978-3-16-149343-0

Die Deutsche Bibliothek verzeichnet diese Publikation in der Deutschen Nationalbibliographie; detaillierte bibliographische Daten sind im Internet über *http://dnb.ddb.de* abrufbar.

1. Auflage 2006
2. Auflage 2007

Das Buch wurde von Martin Fischer in Tübingen aus der Garamond Antiqua gesetzt, von Gulde-Druck in Tübingen auf alterungsbeständiges Werkdruckpapier gedruckt und von der Buchbinderei Held in Rottenburg gebunden.

To
William Horbury
in Gratitude

Vorwort

Die erste der beiden hier veröffentlichten Studien geht in ihrem Kern auf einen Vortrag zurück, der im November 2005 bei einer gemeinsamen Veranstaltung des Collegium Germanicum et Hungaricum und des Melanchthon-Zentrums in Rom und bei verschiedenen anderen Gelegenheiten gehalten wurde. Für den Druck habe ich denselben ganz wesentlich erweitert. Die zweite Studie erschien unter dem Titel „Apostolische Ehen und Familien" in der INTAMS review, Vol. 3 (1997), Heft 1, S. 62–74 in einer erheblich kürzeren Form. Auch diese habe ich gründlich überarbeitet und ergänzt, wobei die Person des Petrus noch stärker in den Mittelpunkt gestellt wurde.

Den Titel „Der unterschätzte Petrus" wählte ich, weil ich glaube, daß die historische und theologische Bedeutung des Fischers aus Beth Saida in der evangelischen wie der katholischen Exegese weithin unterschätzt und er zugleich in seinem Verhältnis zu Paulus zu harmonisierend gesehen wird. Beide Untersuchungen sind Parerga zu einer im Entstehen begriffenen Geschichte Jesu und der Urgemeinde.

Für das Schreiben des wachsenden Manuskripts in den Computer danke ich Frau Dr. theol. Anne Käfer und für eine kritische Durchsicht Frau Prof. Dr. theol. Anna Maria Schwemer und Frau Monika Merkle. Die Korrektur der Druckvorlage las Herr Dipl. theol. Christoph Schaefer, der auch das Register erstellte. Auch ihm sei herzlich gedankt.

Tübingen im Advent 2005 Martin Hengel

Vorwort zur 2. Auflage

Das Thema „Der unterschätzte Petrus" ist auf ein erfreuliches Interesse gestoßen. In zehn Monaten war die erste Auflage vergriffen. Eine zweite unveränderte Auflage, in der nur wenige Druckfehler beseitigt wurden, legt sich daher nahe.

Ostern 2007 Martin Hengel

Inhaltsverzeichnis

I. Petrus der Fels, Paulus und die Evangelientradition 1

1. Drei Fragen zu Mt 16,17–19 1

2. Das Wort vom „Felsenmann“ 21

3. Petrus als die „apostolische Grundgestalt der Kirche“ in der Zeit vor Matthäus 45

4. Markus, der Schüler des Petrus 58

5. Die spätere Rolle des Petrus und sein Konflikt mit Paulus 78
   5.1 Das Wirken des Petrus außerhalb Judäas 78
   5.2 Der Konflikt mit Paulus in Antiochien . . 92
   5.3 Petrus in Korinth 106

6. Die unbekannten Jahre des Petrus und seine theologische und missionarische Bedeutung 129
   6.1 Zur Theologie des Petrus 129
   6.2 Der Organisator und Missionsstratege . . 145
   6.3 Versöhnung mit Paulus? 158

7. Fazit: Zehn Punkte 162

II. Die Familie des Petrus und andere apostolische Familien 167

1. Markus und die anderen Evangelisten 167

2. Paulus und die anderen Apostel 180

3. Spätere Nachrichten über apostolische Familien 189

4. Clemens Alexandrinus und der Enkratismus 200

5. Abschließende Überlegungen 217

Zeittafel 221

Stellenregister 225
Autorenregister 245
Sachregister 248
Griechische Begriffe 260

I. Petrus der Fels, Paulus und die Evangelientradition

1. Drei Fragen zu Mt 16,17–19

„Tu es Petrus, et super hanc petram aedificabo ecclesiam meam et portae inferi non praevalebunt adversus eam (...).“ Der protestantische Rombesucher ist beeindruckt von diesem Spruchband in der Kuppel der Peterskirche, auch wenn er die dort dahinterstehende Auslegung dieses Textes auf den Bischof von Rom nicht teilen kann. Auf jeden Fall lohnt es sich, über diesen und andere Petrustexte, ja überhaupt über die einzigartige Person dieses Jüngers nachzudenken. Den Auslegern gibt das stolze Wort Mt 16,18 samt seinem ganzen Kontext 16,17–19[1] seit

---

[1] Zur überfließenden Fülle der Literatur s. die großen Kommentare von U. Luz, Das Evangelium nach Matthäus (Mt 8–17), EKK I,2, Zürich etc. 1990, 450–483 (mit Wirkungsgeschichte); dazu Ders., Das Primatwort Matthäus 16,17–19 aus wirkungsgeschichtlicher Sicht, NTS 37 (1991), 415–433 = Ders., Studies in Matthew, Grand Rapids etc. 2005, 165–182; weiter W. D. Davies/D. C. Allison, The Gospel according to Saint Matthew, Vol. II, Mt VIII–XVIII, ICC, Edinburgh 1991, 602–652; s. auch A. Schlatter, Der Evangelist Matthäus, Stuttgart ³1948, 504–513; P. M.-J. Lagrange, Évangile selon Saint Matthieu, Paris (1922) ⁷1941, 322–328. Unter den Monographien

Tertullian, Origenes und Cyprian einige Rätsel auf. Das ganze Textstück lautet:

ἀποκριθεὶς δὲ ὁ Ἰησοῦς εἶπεν αὐτῷ·
μακάριος εἶ, Σίμων Βαριωνᾶ,
ὅτι σὰρξ καὶ αἷμα οὐκ ἀπεκάλυψέν σοι
ἀλλ᾽ ὁ πατήρ μου ὁ ἐν τοῖς οὐρανοῖς.
κἀγὼ δέ σοι λέγω
ὅτι σὺ εἶ Πέτρος,
καὶ ἐπὶ ταύτῃ τῇ πέτρᾳ οἰκοδομήσω μου τὴν ἐκκλησίαν
καὶ πύλαι ᾅδου οὐ κατισχύσουσιν αὐτῆς.
δώσω σοι τὰς κλεῖδας τῆς βασιλείας τῶν οὐρανῶν,
καὶ ὃ ἐὰν δήσῃς ἐπὶ τῆς γῆς

---

ist immer noch grundlegend O. CULLMANN, Petrus. Jünger – Apostel – Märtyrer, Zürich ²1960, 183–243; weiter CHR. GRAPPE, D'un Temple à l'autre. Pierre et l'Eglise primitive de Jérusalem, EHPhR 71, Paris 1992, 110f.148f.227–231; DERS., Images de Pierre aux deux premiers siècles, EHPhR 75, Paris 1996; s. weiter O. BÖCHER, Artk. Petrus, TRE 26, 263–273 Lit. (265f.); R. PESCH, Simon Petrus, PuP 15, Stuttgart 1980, 96–104; DERS., Die biblischen Grundlagen des Primats, QD 187, Freiburg etc. 2001, 31–39 (Lit.), 62f.; G. CLAUDEL, La Confession de Pierre. Trajectoire d'une péricope Évangélique, Études bibliques; N. S., 10, Paris 1988; A. J. NAU, Peter in Matthew, Collegeville/Minn. 1992, 49–56; P. DSCHULNIGG, Petrus im Neuen Testament, Stuttgart 1996, 40–43; L. WEHR, Petrus und Paulus – Kontrahenten und Partner, NTA NF 30, Münster 1996; DERS., Artk. Petrus, Apostel I, LThK³ 8, 90–94; T. WIARDA, Peter in the Gospels, WUNT II/127, Tübingen 2000, 96–99; J. GNILKA, Petrus und Rom. Das Petrusbild in den ersten zwei Jahrhunderten, Freiburg etc. 2002, 10f.152–160.253.259.

Der Text ist erstaunlich gut überliefert. Zu dem entscheidenden Vers 18 nennt Nestle/Aland, 27. revidierte Auflage 2001 keine Variante.

ἔσται δεδεμένον ἐν τοῖς οὐρανοῖς,
καὶ ὃ ἐὰν λύσῃς ἐπὶ τῆς γῆς
ἔσται λελυμένον ἐν τοῖς οὐρανοῖς.

Jesus aber antwortete und sprach zu ihm:
„Selig bist du, Simon Bariona;
denn nicht Fleisch und Blut hat dir das geoffenbart,
sondern mein Vater, der im Himmel ist.
Und ich sage dir:
„Du bist Petrus,
und auf diesen Felsen will ich meine Gemeinde bauen,
und die Pforten des Totenreichs werden sie nicht überwältigen.
Ich will dir die Schlüssel des Himmelreiches geben,
und was du auf Erden bindest,
das wird im Himmel gebunden sein,
und was du auf Erden lösest,
das wird im Himmel gelöst sein."

Wenige Verse im Neuen Testament waren in ihrer Auslegung vor allem seit der Reformation so umstritten, aber auch so geschichtsmächtig wie diese. Wir können hier auf ihre vielgestaltige Wirkungsgeschichte nicht weiter eingehen, sondern wollen im Blick auf unser Thema an den Text des Mt zunächst nur drei Fragen stellen:

1. Von wem stammt diese Texteinheit?

2. Wann ist sie entstanden?

3. Warum hat sie der Evangelist als „Sondergut" in sein Werk aufgenommen bzw. selbst konzipiert?

Diese letzte Frage könnte man auch so formulieren: Warum erhält Petrus eine solche für ihn, man darf wohl sagen, einzigartige Bedeutung? Sie soll der weiteren Untersuchung die Richtung geben.

1. Die Verheißung an Petrus nach dessen Messiasbekenntnis läßt sich nicht direkt auf Jesus selbst zurückführen, sondern trägt in der vorliegenden Form als kunstvolle Gesamtkomposition *die Handschrift des Evangelisten*, der dabei ältere Tradition verarbeitet, die aber von seiner „Redaktion" kaum mehr fein säuberlich zu trennen ist. Nur bei ihm erscheint in den Evangelien zweimal der Begriff ἐκκλησία, in 16,18 für die universale Gemeinde Christi, in 18,17 für die konkrete Einzelgemeinde. Mt verwendet hier als einziger Evangelist den zweifachen ἐκκλησία-Begriff des Urchristentums und setzt damit zugleich bereits für Jesus die Gründung einer „Sondergemeinschaft" in und neben Israel voraus, während dieser sich in seiner Wirksamkeit auf das Zwölfstämmevolk konzentrierte.[2] Jesus hatte im Blick auf die Zukunft nicht Ereignisse der nach Ostern beginnenden Kirchengeschichte im Auge, sondern sein Leiden als Gottesknecht und den für alle sichtbaren

[2] U. LUZ, Matthäus (Anm. 1), 456; L. WEHR, Artk. Petrus (Anm. 1), 91. Skeptisch bin ich gegenüber der Möglichkeit der literarkritischen Trennung von Redaktion und Tradition bei U. LUZ, Primatwort (Anm. 1), 423, der selbst zugibt, daß „die Merkmale redaktioneller Sprache in V. 17 und 19a wenig eindeutig sind." Wir wissen für derartige Operationen viel zu wenig über die Entstehungsverhältnisse der Evangelien. M.E. gingen bei Mt Jahre mündlichen Lehrvortrags voraus. Vermutlich ist in der matthäischen Komposition mehr „traditionell", als allgemein angenommen wird. Dies beginnt schon mit dem unerklärlichen Βαριωνᾶ, s.u. Anm. 58.

Anbruch der Gottesherrschaft mit der Offenbarung des Menschensohns.

„Binden und Lösen" sind rabbinische termini technici für halachische und disziplinarische Entscheidungen, die „verbieten" und „erlauben" bzw. „den Bann verhängen" und „aufheben" bedeuten.[3] Wieweit sie schon vor 70 in diesem Sinne allgemein gebraucht wurden, wissen wir nicht. Der Evangelist, selbst ein unbekannter judenchristlicher Schriftgelehrter und vermutlich auch ein erfahrener Gemeindeleiter gegen Ende des 1. Jh.s,[4] übernimmt diese Terminologie von seinen Gegnern, den pharisäischen Schriftgelehrten des nach der Katastrophe von 70 sich neu formierenden palästinischen Judentums, und bringt dadurch in 16,19 die ganz besondere für „Erde" und „Himmel" geltende Vollmacht des Petrus in Verkündigung und Kirchenleitung, in Lehre und Ordnung zum Ausdruck.[5] In der allgemein auf die (zwölf)

---

[3] Billerbeck I, 738–747 (739); s. auch W. D. Davies/D. C. Allison, Matthew (Anm. 1), II, 635–641 und dazu 639: „Peter is the authorative teacher without peer".

[4] Vgl. Mt 13,52 (Sg.), doch wohl ein vorsichtiger Hinweis auf sich selbst als christlicher Schriftgelehrter, und 23,34: Der erhöhte Christus sendet, identisch mit der göttlichen Weisheit (s. Lk 11,49), „Profeten, Weise und Schriftgelehrte". Der Autor rechnet sich zu den letzteren.

[5] Ph. Vielhauer, Oikodome. Aufsätze zum Neuen Testament, hg. v. G. Klein, Bd. 2, ThB 65, München 1979, 66: „Die Schlüsselgewalt bezeichnet die Lehrgewalt, ebenso binden und lösen die Lehr- und Disziplinargewalt. (...) Die Ekklesia, in der gebunden und gelöst wird, [ist] zwar nicht im Himmel, sondern auf der Erde; aber es besteht eine Korrespondenz zwischen

Jünger bezogenen Parallele 18,18 wird vom kirchlichen Kontext her dagegen eher deren Disziplinarvollmacht hervorgehoben.[6] Die „Schlüssel des Himmelreichs" (16,19 a) beziehen sich auf die Petrus nach Ostern anvertraute Botschaft, deren Kern das Bekenntnis zu Jesus als dem Messias, Sohn des lebendigen Gottes (16,16), und Bringer der Gottesherrschaft ist. Wer diese Botschaft in glaubendem Gehorsam ergreift und sein Leben ihr entsprechend führt, dem öffnet sich der Zugang zum Gottesreich, während die pharisäischen Schriftgelehrten für sich selbst und andere zur Zeit des Evangelisten durch ihre Feindschaft gegen Jesus im jüdischen Palästina eben diesen Zugang verschließen.[7] Analoges gilt freilich auch für – nur scheinbar – christliche „Antinomisten" und „Libertinisten", die „Herr, Herr" sagen, aber „den Willen

---

Gemeinde und Himmel in dem Sinne, daß was auf der Erde in der Gemeinde gilt, auch im Himmel gilt (...). Insofern sind die Petrus übergebene Lehr- und Disziplinargewalt die ‚Schlüssel des Himmelreichs'." S. u. S. 43 f.

[6] Mt 19,28 (vgl. Lk 22,30) erscheinen sie als Richter über das Zwölfstämmevolk, vgl. Dan 7,9 f.22.26; 1 Kor 6,2 f.; Apk 20,4. Die altlateinische Handschrift c (Colbertinus) löst den Zwiespalt dadurch, daß sie wie in 18,18 schon in 16,19 den Plural *ligaveritis* und *solveritis* bringt (12./13. Jh.). Hier mag ein Einfluß der westlichen Exegese vorliegen. S. A. Jülicher, Itala 1, Matthäusevangelium, Berlin [2]1972, 116.

[7] Mt 23,13; s. dazu die ursprüngliche Vorlage Lk 11,52, wo die Schriftgelehrten (νομικοί) den Schlüssel der Erkenntnis (κλεῖδα τῆς γνώσεως), d. h. der rechten Schriftauslegung, beseitigt haben. Vgl. EvThom 39,1 f., das m. E. von Lk und Mt abhängig ist.

meines Vaters im Himmel" mißachten.[8] Der Evangelist will für seine Zeit gegen Ende des ersten Jahrhunderts diese Botschaft in einer kritischen Situation in seinem Werk für die ganze Kirche neu zur Sprache bringen.

2. Damit ist auch unsere zweite Frage nach der *Entstehungszeit* beantwortet. Der Text ist als Ganzes geprägt von der besonderen Situation und der traditionsbewußten Theologie des Evangelisten, der sein Evangelium relativ spät, etwa zwischen 90 und 100 n. Chr., im südlichen Syrien bzw. im palästinisch-syrischen Grenzbereich verfaßt hat. Er setzt, das zeigt Mt 23, die das palästinische Judentum neu konstituierenden Beschlüsse des Lehrhauses von R. Gamliel II. in Jabne voraus.[9] Die historische Situation des ersten Evangeliums läßt sich so relativ genau bestimmen. Es ist wesentlich jünger als Mk und Lk, und es kennt beide. Eine Analyse seiner historischen Situation verbietet einen zu frühen zeitlichen Ansatz. Seine theologische Sprache ist unter den drei Synoptikern am vollsten ausgebildet und am stärksten durchreflektiert. Der Evangelist war ein eindrücklicher theologischer Denker, dessen Wirkung auf die Alte Kirche sich durchaus mit der des Paulus und Johannes vergleichen läßt. Aus alledem ergibt sich,

---

[8] Mt 7,21 f.; vgl. 7,13 f.24 ff. etc. S. u. S. 44 Anm. 85.

[9] S. dazu grundlegend H.-J. Becker, Auf der Kathedra des Mose. Rabbinisch-theologisches Denken und antirabbinische Polemik Mt 23,1–12, ANTZ 4, Berlin 1990, 45–51; M. Hengel, The Four Gospels and the One Gospel of Jesus Christ, London 2000, 196 ff.318 n. 770–773.

daß der anonyme Verfasser auf Petrus als eine für ihn *einzigartige* Autorität der Vergangenheit zurückschaut, die etwa eine Generation früher in Rom, vermutlich im Umkreis der neronischen Verfolgung, den Märtyrertod starb.[10] Nach Tacitus soll damals eine *multitudo ingens* grausam hingerichtet worden sein.[11] Diese Angabe mag

[10] S. dazu 1 Petr (5,1.13) und 2 Petr (1,13–15) als pseudepigraphische Testamente des Petrus; 1 Clem 5 und 6 nach 96 n. Chr.; Dionysius von Korinth bei Euseb, h. e. 2,25,8 um 160; ActVerc 37–41 = NTApo^5 II, 287 f.; vgl. AscIs 4,2 f. = NTApo^5 II, 552; s. auch das griech. Fragment aus einer Petrusapokalypse op. cit. II, 575 Anm. 43 und Joh 21,18 f. vgl. 13,36. Sie alle bezeugen seinen Tod als Glaubenszeugen. Zu Petrus als Märtyrer ausführlich O. CULLMANN, Petrus (Anm. 1), 78–178, weiter CHR. GRAPPE, Images (Anm. 1), 49–81 und R. BAUCKHAM, The Martyrdom of Peter in Early Christian Literature, ANRW II 26,1 (1992), 539–595; eine knappe Zusammenstellung der Belege gibt W. BAUER in NTApo^3 II, 21. S. dazu auch u. S. 160 f.

[11] Tacitus, ann. 15,44,2–5(4): „Deinde indicio eorum (d. h. der zuerst Verhafteten) *multitudo ingens* haud proinde in crimine incendii quam odio humani generis convicti sunt." Der Bericht enthält literarische Anspielungen auf den Bacchanalienskandal in Rom 186 v. Chr. Zur *multitudo ingens* s. Livius 39,13,14 vgl. 1 Clem 6,1: Den Märtyrern Petrus und Paulus wurde ein πολὺ πλῆθος ἐκλεκτῶν zugesellt, die unter Folterqualen getötet wurden. Es besteht kein Grund, im Widerspruch zu Tacitus den Zusammenhang zwischen dem Brand von Rom und der Christenverfolgung zu leugnen, gegen H. G. THÜMMEL, Die Memorien für Petrus und Paulus in Rom, AKG 76, Berlin u. a. 1999, 10–14; DERS., Artk. Petrustradition, RGG^4 VI, 1165. Daß Sueton, Nero 16,2.38 beides trennt, besagt nichts, da er sich an keine chronologische Ordnung hält und die Christenverfolgung nur am Anfang und ganz kurz berichtet. Euseb, Chronik des

etwas übertrieben sein, es war jedoch sicher die größte Massenhinrichtung von Christen im 1. Jh. Die „Tore des Totenreichs“[12], die „nicht stärker sein werden“ als die auf dem Felsen Petrus erbaute Kirche Christi[13], obwohl der Felsenmann selbst als Märtyrer ihr Opfer wurde, er-

---

Hieronymus (GCS 47, ed. R. Helm, 185) verlegt die Verfolgung als Höhepunkt der neronischen Untaten ganz ans Ende der Regierungszeit des Herrschers, der sich am 9.6.68 töten ließ. Dadurch folgt auf das Verbrechen sofort die gerechte Strafe. Nach dem Ausbruch des Jüdischen Krieges im Sommer 66 n. Chr. ist eine Verfolgung der loyalen Christen (s. Röm 13 und 1 Petr 2,13 ff.) unwahrscheinlich. Man würde hier eher ein Vorgehen gegen die Juden in Rom erwarten. Ebensowenig ist erwiesen, daß Paulus nach zweijähriger Gefangenschaft (Apg 28,30) in Rom etwa um 62 n. Chr. hingerichtet wurde. Das letzte Wort ἀκωλύτως spricht eher dagegen. Vgl. auch 1 Clem 5,7: Seine Weiterreise in den Westen ἐπὶ τὸ τέρμα τῆς δύσεως ἐλθών ist ernst zu nehmen. Es kann sinnvollerweise nur Spanien bedeuten (Röm 15,24.28; ActVerc 1,1 = NTApo^5 II, 259; CanMur 37 ff. = NTApo^5 I, 28). Auf Grund von 1 Clem 5 und 6 (dazu Polykarp, Phil 9,1 f.), Dionysius von Korinth bei Euseb, h. e. 2,25,8 und Irenäus, adv. haer. 3,1,1 (zur Entstehung des Mk nach dem Tod beider Apostel) kann man von ihrem Tod im Zusammenhang mit derselben Verfolgung ausgehen. Diese wird sich einige Zeit hingezogen haben. Der Zeitpunkt der Hinrichtung von Petrus und Paulus muß daher nicht derselbe sein. Man hat aber bald, noch im 1. Jh. n. Chr., das Martyrium der beiden zusammengesehen; s. u. S. 161.

[12] Vgl. PsSal 16,2: πύλαι ᾅδου; Sap 16,13; 3 Makk 5,51.

[13] Zur Übersetzung von κατισχύσουσιν s. H. Hommel, ZNW 80 (1989), 124 f. im Anschluß an A. v. Harnack, Der Spruch über Petrus als den Felsen der Kirche, SPAW 32, Berlin 1918, 637–654 = Kleine Schriften zur Alten Kirche, Berliner Akademieschriften 1908–1930, Bd. 1, Leipzig ^{2}1980, 511–524.

innern konkret an diese todbringende Verfolgung, aber auch an gegenwärtige und noch schwerere zukünftige Verfolgungen, die man mit dem Kommen des Antichrists erwartete.[14] Weil der Bauherr der Kirche als der von den Toten Auferstandene die Macht des Todes gebrochen hat, ist auch seine auf dem Felsen Petrus erbaute Kirche stärker als alle Todesmächte. Die Situation der Kirche hatte sich in der Spätzeit Domitians gegenüber der früheren Herrschaft der Flavier verschärft.[15] Auch das Wort vom Kreuztragen, das Mt 16,24 von Mk 8,34 übernimmt, könnte indirekt auf die neronische Verfolgung hinweisen, bei der wir erstmals von der Kreuzigung von Christen hören. Auch Petrus soll ja damals gekreuzigt worden sein.[16] Der Herr, der auf dem Felsen Petrus seine

---

[14] Mt 24,9 ff.21–29 parr.

[15] Vgl. den sechsfachen Gebrauch des Verbs διώκειν Mt 5,10–12.44; 10,23; 23,34. An der letzten Stelle spricht er sogar von der Kreuzigung von Christen; s. M. HENGEL, Gospels (Anm. 9), 323 Anm. 807. Zur eschatologischen Verfolgung s. Mk 13,19 f. = Mt 24,21 f. Auch die Johannesapokalypse erwartet auf dem Hintergrund der neronischen Verfolgung Massenhinrichtungen von Christen in der Zeit des kommenden Antichrists, die jedoch den Sieg Christi und seiner Glaubenstreuen nicht aufhalten können. Teufel, Tod und Hades werden am Ende in den „Feuersee" geworfen: Apk 20,10.14.

[16] Tacitus, ann. 15,44,4: aut crucibus adfixi atque flammati, vgl. Joh 21,18 und seine Deutung bei Tertullian, scorp. 15,3; ActAndreae, ed. J.-M. Prieur, p. 615, Z. 9 f., dazu CHR. GRAPPE, Images (Anm. 1), 51 f.; 55 Anm. 43; R. BAUCKHAM, Martyrdom (Anm. 10), 546–550. Nach ActVerc 37 f. (NTApo[5] II, 287 f.) und Origenes bei Euseb, h. e. 3,1,2 wird Petrus auf eigenen Wunsch

trotz aller künftigen Leiden unüberwindliche Kirche errichtet, ist derselbe, der der Jüngergemeinde am Ende des Evangeliums versichert: „Ich bin bei euch bis an das Ende der Welt“, d. h. bis zur Parusie.[17]

3. Jesu Wort vom „Felsenmann“, das innerhalb des ersten Evangeliums zusammen mit der dazu in bewußt schroffem Kontrast stehenden ersten Leidensweissagung[18] die Peripetie darstellt, ist *einzigartig* im ganzen Neuen Testament. Nirgendwo sonst wird ein einzelner Jünger Jesu in vergleichbarer Weise ausgezeichnet. Dies gilt schon für die an ihn allein gerichtete Seligpreisung. Am ehesten könnte man noch an den rätselhaften Lieblingsjünger im Johannesevangelium denken, der, was seine Nähe zu Jesus anbetrifft, in einer gewissen Konkurrenz zu Petrus dargestellt wird, aber auch dieser ideale Jünger erhält keine solche einmalige heilsgeschichtliche Funktion, wie sie der matthäische Christus dem „Felsenmann“ zuspricht, ja in Joh 21,15–17 wird

---

mit dem Kopf nach unten gekreuzigt; Mt 23,34 ist der einzige Beleg, der in den Evangelien eindeutig auf die Kreuzigung von Christen hinweist. An wen wird Mt hier gedacht haben?

[17] Mt 28,20. Mt ist auch der einzige Evangelist, der viermal von der παρουσία Jesu bzw. des Menschensohns spricht: 24,3.27.37.39.

[18] Mt 16,21–23 = Mk 8,31–33; vgl. Lk 9,22. Mt verschärft die erschrockene Reaktion des Petrus (16,22b) wie auch Jesu Zurückweisung (23b: σκάνδαλον εἶ ἐμοῦ): Dies steht in bewußtem Kontrast zu 16,17 μακάριος εἶ, Σίμων Βαριωνᾶ, während Lk harmonisierend kürzt. Er will diesen Fehltritt des Petrus dem vornehmen Theophilus nicht zumuten.

nicht ihm, sondern Petrus nacheinander dreimal der Auftrag gegeben „weide meine Schafe", d.h., selbst bei Joh verleiht der Auferstandene Petrus eine überragende bleibende Führungsrolle, die erst mit dem Martyrium enden soll.[19] Selbst im vierten Evangelium ist so die besondere Autorität des Petrus unübersehbar.

Die nächste Parallele zu dieser auffallenden Zusage Jesu an Petrus in der Mitte des ersten Evangeliums findet sich in einem apokryphen Evangelium aus dem 2. Jh., den „verborgenen Worten" Jesu, „die Didymus Judas Thomas aufschrieb". Dort heißt es in Logion 12:

„Die Jünger sprachen zu Jesus: ‚Wir wissen, daß du von uns gehen wirst. Wer ist es, der (dann) groß unter uns sein wird (d.h., der über uns herrschen wird)?' Jesus aber sprach zu ihnen: ‚Woher auch immer ihr gekommen seid – zu *Jakobus dem Gerechten* sollt ihr gehen, *um dessentwillen Himmel und Erde entstanden sind.*'"[20]

Hier wird dem Bruder Jesu, Jakobus, der den Beinamen „der Gerechte" erhalten hatte, die Führung der Jünger-

---

[19] S. Joh 21,15–19, s. dazu U. HECKEL, Hirtenamt und Herrschaftskritik, BThSt 65, 2004, 43–46.139–158 u.ö. Zu Mt 16,18f. s. 166–168f. Petrus hat auch Joh 6,66–69, bei einer Krise innerhalb der Jüngerschaft, das entscheidende Bekenntnis abgelegt, das erst nach Ostern durch Thomas 20,28 überboten wird.

[20] S. Text und Übersetzung bei K. ALAND, Synopse [15]1996, 522. Daß die Welt „um *der* Gerechten willen geschaffen wurde", betonen SyrBar 15,7; 21,24; nach 14,18 und 4Esra 8,44 ist sie um des Menschen willen, nach 6,55–59 um Israel und nach AssMos 1,12 um des Gesetzes willen erschaffen. S. auch Prov 10,25: „Der Gerechte ist die Grundlage (*j^esod*) der Welt" und seine kosmologische Deutung bChag 12b.

gemeinde zugesprochen. Die Begründung ist freilich eine ganz andere: Im Gegensatz zu dem Wort an Petrus ist sie nicht christologisch und eschatologisch, sondern kosmologisch begründet, sie entspricht dem jüdischen Ideal des vollkommenen Gerechten. So die immer noch grundlegende Monographie von R. MACH: „Die ganze Schöpfung (...) ist dem Zaddik untertan und steht in seinem Dienst“[21]. Die Konkurrenz zur einzigartigen Bedeutung des Petrus in der Urgemeinde ist offensichtlich. Dieses Konkurrenzverhältnis zeigt sich auch daran, daß Jakobus und nicht Petrus nach dem Hebräerevangelium die Ersterscheinung des Auferstandenen zugesprochen wird.[22] Die spätere kirchliche Überlieferung seit Clemens Alexandrinus versucht, gegenüber diesem aus dem strengen Judenchristentum kommenden Anspruch einen Kompromiß zu finden, indem sie Jakobus zu dem

---

[21] R. MACH, Der Zaddik in Talmud und Midrasch, Leiden 1957, 113, s. überhaupt 108–133: „Das Wirken des Zaddik“; einzelne Parallelen auch bei W. PRATSCHER, Der Herrenbruder Jakobus und die Jakobustradition, FRLANT 139, Göttingen 1987, 151–157, der freilich den Zusammenhang mit dem Ideal des Zaddik verkennt. S. auch M. HENGEL, Paulus und Jakobus, Kleine Schriften III, WUNT 141, Tübingen 2002, 557ff. und P.-A. BERNHEIM, Jacques, frère de Jésus, Paris 1996, 132ff.260ff.278ff. B. möchte Jakobus von Anfang an die Führungsrolle in Jerusalem zusprechen.

[22] EvHebr fr. 7 nach Hieronymus, vir. inl. 2, TU 14,1,7f.: Die Erscheinung geschieht in Jerusalem am Tag der Auferstehung. S. W. PRATSCHER, Jakobus (Anm. 21), 46–48: Der Auferstandene feiert mit ihm die Eucharistie. Der Plural der Aufforderung Jesu läßt vermuten, daß Jakobus von einem Jüngerkreis umgeben ist.

von allen Aposteln eingesetzten Bischof von Jerusalem macht.[23] Dennoch kann Jakobus auch bei Clemens als führender Offenbarungsempfänger erscheinen, der unter denen, die von Jesus „die Gnosis" erhalten, als erster genannt wird.[24] Der „monarchische Episkopat" in der Kirche mag von der Sache her wirklich auf den über den „Ältesten" stehenden Jakobus als Leiter der

---

[23] Euseb, h. e. 2,1,3 nach Clem. Alex., Hypotyposen, Buch VI; vgl. Hegesipp bei Euseb, h. e. 2,23,4: „Die (Leitung der) Kirche übernimmt (zusammen) mit den Aposteln Jakobus, der Bruder des Herrn (διαδέχεται τὴν ἐκκλησίαν μετὰ τῶν ἀποστόλων)." Die syrische Übersetzung macht daraus ein „nach den Aposteln"; vgl. Irenäus, adv. haer. 3,12,15: circa Iacobum apostoli. Nach Hieronymus, vir. inl. 2 sei er „sofort (statim) nach der Passion des Herrn von den Aposteln zum Bischof von Jerusalem eingesetzt (*ordinatur*) worden." S. auch u. S. 82 ff.

[24] Euseb, h. e. 2,1,4 nach Clem. Alex., Hypotyposen, Buch VII, nach dem „der Herr nach der Himmelfahrt die Gnosis Jakobus dem Gerechten, Johannes und Petrus" gegeben habe und diese „den übrigen Aposteln" und diese „den Siebzig, darunter auch Barnabas"; wie in Gal 2,9 steht Jakobus als die größte Autorität an erster Stelle. Zur Entwicklung der Tradition s. W. PRATSCHER, Jakobus (Anm. 21), 178–186. Auch in der Urschrift der Pseudoklementinen werden Petrus und die anderen Jünger dem Jakobus unterstellt. S. noch die ep. Petri zu Beginn der pseudoclementinischen Homilien (GCS 42, ed. B. Rehm, 1 f.): Πέτρος Ἰακώβῳ τῷ κυρίῳ καὶ ἐπισκόπῳ τῆς ἁγίας ἐκκλησίας. Damit erscheint Jakobus als Bischof der gesamten Kirche. Im letzten Satz wird er noch einmal mit κύριε μου angesprochen. Vgl. weiter die ep. Clementis 1,1 (op. cit. 5): ἐπισκόπων ἐπισκόπῳ und jetzt aus den Texten von Nag Hammadi den „Brief des Jakobus" (NHC I,2), in dem er durchweg dem Petrus als Offenbarungsempfänger vorgeordnet wird.

Gemeinde in Jerusalem zurückgehen und sich von dort aus in den Westen ausgebreitet haben. Schon im sogenannten Apostelkonzil wird nach Gal 2,9 Jakobus als erste der drei Säulen vor Petrus und Johannes genannt und nach Apg 15,13–21 ist es sein Vorschlag, der den Streit in Jerusalem schlichtet, d. h., er hat das letzte entscheidende Wort. Offenbar war der Herrenbruder von der Zeit der Agrippaverfolgung ca. 42/43 n. Chr.[25] an bis zu seiner Steinigung ca. 62 n. Chr.,[26] d. h. rund 20 Jahre, die führende Autorität der Urgemeinde in Jerusalem.

Um so mehr fällt es auf, daß Jakobus in den Evangelien nur bei Mk und Mt ganz am Rande je einmal als erster der vier Brüder Jesu in Nazareth erscheint und im Neuen Testament insgesamt lediglich elfmal genannt wird, davon dreimal in der Apg, viermal bei

---

[25] Zur einschneidenden Bedeutung der Agrippaverfolgung und ihren Konsequenzen s. A. M. Schwemer, Verfolger und Verfolgte bei Paulus. Die Auswirkungen der Verfolgung durch Agrippa I. auf die paulinische Mission, in: Biographie und Person des Paulus, hg. v. P. Pilhofer, erscheint in WUNT 2006, 37–59 (50 ff.). S. auch u. S. 125 Anm. 254.

[26] Sie wird sonderbarerweise nur von Josephus, ant. 20,200 ff. als frühestem Zeugen, dann in legendär ausstaffierter Form von Hegesipp bei Euseb, h. e. 2,23,4–18, ganz knapp bei Clemens Alex., Hypotyposen nach Euseb, h. e. 2,1,5, in der 2. Jakobusapokalypse von Nag Hammadi (NHC V, 4 s. Nag Hammadi Deutsch, GCS NF 12, II, 431 f.) und von Epiphanius, Panarion 78,14, aber von keinem christlichen Text vor 160 (Hegesipp), d. h. erst rund 100 Jahre nach seinem Tode erwähnt; s. M. Hengel, Kleine Schriften III (Anm. 21), 553–557.

Paulus.[27] Das hängt gewiß *auch* damit zusammen, daß er (und seine Brüder) zu Lebzeiten Jesu noch ein gebrochenes Verhältnis zu ihrem so ungewöhnlichen Bruder hatten.[28] Dagegen wird Petrus mit seinen verschiedenen Namensformen (Petros, Simon und Kephas) allein in den Synoptikern 75 mal und bei Joh 35 mal erwähnt.[29] Insgesamt wird im Neuen Testament seine Person 181 mal angesprochen; er übertrifft damit selbst noch Paulus/Saulus/Saul mit 177 Erwähnungen, beide begegnen uns damit öfter als der kollektive Sprachgebrauch von οἱ μαθηταί, οἱ ἀπόστολοι oder οἱ δώδεκα. Dieses Mißverhältnis in den Nennungen des Jakobus einer- und des Petrus und Paulus andererseits weist u. a. auch auf erhebliche innere Auseinandersetzungen im Urchristentum hin, die zur Folge haben, daß dann später, in den Jahrzehnten nach 70, Jakobus und die Verwandten Jesu auf der judenchristlichen und Petrus und Paulus – unbenommen beträchtlicher theo-

---

27 Mk 6,3 = Mt 13,55: „der Bruder des Jakobus und Joses/Joseph und Judas und Simon"; vgl. Apg 12,17; 15,13; 21,18; 1 Kor 15,7; Gal 1,19; 2,9.12; Jak 1,1; Jud 1,1.

28 S. die kritischen Notizen Mk 3,21 und Joh 7,5: „Denn auch seine Brüder glaubten nicht an ihn", weiter Jesu Kritik an seiner Familie Mk 3,31–35 = Lk 8,19–21 und Mt 12,46–50 sowie die Tatsache, daß Lk verschweigt, daß Jakobus der Bruder Jesu ist.

29 Mk 19 + 5; Lk 18 + 8; Mt 23 + 2. Simon Petrus wird dabei als Einheit gezählt. Joh hat 34 × (Simon) Petrus, zweimal Simon und einmal Kephas. Die Apg hat 56 mal (Simon) Petrus und einmal Symeon, Paulus achtmal Kephas und zweimal Petrus, d. h., zusammen mit 1 Petr 1,1 und 2 Petr 1,1, insgesamt 181 Nennungen.

logischer und persönlicher Unterschiede – auf der sich stärker ausbreitenden überwiegend heidenchristlichen Seite stehen;[30] d. h., die großkirchliche Überlieferung hat, vertreten durch die uns erhaltenen kanonischen Schriften des Neuen Testaments, nach der Katastrophe der Zerstörung Jerusalems ganz einseitig Partei für die letztere genommen.[31] Nach diesem tiefen Einschnitt verliert das gesetzestreu bleibende palästinisch(-syrische) Judenchristentum immer mehr an Bedeutung. Im Verlauf des 2. Jh.s wird es dann ganz aus der Kirche hinausgedrängt, nachdem es zuvor schon aus der Synagoge vertrieben worden war.[32]

Wir sehen aus diesem – oberflächlichen – statistischen Namensvergleich auf jeden Fall die schlechterdings über-

---

[30] Trotz Gal 2,11 ff., s. u. S. 92–106. Eine Ausnahme sind die Pseudoklementinen mit ihrer antipaulinischen judenchristlichen Quelle aus der zweiten Hälfte des 2. Jh.s, die Petrus dem Jakobus unterstellen wollen und Paulus zum Gegner machen.

[31] S. dazu P.-A. Bernheim, Jacques (Anm. 21).

[32] Justin, dial. 47 differenziert noch zwischen toleranten und radikalen judenchristlichen Gruppen und will mit ersteren die Kirchengemeinschaft erhalten, wenn sie von den nichtjüdischen Christen nicht die Einhaltung des Gesetzes fordern. Irenäus, adv. haer. 1,26,2 verurteilt dagegen die Judenchristen, die er Ebionäer (von *ʾäbjônim* vgl. die πτωχοί in Jerusalem Gal 2,10 und Röm 15,26) nennt, weil sie nur das Matthäusevangelium verwenden und Paulus als Apostaten ablehnen: „apostatam legis dicentes eum". S. dazu J. Carleton Paget, Jewish Christianity, in: Cambridge History of Judaism, III, ed. W. Horbury, Cambridge 1999, 731–775 (756 ff.) und S. C. Mimouni, Le Judéo-Christianisme ancien, Paris, 1998.

ragende Rolle, die die zwei „Apostelfürsten" – zumindest rückblickend – für das früheste Christentum besitzen und die die des Herrenbruders fast ganz verdrängt hat. Dies gilt besonders für Petrus in der Evangelientradition und in der Apg. Seine einzigartige Bedeutung fällt schon deswegen besonders auf, weil wir von ihm im Gegensatz zu Paulus, aber ähnlich wie bei Jesus selbst, keine echten schriftlichen Zeugnisse besitzen. Die beiden Petrusbriefe sind „Pseudepigrapha", durch die man eben diesen Mangel im Vergleich zu Paulus beheben wollte; der erste entstand etwa um 95–100 n. Chr., möglicherweise als Antwort auf die Veröffentlichung der Sammlung von elf „Paulusbriefen"[33] und zugleich als Glaubensstärkung gegenüber der wachsenden Unterdrückung der Kirche in der Spätzeit Domitians und des frühen Trajan.[34] Der zweite Petrusbrief ist etwa eine Generation jünger und beklagt den Mißbrauch der Paulusbriefe und Zweifel an der apokalyptischen Parusieerwartung. Beide Schreiben haben den Charakter von Testamenten des Apostels vor

---

[33] Noch ohne Pastoralbriefe, doch mit Hebr, s. U. SCHNELLE, Einleitung in das Neue Testament, Göttingen ^{4}2002, 397 ff.; G. ZUNTZ, The Text of the Epistles, SchLBA, London 1953, 263–283 (278 f.). Er setzt die Sammlung der zehn Briefe und Hebr, jedoch ohne Past, etwa um 100 n. Chr. an. Die Verwendung einzelner Briefe (1 Kor, Röm, Phil) bei Clemens Romanus läßt vermuten, daß kleinere Textsammlungen in den Gemeindearchiven vorausgegangen sind.

[34] Das Matthäus- und das wenig spätere Johannesevangelium setzen eine ähnliche Situation voraus, vgl. Joh 16,2; 10,12; zu Mt s. o. Anm. 15.

seinem Martyrium. Sie sind in diesem Punkt mit den ebenfalls „pseudepigraphischen“ Pastoralbriefen vergleichbar. In Wirklichkeit wissen wir nicht einmal, ob Petrus, der ehemalige galiläische Fischer, selbst einwandfrei schreiben konnte. Das Lesen war, schon um der Kenntnis der Heiligen Schrift willen, wichtiger und weiter verbreitet. Nach Apg 4,13 wundern sich die führenden Hohenpriester (4,6) über die unerschrockene Rede des Petrus und des Johannes, da sie doch „ungebildete Laien“ waren.[35] Auch die Griechischkenntnisse des Petrus werden nicht literarisch einwandfrei gewesen sein, darum ist die durch Papias erhaltene Nachricht, Markus sei „Dolmetscher“ des Petrus gewesen,[36] nicht einfach von der Hand zu weisen. Die Griechen legten Wert auf eine einwandfreie grammatische Beherrschung ihrer Sprache und gute Rhetorik. Wo aber hätte der einfache Fischer aus Beth Saida/Kapernaum[37] grammatisch

---

[35] Apg 4,13: ἄνθρωποι ἀγράμματοί (wörtlich: „des Schreibens Unkundige“) εἰσιν καὶ ἰδιῶται. S. dazu BAUER/ALAND, WNT[6], 23. Zum Problem s. die gründliche Untersuchung von C. HEZSER, Jewish Literacy in Roman Palestine, TSAJ 81, Tübingen 2001. Zu Apg 4,13 s. 186 Anm. 96. Sie vermutet, daß die „literacy rate“ im jüdischen Palästina im 1. Jh. n. Chr. relativ gering war (496 ff.).

[36] Euseb, h. e. 3,39,15, s. u. S. 60 ff.

[37] Joh 1,44 nennt Beth Saida als Heimatort des Brüderpaares Andreas und Petrus, Mk 1,21.29 ff.parr., Kapernaum als Wohnort des verheirateten Petrus, s. u. S. 169 ff. Auf die Verwandlung des Dorfes Bethsaida in eine Polis Julias durch Philippus sollte man sich im Blick auf eine mögliche griechische Bildung des Petrus nicht berufen, denn zum einen ist die einwandfreie Identifizie-

und rhetorisch korrektes Griechisch lernen sollen? Es ist kein Zufall, daß, wieder bei Papias, dem Jünger Matthäus und nicht dem Petrus die älteste schriftliche Sammlung von Jesuslogien zugeschrieben wird: Ein Zollpächter sollte einwandfrei schreiben können.[38] Was die Kunst rhetorisch-literarischer Ausdrucksweise anbetrifft, war der ehemalige pharisäische Schriftgelehrte Saulus/Paulus aus der bildungsbeflissenen Weltstadt Tarsus,[39] der in Jerusalem studiert hatte, dem einstigen Fischer aus einem galiläischen Dorf sicher haushoch

---

rung beider Orte strittig und zum anderen gegen Josephus auch die Begründung und Datierung. Die Benennung erfolgte wohl nicht zu Ehren der Tochter des Augustus, Julia, die 3 v. Chr. verbannt wurde, sondern zugunsten von dessen Gattin Livia = Julia Augusta, die 14 n. Chr. in die kaiserliche Familie der Julier aufgenommen wurde und den Augusta-Titel erhielt. Die Umbenennung ereignete sich wohl erst nach ihrem Tode 29 n. Chr. Eine griechische Bildung des Petrus läßt sich aus dieser unklaren Stadtgründung nicht ableiten. Irgendwelche größere Bedeutung erhielt Julias nie. Zum Ganzen s. M. Bockmuehl, Simon Petrus and Bethsaida, in: The Missions of James, Peter and Paul. Tensions in Early Christianity, NT.S 115, Leiden/Boston 2005, 54–91.

[38] Nach Euseb, h.e. 3,39,16. Die Nachricht geht wie die Mk-Notiz auf den Presbyter Johannes zurück. Sie bezieht sich nicht auf unser griechisches Mt-Evangelium, sondern auf eine von dessen Quellen. Man verzeihe mir die rein hypothetische Erwägung, ob nicht Petrus als Haupt der Zwölf den schriftkundigen Matthäus mit der Sammlung von Jesus-Logien beauftragt haben könnte. Dies würde a parte potiori den Titel des späteren Evangeliums erklären.

[39] M. Hengel, Der vorchristliche Paulus, Kleine Schriften III (Anm. 21), 71–84.

überlegen. Im freien Vortrag muß jedoch auch Petrus ein geistesmächtiger Redner gewesen sein, gewiß in seiner Muttersprache, dem Aramäischen,[40] aber wohl auch in einem – vielleicht etwas fehlerhaften, d. h. zugleich „exotischen“, semitisierenden – Griechisch. Nur so läßt sich seine *einzigartige Autorität*, die Mt in 16,17–19 auf so auffallende Weise hervorhebt, zunächst als Sprecher der Jünger in Jerusalem und später als Missionar auch außerhalb Palästinas erklären.

Die drei Verse gelten nach Mt ihm allein als dem von Gott ausgezeichneten Bekenner und nicht dem Bekenntnis oder dem Kollektiv der Jünger. *Er* ist für Mt das Felsenfundament, auf dem Christus als Bauherr seine Kirche baut. *Die Frage nach Person und Wirkung des Petrus bei Mt ist zugleich die Frage nach dieser bleibenden Autorität.*

2. Das Wort vom „Felsenmann“

Mit dem Hinweis auf die überragende Bedeutung des Simon Petrus für die frühe Kirche schon während der ganzen Zeit der ersten, zweiten und dritten Generation, d. h. vor und nach seinem Martyrium bis hin zum 1. Clemensbrief und den Ignatianen,[41] ist unsere dritte

---

[40] Mit galiläischem Akzent, s. Mt 26,73 und BILLERBECK I, 157.

[41] 1 Clem 5,4; IgnRöm 4,3; Smyr 3,1 ff.; die letzte Stelle wohl von Lk 24,37.39 und Apg 10,41 (vgl. Joh 20,20.27; 21,5.12;

am Anfang gestellte Frage beantwortet, warum der Evangelist den Text Mt 16,17–19 im Anschluß an das Petrusbekenntnis als redaktionell bearbeitetes Sondergut in sein Werk aufgenommen hat. Er bringt diesen Text, weil für ihn Petrus, entsprechend dem Namen, den ihm der Herr selbst gegeben hat, der beherrschende Kopf im Jüngerkreis und in der werdenden Kirche gewesen ist und seine Autorität als Vermittler von Jesusüberlieferung im Werk des Evangelisten ihren Niederschlag gefunden hat.[42] Mt sagt dies in den drei Versen 16,17–19 auf mehrfache Weise noch eindeutiger als die anderen Evangelisten:

a) Durch sein Bekenntnis zu Jesus als Messias und Gottessohn erweist sich Petrus als einzigartiger Offen-

---

1 Joh 1,1) bzw. den dahinterstehenden Traditionen abhängig. Zu Ignatius und Petrus s. M. BOCKMUEHL, Syrian memories of Peter: Ignatius, Justin and Serapion, in: The Image of the Judaeo-Christians in Ancient Jewish and Christian Literature, ed. P. J. Tomson and D. Lambers-Petry, WUNT 158, Tübingen 2003, 124–146. Die Wirkung des Petrus setzt sich im 2. Jh. fort. Dies hängt wiederum mit der besonderen Wirkung des ersten Evangeliums im 2. Jh. zusammen. S. dazu W.-D. KÖHLER, Die Rezeption des Matthäusevangeliums in der Zeit vor Irenäus, WUNT II/24, Tübingen 1987. Zu den zahlreichen Petrusapokrypha s. u. Anm. 80.

[42] S. dazu U. LUZ, Primatwort (Anm. 1), 426: Petrus „(repräsentierte) wie kein anderer die Traditionskontinuität zu Jesus". Freilich ergibt sich sofort die Frage: Warum nur er und nicht die anderen Jünger? Unverständlich ist mir, warum LUZ die Rolle des Petrus bei Mk übergeht. M. E. gründet sich Mt so nachdrücklich auf Mk, weil es das Evangelium des Petrusschülers ist, s. u. S. 58–78.

barungsempfänger des himmlischen Vaters.[43] Sein Bekenntnis und die darauffolgende Leidensweissagung sind schon bei Mk die Peripetie seines als „Drama“ erzählten Evangeliums, bei Mt wird diese durch Jesu Verheißung an Petrus noch verstärkt, wobei dieselbe den Blick auf die Geschichte der Kirche bis hin zur Zeit des Evangelisten, ja bis hin zur Parusie richtet.[44] Zwar haben bereits in 14,33 die Jünger im Zusammenhang mit dem Wunder des Meerwandels, das die Rolle des Petrus ebenfalls hervorhebt, im Boot Jesus als „Gottes Sohn“ bekannt, aber das geschah unter dem spontanen Eindruck dieses Wunders, während das Bekenntnis, mit dem Petrus jetzt die Frage Jesu an die Jünger beantwortet, über die Mk-Vorlage hinaus die ganze heilsgeschichtliche Würde Jesu vollgültig und bleibend zum Ausdruck bringt: „Du bist der Gesalbte, der Sohn des lebendigen Gottes.“[45] Dieses Bekenntnis steht nicht im Belieben eines sündigen Men-

---

[43] Vgl. dazu auch Lk 10,21 und Mt 11,25: ὅτι (…) ἀπεκάλυψας αὐτὰ νηπίοις, s. weiter 1 Kor 2,10; Gal 1,16; Eph 3,5; 1 Petr 1,5.

[44] Die Gottesstimme Mt 17,5 = Mk 9,7 und Lk 9,35 unterstreicht diesen Höhepunkt. Zur Parusie s. Mt 16,27 f.

[45] Die Bekenntnisse bei Mk und Lk waren für Mt noch nicht ausreichend. Mk 8,29 hat nur σὺ εἶ ὁ χριστός, Lk 9,20 nach alttestamentlichem Vorbild τὸν χριστὸν τοῦ θεοῦ. Das maskuline χριστός war auf eine Person bezogen zudem für griechische Ohren unverständlich. Wir finden es nur als Übersetzung von *māšîaḥ* in der LXX und vereinzelten jüdisch-hellenistischen Übersetzungstexten. Die volle Würde Jesu wird bei Mk erst im Prozeß vor dem Synhedrium 14,61 f. sichtbar, vgl. aber schon 1,1 und Joh 20,31: Der Titel χριστός ohne das zusätzliche υἱὸς θεοῦ gab allein dieselbe noch nicht wieder.

schen von „Fleisch und Blut“.[46] Darum kann es nicht aus eigener menschlicher Einsicht, sondern nur vom himmlischen Vater des Messias und Gottessohns Jesus selbst stammen, und nur Petrus kann es aussprechen. Der Makarismus hebt den Offenbarungsempfänger auch deutlich über die kollektive Seligpreisung der Jünger als Augen- und Ohrenzeugen in 13,16f. hinaus hervor. Er ist Ausdruck ganz besonderer Erwählung.[47] Die nächste Parallele zu dieser *revelatio specialissima* an Petrus ist das autobiographische Selbstzeugnis des Paulus über die ganz persönliche Offenbarung des Gottessohnes ἐν ἐμοί durch Gott selbst und der dahinterstehende Akt der Erwählung (Gal 1,15f.) in Verbindung mit der Offenbarung seines Evangeliums durch Christus in Gal 1,12 ohne menschliche Vermittlung: Hier begegnen sich zwei Offenbarungserfahrungen, die zu Autoritätskonflikten führen konnten.

b) Petrus erscheint in persona als der *Fels*, d.h. als das Fundament, auf dem der Auferstandene seine endzeitliche Gemeinde bauen wird. Die Metaphern von Felsenfundament und Bau hängen eng mit der Vorstellung von der Gemeinde als Gottesstadt oder auch als endzeitlichem Tempel zusammen; beide Motive

---

[46] Vgl. Mt 11,27 = Lk 10,22. Zu σὰρξ καὶ αἷμα als Umschreibung des Menschen in seiner vergänglichen Kreatürlichkeit s. 1 Kor 15,50; Billerbeck I, 730f.

[47] Die Sprache und Bilder von Mt 16,17–19 weisen auf das palästinische Judentum zurück, dem der Evangelist selbst entstammt. Er nimmt dabei ältere Tradition auf.

finden wir in Qumran[48], letzteres auch bei Jesus selbst im Zusammenhang mit der Verhandlung vor dem Synhedrium.[49] Auch der Märtyrertod des „Felsenmanns“ in Rom und die Tötung vieler Gemeindeglieder können diesem *Bau Christi* nichts anhaben.

Der wichtigste und früheste Paralleltext, der zudem mit dem Konflikt zwischen Petrus und Paulus zusammenhängt, ist *1 Kor 3,10–15*. Freilich ist dort die Metaphorik gerade umgekehrt als in Mt 16,18, denn bei Paulus erscheint Christus als das *eine* Fundament: „Einen anderen Grundstein[50] kann niemand legen außer dem,

---

[48] S. O. Betz, Felsenmann und Felsengemeinde, in: Ders., Jesus, der Messias Israels. Aufsätze zur biblischen Theologie, WUNT 42, Tübingen 1987, 99–126. Vgl. schon Jes 28,16 und Sach 6,12: Von dort aus konnte der Tempelbau später als eine messianische Aufgabe verstanden werden. Zum Bild des Baus einer Festung gegen die Mächte des Bösen in der Qumrangemeinde s. 1QH 14,26ff., Martinez/Tigchelaar, The Dead Sea Scrolls 1,176: „Mein Gott, ich stütze mich auf deine Wahrheit, denn du setzt ein Fundament auf Fels [*tsjm swd ʿl slʿ*] (…) zu bau(en) eine Festung, die unerschütterlich ist, und alle, die hineingehen, werden nicht wanken“. Zuvor ist von der Bedrohung durch die „Tore des Todes“ die Rede, vor welchen der Beter in „eine befestigte Stadt entkommt und Schutz findet hinter einer hohen Mauer“ (14,23f.), vgl. die ganz ähnliche Metaphorik 15,8f. Einen historischen Zusammenhang zwischen der Metaphorik in Qumran und analogen Vorstellungen von der Gemeinde als eschatologischem Tempel weist Chr. Grappe, Temple (Anm. 1), 51–115 nach; dort 93–101 weitere Qumranparallelen.

[49] S. jetzt J. Ådna, Jesu Stellung zum Tempel, WUNT II/119, Tübingen 2000, 25–153. Zu Mt 16,18 s. 144 Anm. 184.

[50] 1 Kor 3,11: θεμέλιον γὰρ ἄλλον οὐδεὶς δύναται θεῖναι

der gelegt ist, welcher ist Jesus Christus" – und zwar ist derselbe durch Paulus selbst gelegt, der gemäß der ihm gegebenen Gnade Gottes als „weiser Baumeister" die Gemeinde in Korinth gegründet hat.[51] Unmittelbar darauf folgt deren Interpretation als heiliger Tempel Gottes, in dem Gottes Geist wohnt (1 Kor 3,16 f.). D. h., Paulus erscheint durch seine Missionsarbeit als der eigentliche „Gründer" derselben.[52] Das Selbstbewußtsein, das der Apostel hier zeigt, ist nicht gering. Andere können auf dem von ihm gelegten Grundstein nur weiterbauen, die Qualität ihrer Arbeit wird dann im jüngsten Gericht offenbar werden. *Die indirekte Polemik gegen den Missionar Petrus ist dabei unübersehbar.* Sie mag sich zugleich gegen das Gemeindeverständnis der Jerusalemer Gemeinde richten. Vermutlich hat man dort schon Petrus als „Fundament" der Kirche betrachtet.

In dem Brief des Clemens an Jakobus aus den Pseudoklementinen[53] wird Petrus unter deutlicher Bezugnahme auf Mt 16,17 f. nicht nur als „der erste der Apostel" be-

παρὰ τὸν κείμενον, ὅς ἐστιν Ἰησοῦς Χριστός. Vgl. Röm 15,20; Eph 2,20; Hebr 6,1; Hermas sim. 9,14,(91,)6: Der Sohn Gottes ist der θεμέλιος, der die Kirche trägt. Zu 1 Kor 3,10–15 und dem Motiv des Tempelbaus s. Chr. Grappe, Temple (Anm. 1), 88–93.

[51] 1 Kor 3,10: ὡς σοφὸς ἀρχιτέκτων.

[52] Vgl. schon den Metaphernwechsel in 1 Kor 3,9: θεοῦ γάρ ἐσμεν συνεργοί, (...) θεοῦ οἰκοδομή ἐστε, der 3,10–17 vorbereitet.

[53] Ep. Clem. ad Iac. 1,2 f. (Ps. Clem. Hom., GCS 42, ed. B. Rehm, 5); Tertullian, adv. Marc. 4,13,6, vgl. praescr. haer.

zeichnet, „dem der Vater als erstem den Sohn offenbarte“ und „den Christus seligpries“, sondern auch als der, „der auf Grund wahren Glaubens und des zuverlässigen Inhalts seiner Lehre bestimmt wurde, der Grundstein der Kirche zu sein“ (τῆς ἐκκλησίας θεμέλιος εἶναι ὁρισθείς) und der „deswegen von Jesus selbst (…) den Namen Petrus erhielt“. Auch Tertullian überlegt in seiner Schrift gegen Marcion, ob die Namensgebung nicht deshalb erfolgte, „weil Christus sowohl Stein als auch Fels ist (quia petra et lapis est Christus)“. Daher habe er „dem liebsten seiner Jünger (carissimo discipulorum) einen Namen gegeben, der ganz eng mit den auf Christus selbst bezogenen Metaphern (de figuris suis) zusammenhängt und so diesem näherstehe als andere“. Da Tertullian auf die Bezeichnung Christi als „Fels“ auch sonst größten Wert legt, ist seine Deutung von Mt 16,18 vor allem in ihrem Bezug auf Christus als „Fels“ (petra) 1 Kor 10,4 zu sehen, eine Stelle, auf die er allein in adversus Marcionem sechsmal anspielt. Christus selbst überträgt seine Funktion als „Felsenfundament“ auf den Jünger, mit dem er besonders verbunden ist. Der Zusammenhang zwischen Christus als θεμέλιος 1 Kor 3,11 bzw. als „Fels“ 1 Kor 10,4 und der Deutung des Namens Kephas/Πέτρος als „Felsenfundament“ wurde so bereits in den frühesten Bezugnahmen auf Mt 16,18 in Texten zu Beginn des 3. Jh.s deutlich gesehen und war m. E. schon Paulus bekannt.

22,44 und pudic. 22,9. Zu 1 Kor 3,10 ff. s. Chr. Grappe, Temple (Anm. 1), 97 ff.

In dem deuteropaulinischen Text Eph 2,20 f., der eine Weiterentwicklung dieser Metaphorik darstellt, ist die Gemeinde dagegen von Gott „aufgebaut auf dem Fundament (θεμέλιος) der Apostel und Profeten, wobei Jesus Christus der Schlußstein[54] ist, durch den der ganze Bau festgefügt wächst zum heiligen Tempel im Herrn." Hier sind alle von Christus ausgesandten geistbegabten Verkündiger der Frühzeit mit ihrer Botschaft das Fundament der Kirche, die durch ihn, den Schlußstein, zusammengehalten zum Ort der Gegenwart Gottes heranwächst.[55] Mit Recht verweist SCHLIER auf die „Nähe" zu Mt 16,18 und zu Apk 21,14, wo die zwölf Tore des endzeitlichen Jerusalems auf ihren Grundsteinen (θεμέλια) die Namen „der zwölf Apostel des Lammes" tragen. Und doch bestehen wesentliche Unterschiede zu dem matthäischen Jesuswort: Bei Mt handelt es sich um einen zukünftigen Bau, in Eph um einen gegenwärtigen, ja schon vollzogenen, auch erscheint Christus dort nicht als Bauherr (und auch nicht selbst als θεμέλιος wie in 1 Kor 3,10 ff.[56]), sondern als Schlußstein, der den Bestand

[54] ἀκρογωνιαῖον, vgl. 1 Petr 2,4.6 und das Zitat aus Jes 28,16: s. o. Anm. 48.

[55] Zu Text und Übersetzung s. M. DIBELIUS, Kolosser, Epheser, Philipper, HNT 12, Tübingen [2]1927, 54 f.; vgl. auch H. SCHLIER, Der Brief an die Epheser. Ein Kommentar, Düsseldorf [4]1963, 140–145; PH. VIELHAUER, Oikodome (Anm. 5), 117 ff. Der Epheserbrief ist etwa gleichzeitig wie Mt zwischen 90 und 100 n. Chr. entstanden und hängt m. E. mit der Sammlung der Paulusbriefe zusammen. S. o. Anm. 33.

[56] Nach Apk 21,2 kommt die präexistente Heilige Stadt

des Baus garantiert. Auch in dem mit Mt und Eph ungefähr zeitgleichen Text 1 Petr 2,4–8 wird Christus als der lebendige, von Menschen verworfene, von Gott jedoch „auserwählte, kostbare (Schluß-)Stein“ bezeichnet, während die Glaubenden wie „lebendige Steine“ sind, die als „geistliches Haus“ zu einer „heiligen Priesterschaft“ aufgebaut werden. Als Begründung folgt ein ausführliches Zitat aus der wichtigsten alttestamentlichen Belegstelle Jes 28,16. Hier tritt wie in Eph das Tempelmotiv wieder deutlich hervor. Die einzelnen Gemeindeglieder erscheinen zugleich als Bausteine des Heiligtums wie auch als Priesterschaft. 1 Petr 2,9 spricht darum im Anschluß an Ex 19,6 von einer „königlichen Priesterschaft“ und einem „heiligen Volk“. An Stelle der ἐκκλησία, ein Wort, das 1 Petr nicht verwendet, tritt das königlich-priesterliche Gottesvolk, ein Bezug, der bei Mt 16,18 ebenso fehlt wie das Tempelmotiv. Auch bildet dort, im Gegensatz zu Eph 2,20 nicht ein Kollektiv von Aposteln und Charismatikern das Fundament, sondern eine einzelne Person, die damit alle anderen überragt. Das ist in dieser Form einzigartig im Neuen Testament. Tertullian (de pudicitia 22,9) hat dies in der frühesten Väterstelle, die auf Mt 16,17–19 ausführlicher eingeht, deutlich gesehen, wenn er betont, der Herr habe diesen Text *personaliter*

„aus dem Himmel“, d. h. von Gott selbst, vgl. schon Gal 4,26. H. Schlier, op. cit. 142 f. versucht, diesen offensichtlichen Gegensatz auszugleichen. Kol 2,7 (ἐποικοδομούμενοι ἐν αὐτῷ), auf das er sich dabei beruft, ist jedoch kein Zwischenglied, sondern steht sachlich näher bei 1 Kor 3,10 ff.

auf Petrus bezogen und nicht etwa einem Bischof oder einer Kirche die Schlüsselgewalt gegeben.

Vorauszusetzen ist historisch für Mt 16,17, daß Jesus selbst dem von ihm berufenen Fischer Simon den aramäischen Beinamen *Kêphāʾ* gegeben hat, der dann mit dem griechischen Πέτρος übersetzt wurde. Den ursprünglichen Sinn dieses Vorgangs können wir freilich nur vermuten. Die Evangelien berichten alle über die Namensgebung, freilich nicht einheitlich. Joh 1,42 f. verbindet sie mit dem Beginn des Auftretens Jesu und der Gewinnung der ersten Jünger, wobei Simon erst als dritter nach einem namenlosen Jünger (vermutlich dem Lieblingsjünger) und seinem Bruder Andreas berufen wird.[57] Mk 3,16 und von ihm abhängig Lk 6,14 erwähnen die Benennung erst mit der Einsetzung der „Zwölf Apostel". Allein Mt stellt einen Zusammenhang zwischen Messiasbekenntnis und dem Beinamen Πέτρος her, auch verwendet er ihn, im Gegensatz zu seiner Mk-Vorlage, zunächst als Zusatz zu Simon, von Anfang an.[58] D. h., er legt auf diesen Beinamen, der den

---

[57] Joh 1,35–40, dazu M. Hengel, Die johanneische Frage, WUNT 67, Tübingen 1993, 216 f.314.

[58] S. dazu schon die Berufung Mt 4,18: εἶδεν (...) Σίμωνα τὸν λεγόμενον Πέτρον, vgl. 10,2, wo dieser als πρῶτος die Jüngerliste anführt, und 16,13–16: Simon Petrus als Sprecher der angeredeten Jünger. Der Name Petrus allein erscheint schon 8,14 und ist bei Mt die Regel. Er ist für den Evangelisten der eigentliche Name. Die einzige „Ausnahme" sind 17,25, die Frage Jesu τί σοι δοκεῖ, Σίμων; und 16,17: „Simon Barjona". Der aramäische Vatername ist ein aramäischer „Archaismus" des Evangelisten

Träger zugleich ehrt, größten Wert. An diesem Punkt ist er sicher einer breiten älteren Tradition verpflichtet.

An sich sind im palästinischen Judentum, bei dem relativ engen Bestand der um die Zeitenwende beliebten Personennamen, Beinamen häufig.[59] Da *Shimʿôn*/Simon dort den verbreitetsten Eigennamen während der Jahrhunderte vor und nach der Zeitenwende darstellt,[60] war

---

(vgl. Mt 27,16; Mk 3,18; 10,46; Apg 1,23; 4,36; 13,6) und läßt sich mit Joh 1,42; 21,15–17 nur schwer in Übereinstimmung bringen, da die Abkürzung *Jônāʾ* für den sehr häufigen Namen *Jôḥānān* im zeitgenössischen Judentum nicht belegt ist. S. dazu T. Ilan, Lexicon of Jewish Names in Late Antiquity, TSAJ 91, Tübingen 2002, 134 ff.: 129 Nennungen. Da der Profetenname *Jônāh* ebenfalls kaum bezeugt ist (T. Ilan, op. cit. 143), liegt dennoch eine Abkürzung nahe. Zu den Namen des Petrus s. M. Bockmuehl, Simon Peter's Names in Jewish Sources, JJS 55 (2004), 58–80.

[59] Rabbinische Beispiele bei Billerbeck II, 5 f. S. auch die zahlreichen Beinamen auf Ossuarien und Inschriften, vgl. T. Ilan, op. cit. 43 f. und L. Y. Rahmani, A Catalogue of Jewish Ossuaries, Jerusalem 1994, Index 283, s. v. nicknames etc.

[60] T. Ilan, op. cit. 218–226 zählt 257 Namensträger auf und bemerkt: „This was the most popular name for Jewish Palestinian males in this period“ (226), da sich hier ein Patriarchenname mit dem des erfolgreichsten Makkabäerfürsten verband und die hebräische und griechische Namensform fast identisch waren. L. Rahmani, op. cit. 294.296 nennt auf jüdischen Ossuarien 18 Inschriften mit *Shimʿôn* und acht mit Σίμων. Vermutlich hat man den Unterschied zwischen beiden Namensformen kaum mehr empfunden. S. auch M. Bockmuehl, Names (Anm. 58), 60 ff.: „A Name of the Hasmonean Revival“. Möglich ist daher, daß Simon, wie auch sein Bruder Andreas und der Jünger Philippus aus Beth-Saida (Joh 1,44 vgl. 12,20 ff.), schon immer die griechische Namensform trugen. Dagegen spräche jedoch die

ein Beiname sinnvoll, zumal sich im Zwölferkreis noch ein zweiter Simon mit dem Beinamen ὁ Καναναῖος, den Lk mit ὁ λεγόμενος ζηλωτής wiedergibt, befand.[61] Aber bei *Kêphāʾ*/Πέτρος muß die Namensgebung doch von Anfang an eine besondere Bedeutung besessen haben, sonst hätte sich dieser Name nicht so rasch allgemein durchgesetzt und Simon weitgehend verdrängt.

Gewisse Schwierigkeiten bereitet dabei die Übersetzung des Beinamens *Kêphāʾ*, da das aramäische Wort „Stein" und „Fels", das griechische Πέτρος dagegen in der Regel „Stein" bedeutet.[62] Der griechische Hörer könnte darum den vorchristlich nicht eindeutig bezeugten Namen Πέτρος[63] im Sinne von Stein ver-

archaisierende LXX-Form Συμεών im Munde des Jakobus in Apg 15,14 und 2Petr 1,1. S. auch M. Hengel, Judentum und Hellenismus, WUNT 10, Tübingen ³1988, 120.

[61] Mk 3,18 = Mt 10,4; Lk 6,15; s. dazu M. Hengel, Die Zeloten, AGSU 1, Leiden ²1976, 72f.

[62] S. Stephanus/Dindorf, Thesaurus VII, 1020: „Lapis, Saxum"; Passow, Wörterbuch, 1852, II,1, 901: „selten = πέτρα Felsen"; Liddell/Scott, A Greek English Lexicon, ⁹1996, 1398 hat dagegen nur noch ‚stone' und als Sonderfall ‚boulder' = Felsbrocken. In Komposita mit πετρο- hat dieser Wortteil ebenso häufig die Bedeutung „Fels-" wie „Stein-".

[63] C.C. Caragounis, Peter the Rock, BZNW 58, Berlin 1990, 17–25 stellt die verschiedenen Belege zusammen. Das früheste Zeugnis ist eine Steuerquittung aus dem vierten Jahr Trajans (100/101) in Ägypten (23). Die lateinischen Zeugnisse für Petronius und ähnliche Namen sollte man hier jedoch nicht anführen. Ihre Ableitung bleibt umstritten. S.u. Anm. 442 zu Petronilla, der angeblichen Tochter des Petrus nach späterer römischer Tradition.

standen haben. Erst das griechische Wortspiel πέτρος/πέτρα Mt 16,18 verwandelt denselben eindeutig in ein „Felsenfundament“. A. Dell und in neuerer Zeit P. Lampe, R. Pesch, U. Luz und andere haben darum mit Nachdruck das Wort „Stein“ als die allein mögliche Bedeutung für *Kêphāʾ* und Πέτρος vertreten und dabei viel Zustimmung erfahren. Fitzmyer hat jedoch schon 1979 darauf aufmerksam gemacht, daß im Hiobtargum aus Höhle 11 von Qumran *Kêph* zweimal die Bedeutung von „Fels“ besitzt, und daß es auch in den aramäischen Henochfragmenten Fels bedeuten kann.[64] Auch hat

---

[64] A. Dell, Matthäus 16,17–19, ZNW 15 (1914), 1–49 (14–27); P. Lampe, Das Spiel mit dem Petrusnamen Mat XVI.18, NTS 25 (1979), 227–245; vgl. Ders., Artk. Petrus, RGG⁴ VI, 1160; zustimmend u.a. R. Pesch, Petrus (Anm. 1), 30f., er denkt zunächst an die Bedeutung „Stein = Edelstein“ im Anschluß an J. M. Ford, BZ NF 11 (1967), 109–116; weiter U. Luz, Matthäus (Anm. 1), 457f.; Ch. Böttrich, Petrus (Anm. 1), 42–46; L. Wehr, Artk. Petrus (Anm. 1), 91 und viele andere. S. dagegen jedoch schon A. F. J. Klijn, ZNW 50 (1959), 99–105 und vor allem J. A. Fitzmyer, To Advance the Gospel. New Testament Studies, 1981, 112–124 (114ff.), der auch auf ein aramäisches Patronym *kpʾ* in Elephantine (5. Jh. v. Chr.) verweist (117). Zur aramäischen Bedeutung von *Kêph* als Fels s. schon 11Q TgHiob 39,1.29 (= 11Q 10 Col. 32,1 und 33,9): Martinez/Tigchelaar, The Dead Sea Scrolls 2,1196/98, jeweils als Übersetzung von *sälaʿ* wie häufig auch in den späteren Targumim. Die Bedeutung „hoher Fels“ dürfte auch in 4Q Enᵃar (= 4Q 206) fr. 5 Col. III,19 vorliegen (s. Martinez/Tigchelaar, 1,428) vgl. 4Q 205 fr. 2 Col. II,27 (1,422) und 4Q 204 fr. 4.5 (1,418). In 4Q Enᵃar (= 4Q 201) Col. II,8 ist die Übersetzung „Steine“ (Martinez/Tigchelaar) oder „Felsen“ (so Milik und K. Beyer) möglich. In Hiob 30,6 über-

Kêph in alttestamentlichen hebräischen Texten als Lehnwort aus dem Aramäischen die Konnotation „Fels". Die Grenze ist hier fließend. Die Bezeichnung „Stein" konnte sich leicht in „Fels" verwandeln und umgekehrt. Es ist so nicht unwahrscheinlich, daß schon die Charakterisierung[65] des Simon durch Jesus mit dem Wort *Kêphāʾ* die Bedeutung „Fels(brocken)" besaß, zumal, wie das Hiobtargum von 11 Q zeigt, die Übersetzung von *sälaʿ* mit *Kêph* üblich war. Dies gilt erst recht für die späteren, nachchristlichen Targumim, in denen wir noch wesentlich mehr Belege finden. Der Schritt hin zum „Felsenfundament" lag auf jeden Fall ganz nahe.[66]

---

setzt die LXX *ḥorej … kephîm* (Felshöhlen) mit τρῶγλαι πετρῶν; vgl. Jer 4,29 die Felsen (*kephîm*, LXX: πέτρας) als Fluchtort; s. auch Sir 40,14, dazu W. Gesenius, Hebräisches und Aramäisches Wörterbuch, hg. von H. Donner/J. Renz, 182005, 565 und Koehler/Baumgartner, HALAT II, Leiden 31974, 468. Gerade der vorchristliche aramäische (und hebräische) Sprachgebrauch ist durchaus nicht so eindeutig wie Dell, Lampe und andere voraussetzen; s. auch M. Sokoloff, A Dictionary of the Jewish Palestinian Aramaic of the Byzantine Period, Jerusalem 22002, 256: כיף: „stone, rock". Andererseits konnte πέτρα etwa bei Josephus für die riesigen Steine der Türme der Herodesburg oder der Tempelmauer verwendet werden, s. bell. 6,410 und 5,189 und dazu A. Schlatter, Matthäus (Anm. 1), 506.

65 Zur Charakterisierung von Jüngern s. auch Mk 3,17 die Benennung der zwei Zebedäussöhne als Βοανηργές, d. h. „Donnersöhne"; dazu H.-P. Rüger, Die lexikalischen Aramaismen im Markusevangelium, in: H. Cancik (Hg.), Markus-Philologie, WUNT 33, Tübingen 1984, 73–84 (76 f.).

66 So z. B. TgO und Jer I zu Num 20,8–10 und das Profetentargum zu Ri 6,20; 15,13; 1 Sam 13,6; 23,25; 1 Kön 19,11;

„Da (…) כֵּיף als πέτρος sowohl von dem in die Mauer eingefügten Steinblock als von dem felsigen Boden, auf dem das Gebäude steht, gebraucht werden konnten, bleibt unsicher, nach welcher Seite das Bild gewendet war.“[67] Wesentlich ist seine „grundlegende“ Bedeutung, weiter, daß bei den Jüngern und in der Urgemeinde der Beiname *Kêphāʾ* von Anfang an ganz und gar positiv verstanden wurde und den ursprünglichen Namen *Shimʿôn*/Simon rasch verdrängte, so daß in der alten auf Jerusalemer Tradition zurückgehenden „Zusammenfassung des Evangeliums“ 1 Kor 15,5 die gräzisierte Form Κηφᾶς den Eigennamen Simon bereits ersetzt hat.[68]

Auch die Übersetzung von *Kêphāʾ* in Πέτρος[69] muß schon ganz früh erfolgt sein, etwa bei den Hellenisten in Jerusalem, die den Grund zur theologischen Terminologie der neuen messianischen Bewegung in griechischer Sprache legten.[70] Offenbar wollte man von Anfang an, daß der für Griechen unverständliche aramäische Bei-

Jer 23,29; 48,28; Am 6,12. Auch R. Pesch, Petrus (Anm. 1), 31 sieht die enge Verwandtschaft beider Begriffe.

67 A. Schlatter, Matthäus (Anm. 1), 507.

68 καὶ ὅτι ὤφθη Κηφᾷ. Lk hat in 24,34 noch καὶ ὤφθη Σίμωνι; vgl. auch die archaisierende Namensform Συμεών im Munde des Jakobus Apg 15,14 und 2 Petr 1,1. Auffallend ist, daß, obwohl schon in den Evangelien der Name Petrus bei weitem überwiegt, Jesus selbst den Jünger nur mit Simon anspricht: Mk 14,37; Lk 22,31; Mt 16,17; 17,25; Joh 21,15.17. Hier zeigt sich ein feines erzählerisches Gespür für die ursprüngliche Situation.

69 Joh 1,42: σὺ κληθήσῃ Κηφᾶς, ὃ ἑρμηνεύεται Πέτρος.

70 Dazu M. Hengel, Kleine Schriften III (Anm. 21), 49 ff.

name von diesen als eine Art von Ehrenname verstanden würde. Darum möchte ich auch daran festhalten, daß der neue Name des führenden Jüngers im Griechischen unmöglich durch ein Nomen mit femininer Endung, d. h. mit πέτρα, wiedergegeben werden konnte. Es lag nahe, dafür die verwandte, freilich sehr seltene Form mit der maskulinen Endung πέτρος zu verwenden. Bei einer eindeutigen Bedeutung „Stein" oder gar „Edelstein" hätte das sehr viel häufigere λίθος nähergelegen.[71] Das Wort-

---

[71] Der übliche Begriff für Stein war ja ὁ λίθος, LIDDELL/ SCOTT, 1398 zu πέτρος: „The usual proseword is λίθος". Daneben findet sich auch das Femininum ἡ λίθος, LIDDELL/ SCOTT, 1049: „mostly of *some special stone*". Auch πέτρος konnte „in the later poets" der Anthologia Palatina Femininum sein. Das sehr häufige λίθος erscheint in der LXX ca. 240 mal, πέτρος nur zweimal in 2 Makk 1,16 und 4,41 in der Bedeutung von tötenden Wurfsteinen. Josephus verwendet λίθος ca. 130 mal, πέτρος viermal (darunter zwei unsichere Lesarten). Bei Philo ist das Verhältnis 90 zu zwei. In den jüdischen Pseudepigraphen (nach der Konkordanz von DENIS) finden wir λίθος über 100 mal, πέτρος überhaupt nicht. Auch in der ganzen frühchristlichen Literatur des 2. Jh.s einschließlich Clemens Alexandrinus finde ich keinen Beleg für das Nomen πέτρος = Stein. Es war ein im Vergleich zu λίθος ausgesprochen seltenes, gewählt erscheinendes Wort. M. E. hat man dasselbe als Übersetzung wegen seiner Nähe zu πέτρα gewählt. Λίθος wird (neben θεμέλιος) auf Grund alttestamentlicher Vorgaben (Ps 118,22; Jes 8,14; 28,16 u. a.) mehrfach auf Christus bezogen; dazu J. JEREMIAS, Artk. λίθος, ThWNT IV, 275–283. Ein Teil dieser „Stein-(Fels-)Aussagen" wird im Judentum „auf den Messias gedeutet" (276). Πέτρος bleibt dagegen allein dem einzigartigen Jünger vorbehalten. L. WEHR, Petrus (Anm. 1), 83.252.255.258 ff. vermutet wegen der fragwürdigen ausschließlichen Übersetzung von *kêphā'* = πέτρος

spiel πέτρος/πέτρα, d. h. das Verständnis des Beinamens im Sinne von „Felsenfundament“ in Mt 16,18, geht so schon auf alte Tradition zurück und ist sicher nicht erst matthäische Erfindung. Es lag von der hebräisch-aramäischen Doppelbedeutung von *kêph-kêphāʾ* her nahe. Der Evangelist nahm dasselbe auf und hat es zum Zentrum seiner einzigartigen Jesusverheißung 16,17–19 gemacht. Es ist auch kein Zufall, daß gerade bei Mt der für ihn so bedeutungsvolle Beiname Πέτρος den ursprünglichen Namen Simon fast ganz verdrängt hat. Daß Paulus bei seinen zehn Erwähnungen des Jesusjüngers achtmal[72] die – seinen Gemeinden unverständliche – aramäische Namensform vorzieht und nur im Zusammenhang mit der Formulierung des fixierten Ergebnisses des Apostelkonzils unvermittelt zweimal den griechischen Namen einführt, könnte auf seine Distanz zu dem mit dem Namen verbundenen Anspruch hindeuten.[73] Der Hin-

= Stein eine späte Entstehung des Wortspiels πέτρος-πέτρα in Mt 16,18 in der „Mt-Gemeinde“. Dasselbe lasse sich nicht auf die Urgemeinde zurückführen. Er ist hier zu sehr von der Sekundärliteratur abhängig und hat das sprachliche Problem zu wenig bedacht. Auch in Galiläa und Jerusalem sprachen viele Juden griechisch, so daß für sie dieses Wortspiel nahelag, zumal *kêphāʾ* eben doch Stein und Fels bedeuten konnte.

[72] S. u. Anm. 94.

[73] Nur Gal 2,7 f.; zuvor Gal 1,18 und danach 2,9.11.14 verwendet er Kephas. Offenbar zitiert er 2,7 f. aus einer Abmachung mit den Jerusalemern, in der die griechische Namensform festgehalten war. H.-C. Kammler, Kreuz und Weisheit. Eine exegetische Untersuchung zu 1 Kor 1,10–3,4, WUNT 159, Tübingen 2003, 10 begründet seine Leugnung eines Zusammenhangs von

weis auf den einzigen „Grundstein" Jesus Christus, den er, Paulus, selbst gelegt hat,[74] läßt im Blick auf den gan-

---

1 Kor 3,11 mit Mt 16,18 u. a. damit, daß Paulus Petrus in 1 Kor „durchgängig als ‚Kephas' und also mit seinem Ehrentitel" bezeichne. Er übersieht, daß dieser Name für den Griechen unverständlich und der Allerweltsname „Simon" für Petrus in der Kirche außerhalb Palästinas ungebräuchlich war. Die Frage ist, warum Paulus in Korinth das verständliche Πέτρος vermeidet. Auch daß 1 Kor „keinerlei Vorbehalte von seiten des Paulus" gegen Petrus erkennen lasse, ist zu bezweifeln. Besteht zwischen den ἄλλοι und ἀνακρίνοντες, die die apostolische Vollmacht des Paulus in Frage stellen (1 Kor 9,2 f.), und den in V. 5 Aufgeführten kein Zusammenhang? Und warum führt er Kephas am Ende besonders an? 1 Kor wurde wenige Jahre nach dem Vorfall Gal 2,11 ff. geschrieben. Sollte dieser Konflikt – es handelte sich um mehr als nur „offene Kritik", man könnte von einem tief verletzenden Frontalangriff sprechen – keine Nachwirkungen gehabt haben? Die Kephasleute in Korinth werden über diese Vorgänge informiert gewesen sein. Die Situation dort war eine ganz andere als in Galatien. Paulus hatte keinen Grund, Petrus in Korinth direkt anzugreifen. Er tadelt die Gemeinde. Den Konflikt in Antiochien Gal 2,11 ff. referiert er nur, weil darüber in Galatien Unwahrheiten verbreitet worden waren und seine persönliche Glaubwürdigkeit auf dem Spiele stand. Es ist fragwürdig, wenn man glaubt, daß historische Fragen in einem Text wie 1 Kor 1,10–3,4, der deutlich auf historische Ereignisse Bezug nimmt, „für die präzise Erfassung des Sinns der paulinischen Aussagen ohne Belang" sind. Das zeigt schon die nicht endende Auseinandersetzung über das ἐγὼ δὲ Χριστοῦ, dem Vf. fünf Seiten widmet. Zu Gal 2,11 ff. s. u. S. 92 ff.

[74] 1 Kor 3,11: θεμέλιον γὰρ ἄλλον οὐδεὶς δύναται θεῖναι παρὰ τὸν κείμενον ὅς ἐστιν Ἰησοῦς Χριστός, vgl. Röm 15,20. Paulus hat durch seine Evangeliumsverkündigung diesen Grundstein, Christus, gelegt, die späteren Missionare wie Apollos (der

zen Kontext von 1 Kor 1–3 vermuten, daß Paulus andere „Fundament“-Ansprüche zurückweisen wollte. Das Bild vom Felsen Petrus, auf den Christus seine Kirche baut, erinnert dabei auch an Jes 51,1 f., wo Abraham als der Fels bezeichnet wird, aus dem das Gottesvolk hervorgegangen ist.[75]

Weder als „Fels“ noch als Träger der Schlüssel zur Gottesherrschaft mit der Vollmacht des Bindens und Lösens begabt ist der matthäische Petrus einfach der

---

Name des Petrus wird übergangen) können durch ihre Predigt nur – in ganz verschiedener Qualität, von Gold und Silber bis zu Heu und Stroh – darauf aufbauen (ἐποικοδομεῖν). Wen mag er wohl mit letzterem gemeint haben? Sollte das nicht gegen Petrus (bzw. seine Boten) gerichtet sein? Die Auswahl an reisenden Missionaren, die wenige Jahre nach der Gemeindegründung Korinth besucht haben könnten, war ja nicht sehr groß. S. auch 1 Kor 10,4 zu Christus als das Gottesvolk begleitender πνευματικὴ (…) πέτρα bei der Wüstenwanderung Israels.

[75] Jes 51,1 f.M: „Blickt auf den Felsen (*ṣûr*; LXX: στερεὰν πέτραν), aus dem ihr gehauen (…). Blickt auf Abraham, euren Vater (…). Denn als *einzelnen* habe ich ihn berufen, gesegnet und gemehrt.“ Hier geht es freilich um Abstammung, nicht um das Bauen. Zu Abraham als Felsen*fundament* (*pîṭra* = πέτρα) nach Jes 51,1 s. Jalqut Shimoni I § 766 aus Jelamedenu, ein sehr später Text, der von Mt 16,18 beeinflußt sein könnte. Einen Bezug zum Petrusnamen vermutet M. Bockmuehl, Names (Anm. 58), 73 f. Gerade Mt, das Hauptevangelium der Judenchristen, war den Rabbinen nicht unbekannt. Zu Jes 51,1 f. und Petrus als Fels s. auch P. Stuhlmacher, Theologie des Neuen Testaments, Göttingen 1992, I, 115 und Davies/Allison, Matthäus (Anm. 1), 642 f.: „Peter is, like Abraham, a rock (cf. Isa 51,1–2), and the change in his name denotes his function“.

„typische Jünger".[76] Er erscheint vielmehr als *die eine maßgebliche Jüngergestalt*, hinter der die anderen Jünger völlig zurücktreten, in der Regel nur als Kollektiv handeln und wie Statisten erscheinen. Freilich sollte man sich für diese gerade bei Mt so bedeutungsschwere Namensgebung nicht vorschnell auf psychologische Gründe berufen.

Man muß vielmehr mit SCHLATTER betonen, daß mit dem Beinamen Πέτρος für Mt „die Funktion des Jüngers beschrieben wird, nicht sein Charakter, nicht die seelischen Eigenschaften, die ihn angeblich vor anderen auszeichnen und zu seinem Beruf geschickt machen sollen. Für ihn ist σὰρξ καὶ αἶμα niemals ein ‚Fels'. Für ihn war der Vater der Schaffende

---

[76] Das betont vor allem U. LUZ, Primatwort (Anm. 1), 422f.: Für ihn „ist Petrus Typus des realen Jüngers". Auch werde in Mt 16 „von Petrus nichts angesagt, was nicht für alle Jünger gilt". Dies wird schon durch den einmaligen Makarismus, das Felsen- und das Schlüsselwort widerlegt. Dabei gibt LUZ selbst zu, daß bei Mt „Petrus (...) als Apostel für die Kirche kompositorisch hervorgehoben (wird)". Hier müßte man nur ergänzen: in einer für die frühchristliche Literatur beispiellosen Weise, die ihn gegenüber allen anderen Jüngern abhebt. Widersprüchlich urteilt L. WEHR, Artk. Petrus (Anm. 1), 92: Er werde „z(um) einen als der ‚typische' Jünger gezeichnet, z(um) andern in seiner einmaligen u(nd) grundlegenden Funktion": Beides schließt sich aus. Auch sein Versagen ist seine ganz persönliche Tat und hebt ihn ebenfalls aus den anderen Jüngern hervor. Nur er bekennt Jesu messianische Gottessohnschaft, nur er verleugnet seinen Herrn. Statt vom „typischen" Jünger sollte man von Petrus als einzigartigem Beispiel sprechen, das – in doppeltem, positivem und negativem, Sinne – weit über die anderen Jünger erhoben wird.

und der Mensch wird völlig ohne Synergismus unter das göttliche Wirken gestellt.“[77]

D. h., für den judenchristlichen Schriftgelehrten und Evangelisten war die Namensgebung keine psychologisierende Charakteristik, sondern ein Akt göttlicher Erwählung und Verheißung, man könnte auch sagen: der überfließenden freien Gnade.

Andere Einzelpersonen des Zwölferkreises außer ihm spielen gerade bei Mt keine auch nur von Ferne vergleichbare Rolle mehr. Selbst die beiden Zebedaiden, Jakobus und Johannes, werden nur noch dreimal erwähnt, und zwar immer in einer Dreiergruppe mit Petrus an der Spitze. Der um ein gutes Drittel kürzere Mk nennt sie immerhin noch zehnmal und läßt Johannes einmal mit Jesus alleine sprechen.[78] Der Bruder des Petrus, Andreas, erscheint bei Mt nur zweimal, bei Mk dagegen noch viermal.[79] Erst Joh durchbricht mit dem Petrus in bezug auf die Nähe zu Jesus überlegenen Lieblingsjünger, mit Philippus, Thomas und einigen anderen Namen diese

---

[77] A. Schlatter, Matthäus (Anm. 1), 507.

[78] Mk 9,38. Dafür läßt Mt (gegen Mk 10,35) in 20,20, um die Zebedaiden zu entlasten, ihre Mutter für sie einen zukünftigen Ehrenplatz fordern und ersetzt 27,56 die Salome von Mk 15,40 durch dieselbe. Derartige Hinweise beleuchten Rangstreitigkeiten in der Jüngerschaft.

[79] Mt 4,18 bei der Berufung; 10,2 im Jüngerkatalog; vgl. dagegen Mk 1,16.29; 3,18; 13,3. Auch Lk nennt ihn in Evangelium (6,14) und Apg (1,13) nur je einmal. Joh erwähnt ihn dagegen wieder fünfmal 1,40.44; 6,8; 12,22 (2 ×). Zu seiner Person s. auch u. S. 80 f.

typisch synoptische Reduktion, die bei Mt am stärksten ist. Diese Tendenz zur Hervorhebung des Petrus setzt sich zunächst in der apokryphen Literatur des 2. und 3. Jh.s fort. Erst in den späteren Akten begegnen auch häufiger andere Apostelnamen.[80]

---

[80] Sogar unter den Aposteln zugeschriebenen Texten von Nag Hammadi überwiegt der Name des Petrus; ihm werden vier Schriften zugeschrieben: Akten des Petrus und der zwölf Apostel (NHC VI,1), eine Apokalypse des Petrus (VII,3), ein Brief des Petrus an Philippus (VIII,2) und Petrusakten (BG 8502,4), Jakobus drei, Paulus zwei, Thomas zwei und Johannes eine, das Apokryphon Johannis, freilich in vier Exemplaren, s. The Nag Hammadi Library in English, ^{3}1988. Im Index von ‚Nag Hammadi Deutsch' (GCS NF 12, Koptisch-gnostische Schriften III, Berlin/New York 2003, 2,905), der sowohl Nennungen im Text wie in der Einleitung und in den Anmerkungen umfaßt, erscheint Petrus häufiger als Paulus, Johannes, Jakobus (Zebedaide und Herrenbruder) und Thomas. Auch die Zahl der sonstigen Petrusapokryphen und die Nennungen seines Namens sind zahlreicher als die anderer Apostel. S. das Inhaltsverzeichnis von NTApo^{5}, Bd. I und II und dazu die Indices zu den Apostelnamen. S. weiter die eindrückliche Liste von K. Berger, LThK^{3} 8, 98 ff. über Petrusapokryphen, die ganz verschiedenen Gattungen angehören, sowie dessen ausführliche Analyse apokrypher Petrustexte bis ins Mittelalter unter dem Titel: Unfehlbare Offenbarung. Petrus in der gnostischen und apokalyptischen Offenbarungsliteratur, in: Kontinuität und Einheit, FS für Franz Mußner, hg. v. P.-G. Müller/W. Stenger, Freiburg etc. 1981, 261–326. Auffallend ist dabei die große Zahl der koptischen, äthiopischen und arabischen Texte, die sich am Rande der Kirche im Osten erhalten haben, während lateinische Petrusapokrypha zurücktreten. Eindrücklich ist die Zusammenstellung von „Hoheitstitel(n) und Attribute(n) für Petrus" (315 f.).

Darum kann man auch das Jesuswort an die Jünger *Mt 18,18*, trotz des teilweise gleichlautenden Inhalts, nicht einfach mit der Verheißung der Schlüsselgewalt an Petrus gleichsetzen. Diese umfaßt für den Evangelisten die *uneingeschränkte Lehr- und Ordnungsgewalt* des Angesprochenen. Das knappe Wort an alle Jünger 18,18 steht im Gegensatz zu 16,19 in dem einschränkenden Kontext einer Gemeindeordnung und bezieht sich daher vornehmlich auf die Disziplin. Traditionsgeschichtlich bildete es kaum das Vorbild zu 16,19,[81] es hat vielmehr – zumindest für Mt – den Charakter eines Nachklangs auf die vorausgehenden Worte Jesu an Petrus. Um Petrus auch in diesem Zusammenhang hervorzuheben, beschließt Mt seine „Gemeinderede" c. 18 mit einer Frage des Petrus über die Vergebung und Jesu Antwort, die durch das Gleichnis vom Schalksknecht illustriert wird.[82] Er ist der

---

Mt 16,17–19 gab dieser apokryphen Petrusliteratur entscheidende Anstöße. Ein Überblick über die „Petrusakten" findet sich bei H.-J. Klauck, Apokryphe Apostelakten, Stuttgart 2005, 93–124 und 203–238 zu den Pseudoklementinen. Erst in den späteren Akten erscheinen dann Namen wie Philippus, Bartholomäus, Matthäus etc., s. 239ff. Ein Schüler von Klauck, M. C. Baldwin, Whose Acts of Peter?, WUNT II/196, Tübingen 2005, legt jetzt eine eingehende Untersuchung der Actus Vercellenses vor und datiert diese ins späte 4. Jh. Zur Entwicklung der Petruslegende von Clemens Alexandrinus bis Euseb s. besonders 64–94.

[81] S. o. S. 5f. Anm. 5. Joh 20,23 ist kaum eine ältere, ursprünglichere Parallele zu Mt 18,18 und 16,19. Es dürfte eher umgekehrt von der Tradition von Mt 16,19 abhängig sein.

[82] Mt 18,21–35.

beherrschende Wortführer der Jünger und einzige wirkliche Gesprächspartner Jesu.

Das Wort von den Schlüsseln zur βασιλεία stellt Petrus als wahrhaft bevollmächtigten Verkündiger und Lehrer in schroffen Gegensatz zu den Schriftgelehrten und Pharisäern, die die Gottesherrschaft vor den durch sie Belehrten verschließen,[83] aber auch zu allen „Antinomisten" und „Libertinisten", die die neue Tora des Messias und die in ihr geforderte Gerechtigkeit verachten.[84] Es zeigt sich hier die Frontstellung eines erbitterten Kampfes, in dem der erste Evangelist gegen Ende des 1. Jh.s steht. Allein durch eine Glauben und Gehorsam weckende Christusverkündigung in den Spuren des Felsenmannes wird die Tür zum Gottesreich aufgeschlossen. Diese Botschaft vermag, „die enge Pforte" zu öffnen.[85]

---

[83] Vgl. Mt 23,13. Mt hat hier ein Jesuswort (Lk 11,52), das sich gegen die νομικοί richtet, die den „Schlüssel der Erkenntnis", d.h. der rechten Schriftauslegung, weggenommen haben, in seinem Sinne umgeformt. S. auch o. S. 5f.

[84] S. dazu R. Deines, Die Gerechtigkeit der Tora im Reich des Messias. Mt 5,13–20 als Schlüsseltext der matthäischen Theologie, WUNT 177, Tübingen 2004.

[85] Zur „engen Pforte" s. Mt 7,13f.; Lk 13,24.

3. Petrus als die „apostolische Grundgestalt der Kirche“ in der Zeit vor Matthäus

Mt erweitert, verschärft und präzisiert dabei in auffallender Weise die Petrusbezüge in seinem Evangelium sowohl auf positive wie auf negative Weise,[86] aber er hat sie in keiner Weise erfunden. Was die Häufigkeit der Nennung des Petrus anbetrifft, ist er mit 25 Erwähnungen eher zurückhaltend. Er neigt ja dazu, seine Vorlage zu kürzen, und hat darum neunmal den Namen des Petrus gegenüber seiner Mk-Vorlage ausgelassen und ihn nur dreimal hinzugefügt. Sechsmal erscheint er bei ihm im Sondergut, wo Tradition und Redaktion nicht mehr eindeutig getrennt werden können.[87] Der etwas spätere Joh erwähnt Petrus – trotz einer gewissen Distanz, die man zum Teil als kritisch bezeichnen kann – am häufigsten, 39 mal (davon freilich 12 mal im Nachtragskapitel Joh 21), der frühere Lk 30 mal, der noch ältere, aber wesentlich kürzere Mk ebenfalls 25 mal. Gemessen am

---

[86] S. dazu die Skizze bei A. J. Nau, Peter (Anm. 1), 25 für Mt und 41 für Lk, Mt folgt im Ganzen der Darstellung des Mk, verstärkt und dramatisiert sie jedoch. S. etwa das πρῶτος Σίμων ὁ λεγόμενος Πέτρος (Mt 10,2); den Seewandel 14,28 f. (Sg.); 15,15; die Tempelsteuer 17,24 ff. (Sg.); 18,21 f. (Sg.). Er verschärft in 16,23 (s. o. Anm. 18), 26,33–35 und 75 c (hier von Lk 22,62 abhängig). S. auch R. Feldmeier, Die Darstellung des Petrus in den synoptischen Evangelien, in: P. Stuhlmacher (Hg.), Das Evangelium und die Evangelien. Vorträge vom Tübinger Symposium 1982, WUNT 28, Tübingen 1983, 267–271.

[87] R. Feldmeier, op. cit. 268.

Umfang des Evangeliums nennt ihn Mk eindeutig am häufigsten.[88] Diese Intensität der Erwähnungen des galiläischen Fischers und Jesusjüngers ist im frühen Christentum ohne Parallele. Sie kann nicht einfach als typische Darstellung des Jüngers schlechthin mit seinen Vorzügen und Mängeln noch als literarischer Topos der nachapostolischen Zeit, die eines autoritären Ideals bedurfte, erklärt werden. Es genügt hier weder der Hinweis auf seine Berufung als erster Jünger bei den Synoptikern, der ja von Joh widersprochen wird,[89] noch auf die Protophanie des Auferstandenen 1 Kor 15,5, die in den Evangelien nur von Lk 24,34 erwähnt wird. Auch seine Rolle als Sprecher der Jünger in den Evangelien ist nicht ausreichend. Es könnte ja durchaus sein, daß seine spätere führende Rolle in der nachösterlichen Zeit seine ursprüngliche Bedeutung als Nachfolger und Jünger Jesu verstärkt und andere Jüngernamen zurückgedrängt hat. Vermutlich werden die von Jesus auserwählten anderen Elf ursprünglich nicht in ihrer Mehrheit jene Rolle als

---

[88] R. Feldmeier, op. cit. 267: „Bei einer Gesamtzahl von 11 078 Worten bei Markus, 18 298 bei Matthäus und 19 448 bei Lukas ergibt sich für Markus eine Häufigkeit der Nennung von 1:443, für Lukas von 1:648 und für Matthäus von 1:722." Die Zahlen sind der statistischen Synopse von R. Morgenthaler entnommen.

[89] Joh 1,35–42: Der unbekannte, vermutlich mit dem Lieblingsjünger identische Jünger und Andreas wurden vor ihm berufen. Simon kommt durch das Messiaszeugnis seines Bruders Andreas zu Jesus; vgl. Papias bei Euseb, h. e. 3,39,4 und M. Hengel, Johanneische Frage (Anm. 57), 80ff.

„Statisten“ gespielt haben, die ihnen in den Evangelien zugeschrieben wird. Wir müssen vielmehr *auf die Wirksamkeit des Petrus im Ganzen schauen und zu erklären versuchen, warum gerade er und nur er diese Rolle erhielt.* Ähnliches gilt auch von seiner Funktion als Leiter der Urgemeinde bei Lk, die im Grunde ja nur die ersten ca. zwölf Jahre bis zur Agrippaverfolgung 42/43 n. Chr. dauerte, nach der mehr und mehr der Herrenbruder Jakobus in Jerusalem beherrschend in den Vordergrund tritt.[90] Es ist zugleich auffallend, daß alle vier Evangelien, die Petrus eine solche überragende Stellung einräumen, zu den Brüdern Jesu schweigen oder negativ über sie berichten.[91]

D. h., es muß auch historisch befriedigend erklärt werden, warum Petrus nicht nur im Jüngerkreis und im jüdischen Palästina oder später im angrenzenden Syrien mit seiner großen jüdischen Diaspora,[92] sondern *in der*

---

[90] S. dazu A. M. Schwemer, Verfolger (Anm. 25).

[91] Mk 3,21.31.35 parr.; Joh 7,3–10. S. o. Anm. 28.

[92] Nach Josephus, bell. 7,43 waren die Juden im Vergleich zu anderen Ländern „wegen der Nachbarschaft (zum Mutterland) in Syrien am stärksten verbreitet“ und hier wieder besonders in Antiochien. S. E. Schürer u. a., History, III, 13 ff.; M. Hengel/A. M. Schwemer, Paulus zwischen Damaskus und Antiochien. Die unbekannten Jahre des Apostels, WUNT 108, Tübingen 1998, 83 f. 292 f. Syrien konnte daher im palästinischen Judentum als ein Teil des messianischen Reiches betrachtet werden: s. M. Hengel, RHPR 80 (2000), 51–68 = erweiterte englische Fassung: BBR 10 (2000), 161–180; zum besonderen Verhältnis von Syrien zu Eretz Israel s. auch M. Bockmuehl, Antioch

ganzen Kirche bis hin nach Rom eine solch überragende Bedeutung erhalten konnte, daß er sie auch in den folgenden Jahrhunderten beibehielt. Diese wird nicht nur durch die Evangelien, die Apg, 1 Clem, Ignatius und die mit dem 1. Petrusbrief beginnende reiche pseudepigraphische Petrusliteratur bezeugt,[93] sondern auch durch unseren frühesten Autor Paulus, der Kephas/Petrus so häufig nennt wie alle anderen Gestalten der Urgemeinde zusammen, die nicht zu seinem Mitarbeiterkreis gehören, d. h. insgesamt zehnmal.[94]

U. LUZ stellt mit Recht die Frage: „Warum wurde gerade Petrus *zur apostolischen Grundgestalt der Kirche*?“[95] und gibt die Antwort, dies sei – *für die nachapostolische Zeit* – „durch seine Bindung an Jesus“ geschehen.[96] Dies ist gewiß nicht falsch, aber genügt diese Erklärung? Waren nicht andere Jünger in gleicher Weise von Jesus berufen und an ihn gebunden, und setzt hier nicht die Korrektur des vierten Evangelisten ein, der den Lieblingsjünger noch stärker an Jesus bindet, aber die besondere Autorität des Petrus dennoch nicht leugnen kann? Nicht

---

and James the Just, in: James the Just and Christian Origins, ed. B. Chilton/C. A. Evans, Leiden etc. 1999, 158–198.

[93] S. o. Anm. 80 und O. KNOCH, Petrus und Paulus in den Schriften der Apostolischen Väter, in: FS für F. Mußner (Anm. 80), 240–260.

[94] Kephas: 1 Kor 1,12; 3,22; 9,5; 15,5; Gal 1,18; 2,9.11.14; Petrus: Gal 2,7.8. Barnabas nennt er (mit Kol 4,11) fünfmal, Jakobus viermal, Johannes einmal.

[95] U. LUZ, Matthäus (Anm. 1), 469. Hervorhebung M. H.

[96] U. LUZ, Matthäus (Anm. 1), 470.

der anonyme Lieblingsjünger, sondern der einstige Verleugner erhält dreimal den Auftrag des Auferstandenen: „Weide meine Schafe.“[97] Es ist Petrus, der bei Joh durch sein Bekenntnis die Krise im Jüngerkreis überwindet[98], und nur ihm ist ein Martyrium durch Kreuzigung in der Nachfolge Jesu vorausgesagt[99]. Es bleibt die Frage offen: Warum wurde Petrus gerade in der nachapostolischen Zeit so sehr an die Seite Jesu gestellt und gegenüber den anderen Jüngern hervorgehoben?

Auch P. Lampe nimmt dieses Stichwort von der „apostolischen Grundgestalt“ wieder auf: „P[etrus] ist *für Mt die* apostolische Grundgestalt der Kirche.“[100]

---

[97] Joh 21,15–17. Das Motiv hat sich später durch sein Martyrium noch verstärkt; s. M.C. Baldwin, Acts (Anm. 80), 313: „For Eusebius, as for his contemporaries and those following him, Peter was not only the symbolic head of the church, he was the symbolic head of the martyrs“, unter Verweis auf Euseb, h.e. 8,6,1–4. S.o. S. 8f. und u. S. 160f.

[98] Joh 6,60f.66–69.

[99] Joh 21,18f.; vgl. 13,36; 16,2.

[100] P. Lampe, Artk. Petrus, RGG[4] VI, 1162 (Hervorhebung Vf. und M.H.); vgl. 1163f.: In Joh 21 werde er trotz der johanneischen „Tendenz, P.’ anerkannte Autorität zu relativieren, (…) analog zu Mt 16,18 als Gründergestalt der Gesamtkirche sowie als Märtyrer (…) anerkannt“. Die dreifache Aufforderung 21,15–17 deutet m.E. auf eine *bleibende* Funktion bis zu seinem Martyrium hin und beschränkt sich nicht nur auf ein Gründungsereignis. W. Schenk, BZ NF 27 (1983), 58–80 möchte in Mt gar ein „Petrusevangelium“ sehen. Aber warum erhält es den Titel εὐαγγελίον κατὰ Μαθθαῖον? Ein frühes εὐαγγελίον κατὰ Πέτρον wäre noch erfolgreicher gewesen. Das apokryphe Petrusevangelium aus der Mitte des 2. Jh.s, das das Viererevangelium

Auch dem kann man gerne zustimmen. Es erklärt sich dies u. a. aus der theologischen Situation des Verfassers des ersten Evangeliums, der sich als judenchristlicher Schriftgelehrter ganz einer Petrustradition und -autorität verpflichtet weiß, die in den Jahrzehnten nach 70 n. Chr. gegenüber der Heidenmission entschieden geöffnet ist und darum wie er ein enges, dem bloßen Buchstaben der Tora verpflichtetes Judenchristentum ebenso ablehnte wie ein Heidenchristentum, das unter Berufung auf die Freiheit vom Gesetz Gottes Willen, wie er in den Geboten Jesu sichtbar wird, mißachtete.[101] Im Blick auf die von Paulus ca. 40 Jahre zuvor in Gal 2,9 genannten Personen hat der judenchristliche Verfasser und christliche Schriftgelehrte seine Wahl getroffen: Weder Jakobus, der Herrenbruder in Jerusalem, noch Paulus und seine heidenchristlichen Missionsgemeinden, noch in Ephesus der „Alte" Johannes und sein Schülerkreis[102] sind für die weitere Zukunft der Kirche „grundlegend", vielmehr war für ihn – in der Sprache des Paulus von

---

schon voraussetzt und in dem Petrus in erster Person erzählt, kam zu spät und konnte sich – glücklicherweise – gegenüber den vier „kanonischen" Evangelien nicht mehr durchsetzen. S. dazu M. Hengel, Gospels (Anm. 9), 12–15.

[101] Zu dem oft falsch gedeuteten Text Mt 5,17–19 s. jetzt die grundlegende Arbeit von R. Deines, Gerechtigkeit (Anm. 84), zu Mt 5,18 besonders 289–370. Typisch für Mt ist 28,20.

[102] Ich vermute, daß der Presbyter Johannes in Ephesus ein Schüler des Zebedaiden war. Dies erklärt die Identifikation beider Gestalten im so rätselhaften Corpus Johanneum, s. M. Hengel, Johanneische Frage (Anm. 57), 313–325.

Gal 2,9 – Kephas/Petrus die einzige „Säule", die diese Bezeichnung verdient. Der Erfolg seines Evangeliums, das er von Anfang an für die ganze Kirche verfaßt hat,[103] spricht dafür, daß er mit dieser Anschauung nicht allein stand. Petrus erhält jedoch nicht erst in „nachaposto-

[103] S. dazu R. BAUCKHAM (Hg.), The Gospels for All Christians: Rethinking the Gospel Audiences, Cambridge 1998; M. HENGEL, Gospels (Anm. 9), 76ff. Zum Erfolg des Mt im 2. Jh. s. W.-D. KÖHLER, Matthäusevangelium (Anm. 41). Die Kritik von M. M. MITCHELL, Patristic Counter-Evidence to the Claim that ‚The Gospels were written for all Christians', NTS 51 (2005), 36–97 geht mit irreführenden Argumenten historisch an der Sache völlig vorbei. Die Väter setzten bei ihren Entstehungshypothesen immer längst voraus, daß die Evangelien der ganzen Kirche gehörten. Ortsangaben über die Entstehung besagen gerade nicht, daß ein Evangelium nur für diesen Ort geschrieben wurde. Eine sprachlich-ethnische (nicht geographische) Ausnahme ist die „hebräische" Logiensammlung des Mt, die aber dann – wegen des gesamtkirchlichen Interesses – von verschiedenen Übersetzern ins Griechische übertragen worden sei, Papias nach Euseb, h. e. 3,39,16. Das Eingangszitat des Gregor von Nazianz, das an die traditionellen Informationen anknüpft, will nur die Überlegenheit des Evangelisten Johannes gegenüber den älteren Evangelien betonen. Ursprungsort und Geltung sind grundsätzlich zu unterscheiden. Daß Mt die ganze Kirche im Auge hat, zeigen nicht nur Mt 16,17–19, sondern auch der allen Christen geltende Schluß 28,18–20. Wir sollten aufhören, unkritisch von *der* „Gemeinde" von Q und des Mk, Lk, Mt und Joh zu sprechen. Die Evangelisten schreiben im Grunde für die ganze Kirche, ganz gleich an welchem Ort sie ihr Werk verfaßt haben, s. u. Anm. 152. Schon Justin, der sie mehrfach ἀπομνημονεύματα τῶν ἀποστόλων nannte, und Irenäus, der ihnen das ganze – entscheidende – dritte Buch seines Werkes widmete, haben sie so verstanden.

lischer Zeit“ und nur „für Mt“ diesen ganz besonderen Rang – damit würde die Bedeutung des Petrus für die Urkirche erheblich *unterschätzt* –, er *ist* diese „Grundgestalt“ schon in der „frühapostolischen“ Zeit der ersten Generation, ja im Rückblick bereits vor Ostern, und er bleibt es von da an über sein Martyrium hinaus – zusammen mit seinem „Kontrahenten“ Paulus – für die ganze Kirchengeschichte im Grunde bis heute. Seine überragende Bedeutung bezeugen *alle* Evangelien, man könnte auch sagen die ganze Evangelienüberlieferung, und hier wieder bereits auffallend, wenigstens zwei Jahrzehnte vor Mt, *das älteste Evangelium nach Mk* kurz vor 70, weiter das *Doppelwerk des Lk*, etwa zwischen 75 und 85, und schon zwei bis drei Jahrzehnte früher die *Briefe des Paulus* an die Galater und Korinther. Er vertritt zusammen mit Paulus und später Johannes für das Neue Testament die *apostolische Tradition*. Eine interessante Notiz bei *Clemens Alexandrinus* bestätigt dieses Bild:

„Die Lehrtätigkeit der Apostel, eingeschlossen den Dienst des Apostels Paulus, vollendet sich zur Zeit Neros; die Erfinder von Häresien aber traten erst später, zur Zeit des Kaisers Hadrian (117–138) auf, (…) wie Basilides, auch wenn er den *Glaukias, den Dolmetscher des Petrus*, als Lehrer beansprucht, wie sie selbst prahlen. So überliefern sie auch, Valentinus habe den *Theodat* gehört; dieser aber war *ein Schüler des Paulus* gewesen.“
Es ist bezeichnend, daß diese beiden gegen 130 maßgeblichen christlichen „Gnostiker“ und ihre Schüler auf eine persönliche unmittelbare „Lehrsukzession“ Wert legen, die sie mit *Petrus und Paulus* verbindet. Bei Paulus ist das auf Grund seiner Briefe verständlich – aber warum auch mit Petrus, dem ehemaligen galiläischen Fischer?

In dieselbe Zeit Hadrians fällt auch die früheste Bekanntschaft eines heidnischen Autors mit einem Evangelium. *Phlegon von Tralles*, ein Freigelassener des Kaisers und Liebhaber sensationeller Berichte, erzählt nicht nur von einer Sonnenfinsternis z. Zt. der Kreuzigung Jesu, sondern hat nach Origenes „Christus das Vorherwissen zukünftiger Ereignisse zugestanden“ und erwähnt in diesem Zusammenhang auffallenderweise auch die Person des *Petrus*.[104]

Direkt widersprechen muß ich LUZ, wenn er meint: „Petrus wurde *nicht* in erster Linie *durch seine eigene Theologie* zur Grundgestalt des nachapostolischen Christentums“, seine Wirkung beruhe vielmehr darauf, daß er „als Israel- und später Heidenmissionar kirchlich immer

---

[104] Zu *Clemens* s. strom. 7,106,4 u. dazu W. A. LÖHR, Basilides und seine Schule, WUNT 83, Tübingen 1996, 19–23, der diese Petrusüberlieferung mit der Papiasnotiz bei Euseb, h. e. 3,39,15 vergleicht und meinem Vorschlag folgt, darin eine „bewußte Konkurrenzbildung“ (21) zur älteren Petrus-Markustradition des Presbyters Johannes zu sehen. Zu Valentinus, Theodat und Paulus s. CHR. MARKSCHIES, Valentinus Gnosticus?, WUNT 65, Tübingen 1992, 298–302.

Zu *Phlegon* s. Origenes, c. Cels. 2,14 und dazu M. HENGEL, Die ersten nichtchristlichen Leser der Evangelien, in: Beim Wort nehmen – die Schrift als Zentrum für kirchliches Reden und Gestalten. Festschrift für Friedrich Mildenberger zum 75. Geburtstag, hg. v. M. Krug et alii, Stuttgart 2004, (99–117) 110 ff. Zum Interesse späterer heidnischer Autoren von Celsus bis Julian Apostata s. J. G. COOK, The Interpretation of the New Testament in Greco Roman Paganism, STAC 3, Tübingen 2000, Index s. v. Paulus und Petrus.

wieder eine vermittelnde Rolle gespielt [habe]".[105] Hier wird die *Unterschätzung* des Petrus noch weiter getrieben. Ohne kraftvolle, „geisterfüllte" Verkündigung[106] in einer von Anfang an äußerst angefochtenen Situation wäre Petrus nicht der Leiter der Jerusalemer Urgemeinde mit ihren auffallenden Missionserfolgen[107] und zum „Felsenmann" geworden. Er verfügte nicht nur über die Fülle der Jesustradition, sondern er wird auch als erster Zeuge der Auferstehung *die Entstehung der vorpaulinischen Anfänge der Christologie und Soteriologie*[108] durch den geist-

---

[105] U. Luz, Matthäus (Anm. 1), 470 (Hervorhebung M. H.). Nach O. Böcher, Artk. Petrus (Anm. 1), 269 ist „die eigene Theologie des Petrus bestenfalls umrißhaft zu erkennen". Dem ist zuzustimmen. Wir besitzen jedoch von der Botschaft und Geschichte des Urchristentums überhaupt nur – meist sehr eindrückliche – „Fragmente".

[106] Vgl. die lukanische Formulierung Apg 4,8. Es erfüllt sich darin für Lk das Jesuswort Lk 12,12 = Mt 10,20. Widerstand und Verfolgung geben dem Zeugnis Profil und überzeugende Kraft. Lk betont in diesem Zusammenhang die παρρησία des Petrus und der Apostel: Apg 2,29; 4,13.29.31.

[107] Apg 2,41; 4,4: Die Zahlen mögen weit übertrieben sein. Am Erfolg der petrinischen Predigt in Jerusalem und Judäa sollte man dennoch nicht zweifeln. Zu den Zahlen s. L. Brun, ZNW 14 (1913), 94 ff.: Die 120 (1,15) sind 10 × 12; die 5000 (4,4) hängen mit Lk 9,14 zusammen bzw. sind 10 × 500 (1 Kor 15,6), die 3000 (2,41) sind als Kontrast zu Ex 32,28 zu erklären. Apg 21,20 spricht Lk gar von πόσαι μυριάδες. Petrus war als „Judenmissionar" nicht erfolglos – wenn auch nicht so erfolgreich wie Paulus: 1 Kor 15,10; s. u. S. 145 ff.

[108] O. Böcher, Artk. Petrus (Anm. 1), 270: „Im Zentrum der Predigt des Petrus stand vermutlich die Christologie", d. h.,

gewirkten Enthusiasmus der nachösterlichen Frühzeit entscheidend mitgestaltet haben. Ähnliches mag auch für die Ausgestaltung der urchristlichen Naherwartung gelten, wie sie als vorpaulinische Tradition in 1 Thess 4,14–17; 5,2 f. und in den synoptischen Apokalypsen begegnet. Die Petruspredigten der Apg sind von Lk verfaßt, aber sie sind in ihrer im Vergleich zu Paulus „altertümlich“ klingenden Christologie nicht einfach historisch wertlos.[109] Sie zeigen zumindest die überragende Autorität des Sprechers der „Zwölf“. Daß die anderen Jerusalemer Apostel in der Apg, den Evangelien, aber auch in den Kephas-Petrustexten der Paulusbriefe so sehr hinter diesem zurücktreten,[110] hängt sicher *auch* mit seiner besonderen *theologischen* Kompetenz zusammen, die man ihm nicht absprechen kann, auch wenn er nicht

---

„Jesus ist der Messias“. Man könnte hinzufügen: einschließlich der soteriologischen Konsequenzen, s. z. B. 1 Kor 15,3.

[109] Es bestand in Deutschland, gefördert durch Kommentare von Haenchen und Conzelmann sowie durch die Monographie von U. Wilckens, Die Missionsreden der Apostelgeschichte, WMANT 5, Neukirchen 1961, die Tendenz zur völligen historischen und theologischen Abwertung der Petruspredigten. In der 3. Auflage 1974 hat Wilckens freilich in „einem neuen, dritten Abschnitt“ (3) seine Anschauungen z. T. revidiert. S. das Fazit 205: „So groß der Anteil der literarischen Kunst des Lukas in diesen Texten auch ist, so stammt doch Duktus und Skopos aus bestimmter, ihm vorgegebener Tradition judenchristlicher Judenpredigten“ (im Original hervorgehoben). Sollte an diesen Petrus als der bedeutendste Judenmissionar nicht einen entscheidenden Anteil gehabt haben?

[110] S. o. S. 45–48 und u. S. 126 f.

wie Paulus eine schriftgelehrte Ausbildung erhalten hatte. Warum besuchte der ehemalige Verfolger Saulus/Paulus nach den „drei Jahren“ im nabatäischen Arabien und in Damaskus *nur ihn* in Jerusalem und nicht die anderen Apostel?[111] Ohne Autorität und theologische Ausstrahlung des Petrus hätte es auch keine Kephaspartei in Korinth gegeben, und Paulus hätte sich in 2 Kor 10–12 nicht so erbittert über Abgesandte der Petrusmission äußern müssen.[112] Wir sollten uns durch die Einseitigkeit der uns erhaltenen Quellen nicht zu historisch und theologisch einseitigen Urteilen verführen lassen. *Ein „Vermittlungstheologe“ mit Mittelmaß war der „Felsenmann“ sicher nicht.* Auch er war, wie Paulus, in seiner Wirksamkeit und Effizienz *einmalig*. Wegen dieser ihrer Einmaligkeit hat man sich später – trotz aller vorübergehenden Gegensätze – an sie beide zusammen erinnert.[113] Auch eine

[111] Gal 1,18; s. dazu HENGEL/SCHWEMER, Paulus (Anm. 92), 218–236. Jakobus ist nur zweitrangiger „Beisitzer“, s. u. Anm. 303. Apg 9,26–28 mag eine Jerusalemer Tradition wiedergeben, der Paulus widersprechen muß. Wahrscheinlich wurde sein Besuch bei Petrus geheimgehalten, weil das Leben des Paulus, der nach seiner Bekehrung als Apostat erscheinen mußte, bedroht war: Apg 9,29.

[112] 1 Kor 1,12 f.; s. dazu o. Anm. 73. Dieser Tatbestand sollte nicht unterschätzt werden, s. u. Anm. 215. Man kann der Frage nicht ausweichen: Wie kommen Christen in Korinth dazu, in der von Paulus gegründeten Gemeinde eine „Kephasgruppe“ zu gründen, und woher kommen die besonderen Schwierigkeiten des Paulus in Korinth mit judenchristlichen Sendboten? S. u. S. 106–129.

[113] 1 Clem 5 und 6; IgnRöm 4,3; Dionysius von Korinth bei

„Schulbildung“ kann man ihm nicht einfach absprechen, es sei denn, man betrachtet das Wort „Petrus-Schule“ für seine – besondere – Ausstrahlung als unangemessen, weil zahlreiche (wenn nicht fast alle) Gemeinden zwischen Jerusalem und Rom – zumindest *auch* (vor allem die Evangelien zeugen davon) – bei ihm auf irgendeine Weise „in die Schule gegangen sind“. Die in der Forschung so intensiv behandelten einzelnen „Petrusbilder“ neutestamentlicher Schriften und ihre – relative – Verschiedenheit dürfen uns nicht den Blick verstellen für ihren durchgehenden inneren Zusammenhang von 1 Kor und Gal über Mk bis hin zu Mt, dem 1. Petrusbrief und den späteren auffallend häufigen Petrusapokrypha des 2. Jh.s. Man kann diesen Zusammenhang nur mit dem einen Wort *„Autorität“* umschreiben. Selbst ein Paulus muß sich mit ihr – z.T. sehr kritisch – auseinandersetzen, und er tut dies mit jener Leidenschaft, die seiner ebenfalls einzigartigen Persönlichkeit und *seinem* theologischen Wahrheitsbewußtsein entspricht. Mt 16,17–19, der Text, den wir zu Anfang betrachteten, bezeugt eben diese Autorität. Die Voraussetzung dazu hat Jesus selbst geschaffen, als er Simon in seine Nachfolge berief und ihm den Namen *Kêphā'* gab. Darum würde ich hier doch ursprünglich die Bedeutung *„Fels“* vorziehen. Wir sollten die im Protestantismus verbreitete, durch die schwierige

---

Euseb, h. e. 2,25,8; Irenäus, adv. haer. 3,1,1; 3,3,2. Petrus wird dabei immer an erster Stelle genannt. Hinzu kommen die zahlreichen Petrusapokrypha. S. o. S. 41 f. und Anm. 80.

Quellensituation bedingte theologische Unterschätzung des Petrus selbstkritisch überdenken.

4. Markus, der Schüler des Petrus

Ich sagte schon: Petrus ist nicht nur „für Mt die apostolische Grundgestalt", er ist es auch *für Lk und für Mk.*[114] O. BÖCHER betont darum zu Recht: „Im wesentlichen entspricht das matthäische Petrusbild noch demjenigen des Markus"[115], dessen Werk ca. 20–30 Jahre vor Mt, nur wenige Jahre nach dem Martyrium des Apostels in Rom am selben Ort entstanden ist.[116] Zwar wehrt sich eine verbreitete kritizistische Exegese, ohne überzeugende Argumente zu besitzen, gegen eine sinnvolle Erklärung

---

[114] S. o. S. 45ff. Zu Mk s. Papias bei Euseb, h. e. 3,39,15.

[115] O. BÖCHER, Artk. Petrus (Anm. 1), 265. Ähnlich R. FELDMEIER, Darstellung (Anm. 86), 269: „Bei Matthäus ist so Petrus – aus der Sicht der dritten Generation und über Markus hinaus – zum Mann der Kirche geworden. Aufs Ganze des Evangeliums gesehen hat er jedoch kein größeres Gewicht als bei Markus."

[116] Zum Verfasser und der historischen Situation des zweiten Evangeliums s. M. HENGEL, Entstehungszeit und Situation des Markusevangeliums, in: Markus-Philologie, hg. v. M. Cancik, WUNT 33, Tübingen 1984, 1–45; DERS., Probleme des Markusevangeliums, in: P. Stuhlmacher (Hg.), Evangelium (Anm. 86), 221–265 und den daran anschließenden Artikel meines damaligen Assistenten R. FELDMEIER, Darstellung (Anm. 86), 267–271; weiter M. HENGEL, Gospels (Anm. 9), 76–115.

der Verfasserangaben bei den Evangelien[117] und möchte deren Entstehung lieber in einem unbestimmten Nebel verschwinden lassen, wie sie auch den Datierungsfragen relativ gleichgültig (oder aber phantasievoll) gegenübersteht. Man kann bei Texten, deren möglichst exakte Bestimmung in Raum und Zeit mißachtet und darum vermieden wird, die eigenen Ideen leichter einlesen. Gerne wird vergessen, daß Mk für überwiegend heidenchristliche Leser in Rom schreibt. Ein Beispiel für diese historisch fehlgeleitete Kritik gibt unter vielen die verbreitete Einleitung ins Neue Testament von UDO SCHNELLE. Er vermutet als Verfasser des zweiten Evangeliums einen unbekannten Heidenchristen, der freilich aus Syrien stammen muß, da man die sprachlich einwandfreien lexikalischen Aramaismen[118] in seinem Evangelium nicht

---

[117] M. HENGEL, Die Evangelienüberschriften, SHAW.PH 3, Heidelberg 1984; DERS., Gospels (Anm. 9), 34–56.

[118] S. dazu H.-P. RÜGER, Aramaismen (Anm. 65), 73–84; DERS., Artk. Aramäisch II, TRE 3, 602–609. Mk ist die Schrift im Neuen Testament, ja in der ganzen griechischen Literatur, die mit Abstand am meisten lexikalische Aramaismen besitzt. Es ist bezeichnend, daß sie von Lk ganz, von Mt weitgehend getilgt wurden. Derartige „Barbarismen" wurden in der griechischen Literatur in der Regel abgelehnt. Die einzige Ausnahme ist der Sonderfall der Zauberliteratur, die in der Regel wesentlich später ist und mit der Mk nichts zu tun hat. Die judenchristliche Herkunft seines in Rom entstandenen Evangeliums ist offensichtlich. Er schreibt jedoch dort für überwiegend heidenchristliche Leser auf volkstümliche Weise. Die „Gründe" für einen heidenchristlichen Autor sind durchweg fragwürdig. Zu Mk 7,3 s. M. HENGEL, ZNW 60 (1969), 182–198; Mk 14,1.12

leugnen kann. Als einzige Begründung dafür gibt er an, daß der anonyme Verfasser in griechischer Sprache für Heidenchristen schreibe. Das tun ja auch etwas früher Paulus und später die Verfasser von Mt und Joh, ohne Heidenchristen zu sein. Die vom Presbyter Johannes bei Papias stammende Überlieferung, daß der Evangelist Markus Dolmetscher des Petrus gewesen sei, wird von ihm entschieden zurückgewiesen, da sich

„weder (...) hinter dem Markusevangelium petrinische Theologie feststellen (lasse), noch (...) Petrus eine über die Vorgaben der Tradition hinausgehende Rolle im Markusevangelium (spiele). Niemand würde hinter der eigenständigen Theologie des Markusevangeliums die Person des Petrus vermuten, wenn es nicht jene Papiastradition gäbe!"[119]

---

setzt die griechisch-römische Tageseinteilung voraus, in der im Gegensatz zum palästinischen Judentum der Tag nicht mit dem Anbruch der Nacht beginnt. Darum wird der „Rüsttag", an dem nachmittags die Passalämmer geschlachtet werden und zuvor aller Sauerteig im Hause beseitigt sein muß, schon zum Mazzotfest gerechnet, s. Polykrates von Ephesus über den Passatermin bei Euseb, h. e. 5,24,6 vgl. 5,23,1. Ich wüßte nicht, was in Mk für einen heidenchristlichen Autor spricht, außer dem Bestreben mancher moderner Autoren, die Bedeutung des Judenchristentums im NT möglichst weit zurückzudrängen. Mit *historischer* Kritik haben derartige Bestrebungen wenig zu tun.

[119] U. SCHNELLE, Einleitung in das Neue Testament, UTB 1830, Göttingen ^{4}2002, 243; vgl. H. CONZELMANN/A. LINDEMANN, Arbeitsbuch zum Neuen Testament, UTB 52, Tübingen ^{12}1998, 321: „Man kann also nur sagen, daß der Verfasser des Mk ein uns sonst nicht näher bekannter Heidenchrist ist." Ein Hauptargument gegen Mk, seine angebliche Unkenntnis palästinischer Geographie, zeigt nur, daß die Kritiker mit dem

An dieser Begründung ist so ziemlich alles fraglich: Woher kennt SCHNELLE die „petrinische Theologie" so gut, daß er sie „hinter" Mk nicht finden kann, und die „Vorgaben der Tradition" bei Mk und dessen „Eigenständigkeit", um behaupten zu können, daß Petrus dort keine darüber „hinausgehende Rolle" spiele? Ganz

---

Problem antiker geographischer Kenntnisse (ohne Landkarten) und speziell mit der Geographie Palästinas selbst nicht vertraut sind. S. dazu M. HENGEL, Der Historiker Lukas und die Geographie Palästinas in der Apostelgeschichte, ZDPV 99 (1983), 147 ff. und G. LANG, ZDPV 94 (1978), 145–160 zu Mk 7,31 mit dem Verweis auf Josephus, ant. 18,153. Damaskus gehörte damals zur Dekapolis. Zu seiner angeblichen Unkenntnis jüdischer Verhältnisse kann man nur sagen, daß Mk weder den Kommentar von BILLERBECK studiert noch ein neutestamentliches Proseminar besucht hat. Die kritizistisch-unkritischen Argumente gegen die Papiasnotiz werden in der Fachliteratur wie in „Katenen" weitergegeben. P. LAMPE, Artk. Petrus (Anm. 64), 1161 gibt immerhin zu, daß in Mk „P(etrus) der wichtigste Jünger (ist)", verwirft aber die Papiasnotiz ohne Angabe von Gründen: „Daß auch der Vf. des Mk zu(r) (...) Begleitung (des Petrus) gehörte, ist nicht zu halten". Ich habe bisher nirgendwo ein überzeugendes Argument gegen die Papiasnotiz gefunden. Man möchte – hier besteht kein Unterschied mehr zwischen katholischen und evangelischen Exegeten – um alles in der Welt „kritisch" erscheinen und merkt gar nicht, wie unkritisch man argumentiert. Zum Ganzen s. M. HENGEL, Situation (Anm. 116), (1–45) 16–21 und besonders 17 f. Anm. 73 zur Kritik von E. MEYER an J. WELLHAUSEN, der die zahlreichen Wundergeschichten als Argument gegen eine Verbindung des Autors mit Petrus ins Felde führte. E. MEYER wies auf Grund seiner stupenden Kenntnis der antiken historischen Quellen darauf hin, daß wunderhafte Legenden häufig schon zu Lebzeiten der Helden entstehen.

abgesehen davon, daß wir *vor Mk* nur die Theologie der echten Paulusbriefe und die vorsynoptische Logienüberlieferung kennen, muß man doch fragen, ob nicht die überragende Rolle, die Petrus im ältesten Evangelium spielt, die *eine entscheidende* Vorgabe eben dieser Tradition darstellt, die den persönlichen Zusammenhang des Evangeliums und seines Autors mit dem „Felsenmann" erweist? Könnte in Teilen der vormarkinischen Tradition Petrus nicht vielleicht gar eine *noch größere* Rolle gespielt haben als im Evangelium selbst? Tradition und Redaktion lassen sich ja bei Mk trotz aller nicht enden wollenden Bemühungen in der Regel nicht mehr exakt trennen. Woher sollen denn die zahlreichen Erwähnungen des Jüngers an entscheidenden Punkten des Werks nur *wenige Jahre nach dessen Martyrium* stammen? Sein Name erscheint mit 25 Nennungen im zweiten Evangelium auf den Umfang des Werks bezogen häufiger als bei Lk, Mt und – wenn wir vom Nachtragskapitel 21 absehen – auch bei Joh.[120] Dabei sind die beiden späteren Synoptiker gerade auch in der Petrustradition weitgehend von den *markinischen* „Vorgaben", d.h. zugleich von der Autorität, die hinter seinem Evangelium steht, abhängig. Mt schließt sich deshalb so eng an den Text des Mk an, den er zu 80% übernimmt, weil er, selbst der Autorität des „Felsenmannes" verpflichtet, weiß, daß hinter dem zweiten Evangelium die Tradition des von ihm so hochgeschätzten Petrus steht. Mk nennt

[120] S. dazu o. S. 46ff. und besonders Anm. 88.

als frühester Evangelist den bei ihm zuerst berufenen Jünger knapp 40 Jahre nach dem Osterereignis so oft, *weil dieser für ihn von grundlegender Bedeutung ist.*[121] Dies gilt in eingeschränktem Maße selbst noch für das relativ petruskritische Johannesevangelium, bei dem die Kenntnis des Mk und Lk vorauszusetzen ist. Und wie will man die Möglichkeit „petrinischer Theologie" bei Mk von vornherein ausscheiden, wenn wir von dieser so wenig wissen wie von den Quellen des zweiten Evangeliums? Die markinischen Erwähnungen des Petrus liegen in bewußt gesetzten Schwerpunkten, einmal am Anfang bei dessen Berufung, dann in der Mitte mit seinem Messiasbekenntnis, der Leidensansage und der Verklärung als Peripetie,[122] und am Ende in

[121] S. dazu M. HENGEL, Probleme (Anm. 116), 252–257; vgl. R. FELDMEIER, Darstellung (Anm. 86), 267–271; M. HENGEL, Gospels (Anm. 9), 78–89.

[122] Die Verklärung unterstreicht das Gewicht des Petrusbekenntnisses und der Leidensansage, die Gottesstimme Mk 9,7 vertieft das Petrusbekenntnis 8,29 christologisch (vgl. 14,61; 1,1.11.24.34; 9,41; 12,6ff.35ff.), dasselbe darf nicht negativ verstanden werden. Das zukünftige Geschehen von Ostern und Karfreitag und damit die volle heilsgeschichtliche Bedeutung Jesu ist für Petrus noch unverständlich (9,10–13), darum sein unverständiger Einspruch gegen Jesu Leidensansage, die Jesus so schroff zurückweisen muß, weil damit alles auf dem Spiele steht (8,31–33), darum seine törichte Äußerung auf dem Offenbarungsberg, mit der er die drei „Offenbarungsmittler" festhalten will (9,5f.). Die Gottesstimme aus der Wolke „Hört auf ihn" erweist den „geliebten Sohn", der seine Passion angekündigt hat, als das eine wahre Offenbarungswort Gottes. Mose und Elia sollen ihn

Gethsemane und bei der Verleugnung, d. h. bei den drei theologischen Schwerpunkten des Werks.[123] Sollte das alles mit „Petrustheologie" oder theologisch gedeuteter Petruserinnerung nichts zu tun haben dürfen? Hinzu kommt, daß die zahlreichen auffallenden Latinismen bei Mk die von der Überlieferung ebenfalls festgehaltene römische Herkunft von Mk bestätigen. Mk wurde dort geschrieben, wo Petrus (wie auch Paulus) den Märtyrertod starb.[124] Auffallend ist weiter, wie häufig schon Mk

---

bezeugen. Sie haben im Blick auf den Gottessohn und seinen Weg ihre heilsgeschichtliche Eigenbedeutung verloren. Hinter diesem ganzen Komplex steht letztlich von Mk kunstvoll komponierte, passionstheologisch stilisierte Petruserinnerung bzw. Petrustheologie.

[123] Mk 14,29–31.33.37.54.66–72. Dazu P. Dschulnigg, Petrus (Anm. 1), 8–31. Er verweist auf „15 Szenen", in denen Petrus bei Mk auftritt. Von diesen „stehen sich dreimal drei in einer Trilogie nahe, (…) am Anfang (1,16–39), in der Mitte (8,27–9,8) und gegen Ende des Mk (14,26–72)". Am wichtigsten ist die „mittlere (…) Trilogie (8,27–9,8)". Damit „wird auch kompositionell deutlich, daß Petrus als Vermittler und Zeuge des christologischen Bekenntnisses (…) im Zentrum steht" (27).

[124] M. Hengel, Situation (Anm. 116), 43ff. und Ders., Gospels (Anm. 9), 78–89. Mk 12,42 und 15,16 werden zwei griechische Worte durch lateinische erklärt, ein Zug, der nach Rom verweist; 7,26: Ἑλληνίς, Συροφοινίκισσα wird am besten im lateinischen Westen verständlich, wo man zwischen dem Syrophoenix und dem Libyophoenix unterscheiden mußte. S. auch BDR § 5,4 den Hinweis auf weitere zahlreiche Latinismen aus Mk, weiter M. Hengel, ZNW 60 (1969), 182–198 zu Mk 7,3: πυγμῇ = pugno/pugillo in der Bedeutung „mit einer Handvoll". Bei Mk spricht nichts für eine Herkunft aus Syrien im Gegensatz zu Mt (4,24), aber viel für Rom. Es wirkt hier

und von ihm abhängig Mt das „(galiläische) Meer“[125], Bootsfahrten und das Fischermilieu erwähnen, aus dem Petrus, Andreas und die beiden Zebedaiden stammen,[126] ähnliches gilt von den Orten Bethsaida und Kapernaum.[127] Die beiden Brüderpaare Petrus und Andreas und die Zebedaidensöhne Jakobus und Johannes haben sich offenbar schon vor ihrer Berufung durch Jesus persönlich gekannt und wohl auch beruflich zusammengearbeitet.[128] Die engere Dreier- bzw. Vierergruppe im Kreis der zwölf Jünger war anscheinend schon vor ihrer Berufung durch Jesus befreundet. Woher sollen alle diese z.T. sehr persönlichen Züge bei dem angeblich „syrischen Heidenchristen“ als Autor des zweiten Evangeliums stammen?

Ganz ungewöhnlich und daher erklärungsbedürftig ist, daß Simon bzw. Petrus als der erste und der letzte Jüngername im ganzen Werk erscheint. Unmittelbar

---

nur der alte „Pansyrismus“ der religionsgeschichtlichen Schule nach, der damit eine synkretistische Herkunft des Christentums begründen wollte. S. dagegen HENGEL/SCHWEMER, Paulus (Anm. 92), 40–42.132–139.

[125] Mk 1,16: θάλασσα τῆς Γαλιλαίας. Von ihm spricht er 17mal. Der ungewöhnliche Ausdruck θάλασσα hat seinen Ursprung in Num 34,11: *jam-kinneret* (s. auch LXX und Tg). Lk 5,1f.; 8,22f.33 hat dagegen λίμνη (Γεννησαρέτ).

[126] Πλοῖον(/πλοιάριον) erscheint bei Mk 18mal, häufiger als bei den anderen Evangelisten: Mk 17/1; Mt 13; Lk 7/1; Joh 7/4.

[127] Bethsaida: Mk 6,45; 8,22; Kapernaum: 1,21; 2,1; 9,33.

[128] Mk 1,16ff. vgl. Lk 5,7: μέτοχοι. Zu den beiden Brüderpaaren s. Mk 1,16.19; 13,3.

nach der Notiz von Jesu Auftreten in Galiläa erzählt Mk 1,16 ff. die Berufung von „Simon und Andreas, dem Bruder Simons[129]“, als künftige Missionare in die Nachfolge Jesu. Die Aufforderung Jesu: „Kommt her, mir nach! Ich werde euch zu Menschenfischern machen.“ weist das Brüderpaar mit besonderer Hervorhebung des Erstgenannten auf den künftigen „apostolischen“ Dienst hin.[130] Eine Wirksamkeit Jesu ohne Jünger, genauer ohne den mit Abstand wichtigsten Jünger, kann sich Mk nicht vorstellen. Jüngerschaft bedeutet aber zugleich Sendung.[131] Auch in Einzelszenen wird Simon auffallend hervorgehoben. Das ist alles kein Zufall: In Mk 1,29 besucht Jesus das „Haus des Simon und Andreas“ und heilt die Schwiegermutter Simons, eine in ihrem ganz persönlichen Charakter einzigartige familiäre Heilungserzählung, die uns zeigt, daß Petrus verheiratet war.[132] Wenig später werden die Erstberufenen in 1,36 mit

[129] Man beachte die zweimalige Nennung des Namens Simon.

[130] Mk 1,17: Δεῦτε ὀπίσω μου, καὶ ποιήσω ὑμᾶς γενέσθαι ἁλιεῖς ἀνθρώπων, vgl. die weltweite Mission Mk 13,10; 14,9, die der Evangelist mit diesem paradigmatischen Ruf bereits im Auge hat. Gal 2,7 ist Petrus noch der maßgebliche Judenmissionar. Mk schreibt ca. 15 Jahre später und hat schon die universale Heidenmission auch des Brüderpaares im Sinn, s. u. S. 145 ff. Zu Mk 1,17 s. M. HENGEL, Nachfolge und Charisma, BZNW 34, Berlin 1968, 85 ff.

[131] S. Mk 3,14 die Einsetzung der „Zwölf“: ἵνα ὦσιν μετ᾽ αὐτοῦ καὶ ἵνα ἀποστέλλῃ αὐτοὺς κηρύσσειν mit Simon an erster Stelle, der den Beinamen Πέτρος erhält.

[132] S. dazu u. S. 167–179.204–214.

Σίμων καὶ οἱ μετ᾽ αὐτοῦ,[133] „Simon und seine Genossen", umschrieben. Im vorletzten Vers des Evangeliums, 16,7, gibt der Engel den zutiefst erschrockenen Frauen am Grabe den Auftrag, „aber gehet und sagt es seinen Jüngern *und dem Petrus* (...)". Dieses καὶ τῷ Πέτρῳ ist sachlich unnötig, ja störend, Mt läßt es daher weg, denn Petrus ist ja die wichtigste Person unter den Jüngern. Auch die Nachstellung des Namens ist ungewöhnlich, da sonst (Simon) Petrus immer am Anfang der Aufzählung von Jüngern steht. Man kann dieses sonderbare καὶ τῷ Πέτρῳ am Ende des Werks zusammen mit der zweifachen Nennung Simons am Anfang am besten als eine von Mk sehr bewußt formulierte *inclusio* für sein Evangelium verstehen. Ein verborgener Hinweis auf die Protophanie des Petrus ist es nicht, denn kein Leser konnte daraus die Ersterscheinung des Auferstandenen vor Petrus ohne Kenntnis der Tradition erschließen. M. E. handelt es sich bei diesem ganz und gar unnötigen καὶ τῷ Πέτρῳ und seinem Bezug zur ersten Nennung des Jüngers 1,16 um eine Signatur, durch die Mk auf den für ihn wichtigsten Traditionsgaranten, der zugleich der maßgebliche Jünger Jesu war, hinweist.[134]

---

[133] Vgl. Lk 8,45 die varia lectio mit den meisten Handschriften: Πέτρος καὶ οἱ σὺν αὐτῷ bzw. μετ᾽ αὐτοῦ, s. auch den kurzen sekundären Markusschluß, NT Graece[27], 147: die Jünger als τοῖς περὶ τὸν Πέτρον und IgnSmyr 3,1: τοὺς περὶ Πέτρον.

[134] Eine Parallele, die den Namen des Petrus am Ende ebenfalls besonders hervorhebt, ist 1 Kor 9,5: ὡς καὶ οἱ λοιποὶ ἀπόστολοι καὶ οἱ ἀδελφοὶ τοῦ κυρίου καὶ Κηφᾶς. Wir finden

Völlig irreführend ist es, wenn TERENCE V. SMITH dem Mk gar eine generelle „anti-Peter tendency" im Evangelium zuschreiben will[135] und dabei eine ganze Serie von unwahrscheinlichen Hypothesen anführt, warum der unbekannte Autor des Evangeliums, der für eine heidenchristliche Kirche schreiben soll, sich in so schlimmen antipetrinischen Ausfällen ergehe. Der Reigen seiner Vermutungen ist überaus bunt. So konstruiert er u. a. in den Spuren von F. C. BAUR bei Mk einen heidenchristlichen Angriff gegen die von Petrus und den Zwölfen beherrschten judenchristlichen Gemeinden in Palästina. Aber hat etwa ab der Agrippaverfolgung[136] nicht Jakobus anstatt Petrus diese Gemeinden, allen voran in Jerusalem, geleitet und Petrus aus seiner dortigen Führungsrolle verdrängt? Der Verfasser glaubt, der unbekannte Autor wolle Gegner provozieren, die sich besonders auf Petrus beriefen, und zugleich seine Gemeinde über die wahre Nachfolge Jesu anhand eines abschreckenden Beispiels belehren.[137] In Wirklichkeit ist Petrus als der beherrschende Jünger bei Mk und von ihm abhängig in den

---

eine andere rätselhafte Signatur in dem Jüngling, Mk 14,51, die mit ZAHN und altkirchlichen Katenen m. E. immer noch am ehesten auf den Evangelisten Johannes Markus selbst gedeutet wird. Eine bessere Erklärung dieser rätselhaften Passage wurde bis jetzt nicht gefunden.

[135] T. V. SMITH, Petrine Controversies in Early Christianity, WUNT II/15, Tübingen, 1985, (162–190) 185.

[136] S. o. Anm. 25.

[137] Op. cit. 189 f. S. die berechtigte Kritik von P. ACHTEMEIER, JBL 107 (1988), 337–339: „(T)he weakest (material) concerns the

späteren Evangelien – notwendigerweise auch – der Prototyp des Jüngerunverständnisses und Jüngerversagens. Diese „Schattenseiten“ beruhen weder auf einer späteren polemischen Konstruktion, die sich gegen die Jerusalemer Judenchristen wendet, noch auf einer Messiasgeheimnistheorie à la WREDE, sondern letztlich auf Erinnerung, nämlich auf der zurückblickenden Einsicht des Petrus und der anderen Jünger, daß sie Jesu Wirken und Weg vor Ostern *nicht verstehen konnten* und ihm gegenüber schuldig wurden. Auch hier liegt bei Mk ein – gewiß theologisch stilisiertes und dramatisch erzähltes – lebendiges Petruszeugnis zugrunde. Vor Ostern sind die Herzen der Jünger unverständig und verstockt, erst die Erscheinung des Auferstandenen kann dies überwinden und schenkt ihnen die Erfahrung der Vergebung ihrer Schuld.[138] Letztere gehört ja zum frühesten Kerygma der Urgemeinde. Petrus verkündigt, was er selbst erfahren hat. Der Satz Mk 2,17 (= Mt 9,13) gilt auch für die Jünger. Jesus hat mit ihnen keine „Gerechten“ berufen.[139]

Es ist auch eine Absurdität zu vermuten, ein so revolutionär neues Werk wie das älteste Evangelium

---

place of Peter in the Gospel of Mark, a rather one-sided and in some cases over-interpreted view of the evidence“ (339).

[138] Mk 8,17ff.33; 9,6.10.19; 10,32, vgl. Lk 24,25f.31f.47; Apg 2,38; 5,31; 10,43; 13,38; 1Kor 15,3f., s. dazu U. MITTMANN-RICHERT, Der Sühnetod des Gottesknechts, Habilitationsschrift Tübingen 2005, erscheint in WUNT.

[139] S. dazu Barn 5,9 und die Verteidigung dieses Satzes bei Origenes, c. Cels. 1,63, der sich dabei auch auf Lk 5,8 und 1Tim 1,15 beruft.

könne von einem anonymen Heidenchristen, einem frühchristlichen „Mr. Nobody", verfaßt sein. Dahinter *muß eine anerkannte Autorität* in der noch jungen Bewegung stehen, die sich durch die besondere Bedeutung, die sie Petrus als Gesprächspartner Jesu im Evangelium beimißt, auf eine noch größere Autorität beruft. Nur so erklärt sich auch, daß selbstbewußte theologische Köpfe und brillante Erzähler wie Lk und – noch viel mehr – der unbekannte christliche Schriftgelehrte und Verfasser des ersten Evangeliums auf so massive Weise das Markusevangelium verwendeten, ja, besonders der letztere, weitgehend ausschrieben.[140] *Sie wußten, daß sie damit auf festem anerkanntem Grund standen*, wobei Mt die petrinische Prägung seiner Vorlage noch durch zusätzliches legendäres Material, wie den Meerwandel Petri und die Tempelsteuerperikope,[141] verstärkte, während Lk – hier wird „paulinischer Einfluß" sichtbar – das schon bei Mk bedeutsame missionarische Motiv der „Rechtfertigung des Sünders" besonders hervorhebt. So bereits bei der Berufung: „Herr, gehe von mir, denn ich bin ein sündiger Mensch"[142] und dann wieder nach

---

[140] W. G. KÜMMEL, Einleitung in das Neue Testament, Heidelberg [20]1980, 30 Anm. 32a. S. o. S. 167f.

[141] Mt 14,28–33; 17,24–27. Die Erzählung muß noch in der Zeit des 2. Tempels geformt worden sein. Ab 70 war die Steuer als fiscus Iudaicus an den Kaiser zu zahlen. Zur Bedeutung des Petrus s. auch seine Einführung in Mt 10,2: πρῶτος Σίμων ὁ λεγόμενος Πέτρος und o. S. 45, Anm. 86.

[142] Lk 5,8 vgl. 18,11.

dem Abendmahl bei Jesu Hinweis auf die satanische Bedrohung des Petrus und der anderen Jünger, die durch die Fürbitte des Meisters abgewendet wird. Am Ende steht Jesu Mahnung an Petrus, nach seiner „Umkehr", d.h. nach Ostern, „die Brüder zu stärken"[143]. Das lukanische „und wenn du einst dich zurückfindest"[144] bezieht sich auf die Reue des Petrus nach seiner Verleugnung und seine Protovision des Auferstandenen[145], die zugleich Vergebung und neue Annahme bedeutet. Die Urgemeinde wußte: Christus ist auch für die Sünden des Petrus und der Jünger gestorben.[146] D.h., die Kritik an Petrus als Protagonisten des Jüngerunverständnisses, die in der Verleugnung ihren Höhepunkt erreicht, geht im Grunde auf diesen selbst zurück. Sie gründet in der Selbstkritik eines Jüngers, der sich als „gerechtfertigten Sünder" versteht, ganz ähnlich wie Paulus, der mehrfach auf seine Tätigkeit als Verfolger der Gemeinde

---

[143] Lk 22,31 f. vgl. Joh 21,15–17. S. dazu P. Dschulnigg, Petrus (Anm. 1), 68–87 und zur entsprechenden Wirksamkeit des Petrus in der Apg: 88–115.

[144] Lk 22,32: καὶ σύ ποτε ἐπιστρέψας, zur Übersetzung s. E. Klostermann, Das Lukasevangelium, HNT 5, Tübingen ²1929, 212 f. Codex D und andere westliche Zeugen machen daraus einen Imperativ: σὺ δὲ ἐπιστρέψον.

[145] Lk 22,62 und 24,34. Das „minor agreement" Lk 22,62: καὶ ἐξελθὼν ἔξω ἔκλαυσεν πικρῶς hat Mt 26,75 von Lk übernommen, da der Schluß der Mk-Vorlage 14,72 ihm unzureichend erschien.

[146] 1 Kor 15,3–5.

hinweist.[147] Im 2. Jh. hätte man Mk dem Petrus – so bei Justin[148] – und Lk dem Paulus zugeschrieben – so im Grunde bei Marcion, der sein verstümmeltes Lk-Evangelium mit dem Evangelium identifiziert, das Paulus von Christus selbst empfangen hat.[149] Die besondere Autorität des Petrus hinter dem Markusevangelium hat auch bewirkt, daß dasselbe, obwohl sein Inhalt von Lk und noch mehr von Mt weitgehend übernommen worden war, ganz im Gegensatz zu anderen Evangelienquellen, die verlorengingen, als selbständiges Werk im Rahmen des εὐαγγέλιον τετράμορφον erhalten blieb. Dieses viergestaltige Evangelium ist älter als Irenäus und das Evangelium Marcions und geht auf die ersten Jahrzehnte des 2. Jh.s zurück.[150] Schon Justin kennt es, wenn er

[147] 1 Kor 15,9; Gal 1,13 f.; Phil 3,6 vgl. 2 Kor 5,16; Eph 3,8; 1 Tim 1,15 f.

[148] Dial. 106,3. S. dazu M. Bockmuehl, Memories (Anm. 41), 134 ff. S. auch Tertullian, adv. Marc. 4,5,3: „et Marcus quod edidit (evangelium) Petri affirmetur cuius interpres Marcus. Nam et Lucae digestum (Marcionitae) Paulo adscribere solent."

[149] Gal 1,11 f.; Röm 2,16; 16,25; 2 Tim 2,8. S. dazu A. v. Harnack, Marcion, Nachdruck Darmstadt 1960, 39 ff. und B. Aland, Artk. Marcion, TRE 22, 91 f.

[150] Die Vierevangeliensammlung wurde etwa um 120 in der Bibliothek einer großen Gemeinde, etwa in Ephesus oder Rom, zusammengestellt und blieb zunächst auf große Gemeinden beschränkt. Justin setzt sie bereits voraus: apol. 1,67,3; dial. 103,8. S. dazu M. Hengel, Gospels (Anm. 9), 19 ff. Der unechte Markusschluß 16,9–20 kennt etwa um dieselbe Zeit Lk, Mt und Joh und ist schon bei Justin und Irenäus bezeugt; s. J. A. Kelhoffer, Miracle and Mission, WUNT II/112, Tübingen 2000, 123–156;

davon spricht, daß die „Erinnerungen der Apostel" Jesu, d.h. die späteren „kanonischen" Evangelien, von diesen „und ihren Nachfolgern verfaßt wurden". Das bezieht sich einerseits auf Mt und Joh und andererseits auf Mk und Lk, wobei die Evangelien der „Apostelschüler" älter sind als die, denen Apostelnamen beigelegt werden. Im 2. Jh. wurden evangelienartige Werke als Pseudepigrapha vor allem Aposteln und nicht mehr ihren Schülern zugeschrieben.[151] Die vier Evangelien wurden auch nicht für die jeweilige „Gemeinde" der Evangelisten[152] verfaßt, sondern für die ganze Kirche.[153] *Die führende Rolle des Petrus in allen vier Evangelien entspricht der Bedeutung des „Felsenmannes" für die ganze Kirche von Anfang an.*

Es ist auch irreführend zu behaupten, die Verbindung von Petrus und Markus sei aus *1 Petr 5,13* „herausgesponnen" und von dort zu Papias gelangt.[154] Einmal

---

TH. K. HECKEL, Vom Evangelium des Markus zum viergestaltigen Evangelium, WUNT 120, Tübingen 1999, 32–62.

[151] S. M. HENGEL, Evangelienüberschriften (Anm. 117), 18f.; DERS., Gospels (Anm. 9), 59ff.

[152] Die „Gemeinden", in denen ein Evangelist lehrte, brauchten noch am wenigsten ein schriftliches Evangelium, das ja immer nur einen Schatten der mündlichen Lehre in ihrer Fülle darstellen konnte. Die Evangelisten hatten von Anfang an eine breite Leser- oder besser Hörerschaft in vielen Gemeinden im Sinn. S. o. S. 51, Anm. 103.

[153] Lediglich Lk macht mit seiner ganz ungewöhnlichen Widmung an Theophilos eine gewisse Ausnahme. Aber auch er hofft auf eine Verbreitung seines Werkes durch den Empfänger.

[154] Vgl. z.B. E. HAENCHEN, Der Weg Jesu, Berlin 1966, 8; PH. VIELHAUER, Geschichte der urchristlichen Literatur,

erscheint der Zusammenhang Petrus und Markus schon in der anschaulichen Szene Apg 12,12 angedeutet, wo Petrus nach seiner Befreiung aus dem Gefängnis in das Haus der Maria, der Mutter des Johannes Markus, flieht, um dann das Machtgebiet des Herodes Agrippa zu verlassen.[155] Zum anderen wird auch in der sich kritisch gebenden Literatur gerne der Tatbestand unterschlagen, daß die Nachricht von Markus als Dolmetscher des Petrus von dem *Presbyter* (Johannes) stammt,[156] dem Papias auch sonst viele Traditionen verdankt.[157] Papias

---

Berlin etc. 1975, 260f.; etwas vorsichtiger J. GNILKA, Petrus und Rom, Freiburg etc. 2002, 149: „aus 1 Petr 5,13 erschlossen"; vgl. U. SCHNELLE, Einleitung (Anm. 119), 243: „die Verbindung Markus-Petrus in der Papiastradition (könnte) ihren Ausgangspunkt in 1 Petr 5,13 haben." Bei solchen Fehlschlüssen hätte man sich doch zuerst das Datierungsproblem von Mk, 1 Petr, dem Presbyter Johannes und Papias überlegen sollen.

[155] Apg 12,17. Der Markus in der Überschrift des Evangeliums, in 1 Petr 5,13 und in Paulusbriefen (Phlm 24; Kol 4,10: der Neffe des Barnabas vgl. Apg 12,25; 15,37.39; 2 Tim 4,11) ist kein Unbekannter, sondern eine den Empfängern und Lesern bekannte Autoritätsperson, identisch mit dem Johannes Markus der Apg. S. auch u. S. 159ff.

[156] S. z.B. bei L. WEHR, Petrus (Anm. 1), 199 Anm. 337 zu 1 Petr 5,13. Typisch ist, daß der Verfasser in seinem Werk auf Mk überhaupt nicht eingeht, s. den Index 414, wo zwar ausführlich Mt und Apg zitiert werden, Mk aber nur mit zwei unbedeutenden Stellen erscheint. Daß man bei dieser einseitigen Quellenauswahl zu entsprechenden „Ergebnissen" kommt, ist nicht verwunderlich.

[157] Euseb, h.e. 3,39,7.14f. Zum „Presbyter" Johannes s. M. HENGEL, Johanneische Frage (Anm. 57), 96–119.

schreibt spätestens zur Zeit Hadrians,[158] d. h., die Markustradition des „Alten" Johannes muß mindestens zwei Generationen älter sein. Sie reicht sicher wesentlich weiter zurück als der erste Petrusbrief, der etwa um 100 (m. E. als Konsequenz einer Sammlung der Paulusbriefe) entstanden ist. Der Satz in 1 Petr 5,13: „Es grüßen euch die mitauserwählte (Gemeinde) in Babylon (d. h. in Rom) und Markus, mein Sohn", sowie die Presbyternotiz bei Papias weisen beide unabhängig voneinander auf dieselbe ältere, zuverlässige Überlieferung zurück.[159] Die Papiasnotiz ist zudem keine Verteidigung des Mk, sondern eine – milde – Kritik. Mk habe weder die rechte Ordnung noch sei er Augenzeuge gewesen; seine Aufzeichnungen beruhten vielmehr auf der ungeordneten mündlichen Predigt des Petrus. Aus dieser habe er aufgeschrieben, an was er sich erinnerte. Der Bischof von Hierapolis kommt aus dem Umkreis der johanneischen

---

[158] 117–138 n. Chr. Damit käme man etwa auf 120–130 n. Chr. U. H. J. Körtner, Papias von Hierapolis, FRLANT 133, Göttingen 1983, 92–100 und Ders., Artk. Papias, TRE 25, 641–644, vermutet einen Zeitgenossen des Ignatius etwa um 110; ebenso M. Günther, Einleitung in die Apostolischen Väter, ARGU 4, Frankfurt am Main 1997, 92–100 und Ders., Artk. Papias, RGG[4] VI, 862: Hätten beide recht, müßte man die Notiz historisch erst recht ernst nehmen.

[159] Auch der Hinweis auf die aramäische Logiensammlung des Matthäus stammt wohl vom Presbyter (Euseb, h. e. 3,39,16). S. dazu M. Hengel, Johanneische Frage (Anm. 57), 76–95; Papias hat als erster uns bekannter Autor über den Ursprung der Evangelien nachgedacht. Später tun dies Justin und Irenäus.

Schule und geht bei seiner Kritik von der – für ihn – besseren Ordnung (τάξις) des vierten Evangeliums aus.[160] Wir haben guten Grund, seine Presbyter-Überlieferung ernst zu nehmen, zumal wir – z. T. unabhängig von ihm – eine ganze Reihe anderer Hinweise aus dem 2. Jh. besitzen, die Petrus und das Markusevangelium verbinden. So die wahrscheinlich aus dem römischen Archiv stammende historisch zutreffende Nachricht bei Irenäus[161]: „Nach dem Tode dieser beiden (des Petrus und des Paulus) hat *uns* (d. h. der römischen Gemeinde) Markus, der ein Schüler und Dolmetscher des Petrus war, selbst auch das, was Petrus verkündigte, schriftlich überliefert".[162] Clemens Alexandrinus, der das Werk des Irenäus kannte, läßt, im Gegensatz zu diesem, Mk sein Evangelium noch zu Lebzeiten des Petrus schreiben und von diesem bestätigt werden. Er will dadurch die Autorität des Evangeliums, das (nach dem Zeugnis

---

[160] M. Hengel, Johanneische Frage (Anm. 57), 86–95; Th. K. Heckel, Evangelium (Anm. 150), 256–260; s. jetzt auch P. Trebilco, The Early Christians in Ephesus from Paul to Ignatius, WUNT 166, Tübingen 2004, 246–256.

[161] Irenäus, adv. haer. 3,1,1 = Euseb, h. e. 5,8,3; s. dazu und zum römischen Archiv C.-J. Thornton, Der Zeuge des Zeugen. Lukas als Historiker der Paulusreisen, WUNT 56, Tübingen 1991, 8–69; M. Hengel, Gospels (Anm. 9), 34–38.

[162] Zum Verhältnis dieser Angabe zu den Papiasnotizen s. J. C. Thornton, op. cit. 63–67; s. dazu B. Mutschler, Irenäus als johanneischer Theologe, STAC 21, Tübingen 2004, 159 ff.: „Irenäus weiß mehr als Papias" (159), wobei zu bedenken ist, daß wir von Papias nur ganz wenige Fragmente besitzen.

der Papyri aus Ägypten) im 2. Jh. in den Gemeinden nicht mehr allzu sehr verbreitet war, hervorheben. Diese Zeugnisse setzen sich im 3. und 4. Jh. fort.[163] Die grundsätzliche Verwerfung dieser vielfältigen Nachrichten über die Entstehung der Evangelien aus dem 2. und 3. Jh. ist das typische Produkt eines dogmatisch gewordenen ahistorischen Kritizismus. Selbst *ohne* derartige Nachrichten über die persönliche Verbindung des Petrus mit dem Evangelisten Markus bedarf bereits das absolute Übergewicht der Person des Petrus im ältesten Evangelium einer tragfähigen *historischen* Erklärung. Es geht hier um mehr als um bloße Erinnerung an das, was einstmals war, etwa in der kurzen ein bis zwei Jahre dauernden Zeit der Wirksamkeit Jesu oder während der führenden Rolle des Petrus in Jerusalem in den zwölf bis dreizehn Jahren bis zur Agrippaverfolgung, durch die er zumindest vorübergehend, ca. 42/43 n. Chr., das Mutterland verlassen mußte (Apg 12,17), und Jakobus, der Bruder Jesu, die Leitung der Gemeinde in Jerusalem und Judäa übernahm. Die entscheidende, uns von An-

[163] Wir haben verschiedene, sich z. T. widersprechende Berichte aus dem 6. Buch der Hypotyposen des Clemens bei Euseb, h. e. 6,14,5–7 vgl. 2,15,1 f. und ihrer lateinischen Übersetzung, den „Adumbrationes" (GCS 17, ed. O. Stählin, 206), zu 1 Petr 5,13; s. auch die sogenannten monarchianischen Evangelienprologe bei J. Regul, Die antimarcionitischen Evangelienprologe, AGLB 6, Freiburg 1969, 47 ff., 1: „Marcus evangelista Dei et Petri baptismate Filius (...)"; vgl. Origenes, Comm. in Matth. bei Euseb, h. e. 6,25,6; Hieronymus vir. inl. 8 u. a. S. auch das Tertullianzitat o. Anm. 148.

fang an begleitende Frage ist vielmehr: *Wie konnte Petrus eine solch überragende Bedeutung in den synoptischen Evangelien – beginnend bei Mk und selbst noch (trotz aller Distanz) bei Johannes –, aber auch in der Apg und bereits in einzelnen Paulusbriefen wie Gal und 1 Kor erhalten?*

5. Die spätere Rolle des Petrus und sein Konflikt mit Paulus

5.1 Das Wirken des Petrus außerhalb Judäas

Obwohl Lk in seiner Erzählung der Apg mit diesem Ereignis und dem letzten Auftreten des Apostels beim Jerusalemer „Konzil" ca. 48/49 die Wirksamkeit des Petrus, man möchte fast sagen, gewaltsam abschneidet, müssen gerade *die darauffolgenden ca. 15–17 Jahre bis zur neronischen Verfolgung* von entscheidender Bedeutung für sein großes Ansehen in den – allmählich mehr und mehr „heidenchristlich" werdenden – Missionsgemeinden des Westens zwischen Antiochien und Rom gewesen sein, eine Bedeutung, die nicht nur bei den Autoren der Evangelien und der Apg, sondern auch bei Clemens von Rom, dem unbekannten Verfasser des 1. Petrusbriefs und bei Ignatius[164] sichtbar wird. Dieses Ansehen, das

[164] 1 Clem 5,1–4: Petrus wird als erster ἀθλητής, d. h. Märtyrer „der jüngsten Zeit", genannt, ihm folgt Paulus; vgl. IgnRöm 4,3: „Nicht wie Petrus und Paulus befehle ich euch." Beide Texte setzen ihre apostolische Autorität und ihr römisches Martyrium

ungleich größer ist als das aller anderen Jünger – selbst die Zebedaiden Jakobus und Johannes spielen in den synoptischen Evangelien und der Apg im Vergleich zu Petrus eine recht eingeschränkte Rolle[165] –, wird nur verständlich, wenn man davon ausgeht, daß – gegen Lukas, der Petrus nur bis zur Hafenstadt Caesarea maritima (Apg 10,1–11,18) kommen läßt – auch westliche Gemeinden den Apostel selbst oder Sendboten von ihm kennengelernt haben[166] und so direkt oder indirekt von ihm beeinflußt wurden, und zwar nicht nur in

---

voraus, das Ignatius als Befreiung versteht. Diese Bedeutung setzt sich im 2. Jh. fort und bleibt für die weitere Geschichte der Kirche erhalten. S. auch o. S. 10f. Anm. 16.

[165] Die beiden Zebedaiden erscheinen bei Mk neunmal, Jakobus wird, trotz seines frühen Todes (Apg 12,2), bei ihm immer als zweiter noch vor Johannes genannt, was auf ältere Tradition hinweist; einmal (Mk 9,38) begegnet Johannes allein als Fragender. Dreimal finden wir sie in der Dreiergruppe mit Petrus an der Spitze (Mk 5,37; 9,2; 14,33), einmal als Vierergemeinschaft mit Andreas (Mk 13,3), wobei zu bedenken ist, daß sie alle in Kapernaum zu Hause waren. Mt nennt sie nur noch dreimal, Lk fünfmal und je einmal Johannes allein (9,49) und zusammen mit Petrus (22,8). In der Apg erscheint Johannes außer in der Liste 1,13 siebenmal immer als Begleiter des Petrus und in 12,2 als Bruder des durch das Schwert hingerichteten Jakobus.

[166] H. v. Campenhausen, Kirchliches Amt und geistliche Vollmacht in den ersten drei Jahrhunderten, BHTh 14, Tübingen 1953, 21: „Später hat Petrus Jerusalem ganz verlassen" (unter Verweis auf Apg 12,17); 20: „seine Wirksamkeit [erstreckte sich] über Palästina hinaus bis nach Syrien, vielleicht gar bis Kleinasien und noch weiter". „Es hat auch heidenchristliche Gemeinden gegeben, die Petrus als ihren Apostel verehrten", vgl. 142.

Syrien, Antiochien und Rom, sondern auch dazwischen an wichtigen Orten wie etwa den Provinzhauptstädten Ephesus und Korinth.[167] Die fünf kleinasiatischen Provinzen in 1 Petr 1,1 als Heimat der „auserwählten Fremdlinge", Pontos, Galatien, Kappadozien, Asia und Bithynien, setzen voraus, daß der pseudepigraphische apostolische Verfasser in diesen Gebieten als Autorität galt.[168] Man könnte auch darauf verweisen, daß die spätere Überlieferung den Bruder des Petrus, Andreas, mit der Nordküste des Schwarzen Meeres (Skythien)[169] und den Petrusschüler Markus mit der Gründung der

---

[167] Zu Ephesus vgl. die ekklesiologische Bedeutung des Petrus in der Johannes-Schule Joh 21,15–19; zu Korinth 1 Kor 1,12; 3,22; 9,1–7 und o. S. 38f. und u. S. 106ff. Wenn Phil in Ephesus geschrieben wurde, könnte man auch auf die Schwierigkeiten des Paulus mit den eigenen Glaubensbrüdern verweisen, die vielleicht auf petrinischem Einfluß beruhen, s. Phil 1,14–17.

[168] Sie dürfen auch nicht einfach alle als paulinisches Missionsgebiet betrachtet werden. – Pontos (die Heimat Aquilas; Apg 18,2) und Bithynien (Apg 16,7) gehören nicht mehr zu den uns bekannten, von Paulus bereisten Provinzen. Auch die Verbreitung der Christen in Bithynien und Pontos zur Zeit der Statthalterschaft des Plinius (ca. 110–114 n. Chr.) muß nicht allein auf die paulinische Mission zurückgehen.

[169] Euseb, h. e. 3,1,1 f.: Danach hat Petrus in den fünf Provinzen Kleinasiens von 1 Petr 1,1 und Andreas in Skythien, d. h. an der Nordküste des Schwarzen Meeres, gepredigt. Zu Markus in Alexandrien s. Euseb, h. e. 2,16.24, dazu HENGEL/SCHWEMER, Paulus (Anm. 92), 392ff. Die Andreasakten gegen Ende des 2. Jh.s lassen den Bruder des Petrus im nördlichen Kleinasien, aber auch in Makedonien und Achaia, d. h. in typischen paulinischen Missionsgebieten, wirken, s. J.-M. PRIEUR, Acta

Gemeinde in Alexandrien in Verbindung bringt.[170] Derartige Nachrichten mögen legendär sein, sie könnten aber doch auf Ausstrahlungen der petrinischen Mission hinweisen. Diese wird nicht zuletzt durch Abgesandte betrieben worden sein.

Die Bedeutung des Petrus in der Zeit nach dem Apostelkonzil und bis zu seinem Aufenthalt in Rom und seinem Martyrium war so nicht allein oder vornehmlich auf Antiochien und den syrischen Raum beschränkt, wie heute gerne vermutet wird. Petrus wird nach dem Zusammenstoß mit Paulus in Antiochien nicht nur dort eine führende Rolle gespielt haben, vielmehr hat seine Autorität kräftig nach dem Westen hin ausgestrahlt.[171] Diese Hochschätzung steht in eigenartigem

---

Andreae CC Ser. Apocr. 5, Turnhout 1989, 68 ff.81–86.88 f.; TH. ZAHN, FGNK VI, 220 f.

[170] Die Entstehung des Christentums in Ägypten ausgehend von Alexandrien ist das große unlösbare Rätsel in der Geschichte der Urkirche. Die einzige Nachricht aus dem 1. Jh. ist Apg 18,24 über Apollos Ἀλεξανδρεὺς τῷ γένει. Wir wissen jedoch nicht, ob er dort zum Glauben kam. Erst Codex D und gig haben den Zusatz, er sei in seiner πατρίς im neuen Glauben unterrichtet worden, s. dazu HENGEL/SCHWEMER, Paulus (Anm. 92), 392 f.

[171] Erst bei Origenes, hom. in Lucam VI (GCS 49, ed. M. Rauer, 34) wird Ignatius als der zweite Bischof Antiochiens „nach dem seligen Petrus" bezeichnet (s. jedoch dagegen Euseb, h. e. 3,22, wo ein Evodius dazwischentritt). Nach Hieronymus ist Petrus, nachdem er die Gemeinde in Antiochien gegründet hatte, im zweiten Jahr des Claudius (42 n. Chr.) nach Rom gesandt worden, wo er das Evangelium predigte und 25 Jahre Bischof gewesen sein soll; s. Chronik (GCS 47, ed. R. Helm, 179; ähn-

Kontrast zu den wenigen Hinweisen auf den Herrenbruder Jakobus im NT, obwohl dieser doch zwischen ca. 43 und seiner Steinigung in Jerusalem ca. 62 n. Chr. der beherrschende Kopf der Gemeinden im jüdischen Mutterland geworden war und vermutlich so etwas wie einen Führungsanspruch für die ganze messianische Jesusgemeinde erhob. THEODOR ZAHN nannte Jakobus nicht ganz zu Unrecht den „Papst der ebjonitischen Phantasie“[172]. Er wurde m. E. der Ausgangspunkt des

lich schon Euseb, h. e. 2,14,6). Gemäß vir. inl. 1 ist er nach der Gründung der Gemeinde in Antiochien und der Missionspredigt unter der jüdischen Diaspora Kleinasiens in den fünf Provinzen von 1 Petr 1,1 nach Rom gelangt, um dort Simon Magus zu bekämpfen. Weitere Belege bei K. FROELICH, Artk. Petrus II, TRE 26, 275 f. Zur besonderen Verbindung des Petrus mit Antiochien und dadurch mit dem aus Syrien stammenden Mt, s. die Vermutungen von L. WEHR, Petrus (Anm. 1), 251.286 ff. zum Aposteldekret. Er möchte entsprechend „im Mt am ehesten im NT Petrusüberlieferung greifen“, weil dieses „in Syrien und vielleicht sogar in Antiochien“ anzusiedeln sei, und glaubt, „daß sich über das Mt am leichtesten der theologische Standpunkt des Petrus erhellen läßt“ (289). Da er Mk vollkommen übergeht und den historischen Ort des Mt als Werk eines judenchristlichen Schriftgelehrten (Mt 13,52; 23,34) in einer gemischten Gemeinde im direkten Einflußbereich des jüdischen Mutterlandes verkennt, sowie die relativ späte Entstehung des Werkes unbeachtet läßt, kommt er zu fragwürdigen Ergebnissen. Die früheren Schriften des Lk und erst recht des Mk stehen kaum weniger unter dem Eindruck der Autorität des Petrus als Mt. Neu ist bei diesem nur die pointierte theologische Hervorhebung der heilsgeschichtlich-kirchlichen Bedeutung des „Felsenmanns“ in Mt 16,17–19.

[172] TH. ZAHN, Brüder und Vettern Jesu, FGNK VI, 280; s. dazu M. HENGEL, Jakobus der Herrenbruder – der erste „Papst“?,

monarchischen Episkopats,[173] der von Osten nach Westen wanderte und sich in Rom erst relativ spät durchsetzte.[174] Dieses einseitige Zurücktreten des Jakobus in der Über-

---

Kleine Schriften III (Anm. 21), 549–582; P.-A. BERNHEIM, Jacques (Anm. 21), 251–290: „Jacques, le premier pape: Qualifier Jacques de premier pape est peut-être exagéré et sûrement anachronique. Cependant, si un personnage de l'Église primitive mérite cette désignation c'est bien lui". B. schreibt Jakobus von Anfang an die führende Rolle in Jerusalem zu. S. o. S. 14 ff.

[173] Er besaß eine „monarchische" Autorität in der Gemeinde mit einem Kreis von Ältesten um und unter sich. Den Titel des ersten Bischofs von Jerusalem, der von den Aposteln eingesetzt worden sei, hat dann erst die Legende des 2. Jh.s auf ihn übertragen, s. dazu M. HENGEL, Kleine Schriften III (Anm. 21), 561 f. In Ps. Clem., recog. 1,43,3 erscheint er als princeps episcoporum, die Einsetzung als Bischof durch die Apostel berichtet Clemens Alex. nach Euseb, h. e. 2,1,3. Irenäus, adv. haer. 3,12,15 spricht von den circa Jacobum apostoli; s. o. Anm. 133 ähnliche Formulierungen bei Petrus. Der erste bekannte monarchische Bischof mit einem überregionalen Anspruch ist Ignatius, der sich nach Röm 2,2 ἐπίσκοπος Συρίας nennen kann. Vgl. o. Anm. 24.

[174] Die Gemeinde in Philippi hat noch im Polykarpbrief keinen monarchischen Bischof. Zu Rom s. P. LAMPE, From Paul to Valentinus. Christians in Rome in the First two Centuries, Minneapolis 2003, 397–408. Die Größe der Stadt und die zahlreichen Hauskirchen begünstigten eine kollegiale Presbyterverfassung. Klare Ansätze zum monarchischen Episkopat werden erst etwa seit Anicet (ca. 155–166) sichtbar. S. auch 1 Clem 42,4 f., der den aus Jes 60,17 abgeleiteten Begriff ἐπίσκοπος nur im Plural, gleichbedeutend mit πρεσβύτεροι (1,3; 21,6; 44,5; u. ö.) verwendet, und Hermas, der ebenfalls beides identifiziert. Die Pastoralbriefe, die nach Kleinasien weisen, dürfen nicht zu früh angesetzt werden. Sie sind etwa zeitgleich mit Ignatius (ca. 110–114).

lieferung des 1. Jh.s ist eine Folge der Schwächung des palästinischen Judenchristentums auf Grund von dessen Steinigung 62 n. Chr. und durch den vier Jahre später ausbrechenden Jüdischen Krieg, von dem dasselbe sich nicht wieder erholt hat, aber zugleich auch ein Ausdruck für eine wachsende Entfremdung zwischen den gesetzestreuen Judenchristen, insbesondere im Mutterland, und dem immer stärkeren Übergewicht der Kirche aus den Völkern nach 70, die die Autorität des Petrus im Gegensatz zu der des Jakobus grundsätzlich anerkannte. Petrus war gerade *nicht* der typische Vertreter des gesetzesstrengen Judenchristentums, als der er seit F. C. BAUR immer wieder dargestellt wird. Er stand zwischen den beiden Flügeln, die durch Jakobus und Paulus (und ihre z. T. extremeren Anhänger) markiert sind. Eben diese Zwischenposition, die für das Heidenchristentum offen war und theologisch – bei allen schweren Differenzen – letztlich Paulus näherstand als dem gesetzestreuen Flügel im Urchristentum, bildet die Voraussetzung seiner großen Wirksamkeit.

Ich möchte drei Gründe für diese Entwicklung, die vor allem für die dunkle Zeit nach dem Apostelkonzil (ca. 48/49–64/66 n. Chr.) gilt, nennen:

1. Petrus wurde trotz der bei dieser Zusammenkunft getroffenen Abmachungen in den Jahren danach mehr und mehr *auch zum* überzeugten und überzeugenden *Heidenmissionar*, und zwar in einer für Paulus und ihn selbst äußerst schmerzlichen Konkurrenzsituation. Die in Jerusalem beschlossene Trennung zwischen Juden-

und Heidenmission war in den mehr oder weniger gemischten Gemeinden außerhalb des Mutterlandes nicht wirklich durchführbar. Die beiden Apostel hatten sich bei dem Konflikt in Antiochien (Gal 2,11 ff.) gegenseitig tief verletzt und wurden dadurch zu Kontrahenten, ein Vorgang, der nicht nur in Gal 2 seinen Niederschlag gefunden hat, sondern auch in den späteren Briefen des Apostels nachwirkte und dessen Mission bis zu seiner Verhaftung am Wochenfest 57 n. Chr. überschattete, den aber Lk um seines harmonischen Bildes der christlichen Urgeschichte willen verschweigen muß. Darum läßt er Petrus nach dessen propaulinischer Rede auf dem Apostelkonzil Apg 15,7–11 abrupt von der Bühne abtreten.

2. Im Gegensatz zu dem ehemaligen Verfolger Paulus, aber auch zu Jakobus, der vor der Passion seinem Bruder eher skeptisch gegenübergestanden hatte, verfügte Petrus in souveräner Weise über die *Fülle der Jesustradition*, die die Worte und Taten des Messias umfaßte. Seine einzigartige Bedeutung in den Evangelien hängt nicht zuletzt damit zusammen, daß er als Autorität in einer allmählich immer stärker werdenden heidenchristlichen Kirche mit dieser Jesusüberlieferung verbunden wurde, die in den Paulusbriefen relativ zurücktritt. Vermutlich war Petrus schon als Jünger von der freieren Haltung Jesu gegenüber den rituellen Geboten und seiner Konzentration des Gotteswillens auf das doppelte Liebesgebot[175]

---

[175] Vgl. Mk 2,23–28 parr.; 7,18–23 par.; Lk 6,31 = Mt 7,12; Mt 9,13 = 12,7; 23,23; s. auch die Hellenisten Apg 6,14.

beeindruckt worden. Es ist ja auffallend, daß die jüdisch-messianische Bewegung der Urkirche so rasch in relativ wenigen Jahren die geographischen Grenzen von Eretz Israel und die religiösen Grenzen des strengen Judentums überschreiten konnte. Dieser Vorgang ist ohne Parallele in der Geschichte des palästinischen Judentums und muß seine Wurzeln letztlich im Verhalten Jesu selbst haben. Zu den endzeitlichen Verheißungen der Profeten für die Zeit des Messias gehörte auch die Öffnung des Gottesvolkes für die Völker.

3. Theologisch war Petrus gerade nicht (mehr) wirklich „gesetzesstreng" im Sinne der Jerusalemer Judenchristen. Das zeigt schon die Corneliuserzählung (Apg 10,1–11,18), die auf einen historischen Vorgang zurückverweist, der noch vor der Zeit Agrippas I. (Frühjahr 41 – Frühjahr 44), ja wohl noch vor den vorausgehenden durch Caligula verursachten Wirren (ca. 39/41)[176] anzusetzen

---

[176] Lk schildert in der Corneliusgeschichte diesen Wandel auf dramatische Weise. In Apg 10,14 weigert er sich, gegenüber der Himmelsstimme bei der ihm widerfahrenden Vision von dem unreinen Getier zu essen. „Ja nicht, Herr, noch nie habe ich etwas Unheiliges oder Unreines gegessen", d.h., Lk macht ihn zunächst zum strengen Judenchristen. Apg 11,2 f. wird er dann wegen seiner laxen Haltung zur Tora, die in der Tischgemeinschaft mit Unbeschnittenen zum Ausdruck kommt, in Jerusalem angegriffen. 11,1 nennt darüber hinaus noch allgemein „die Brüder in Judäa". Nach dem Urteil des empörten Paulus Gal 2,12 bricht er später die Tischgemeinschaft mit den Heiden nur aus Furcht (φοβούμενος) vor den Abgesandten des Jakobus nicht aus eigener Überzeugung ab. Zur Bedrohung des Tempels

ist: Vermutlich stand er ab Ende der dreißiger Jahre in der Frage des jüdischen Gesetzes mit seinen rituellen Geboten und der Notwendigkeit des rettenden Glaubens an Jesus, den gekreuzigten und auferstandenen Herrn, eher näher bei den „Hellenisten" und bei Paulus[177] als bei Jakobus mit dessen späterem Kreis der Jerusalemer Ältesten,[178]

---

durch Caligula, die Judäa an den Rand eines Krieges mit Rom führte, s. HENGEL/SCHWEMER, Paulus (Anm. 92), 279–286.

[177] Auch wenn er die spezifische Gesetzesauffassung des Paulus, für die der Galater- und der Römerbrief, aber auch Texte wie 1 Kor 15,56; 2 Kor 3,6–11 und Phil 3,2–11 typisch sind, nicht teilte. Dazu war er als galiläischer Jude zu sehr von der Jesustradition geprägt. Es ist kein Wunder, daß Mt ihm als Lehrautorität eine solch einzigartige Bedeutung gibt. Zu den Hellenisten s. M. HENGEL, Kleine Schriften III (Anm. 21), 1–67.

[178] Es ist auffallend, daß der Jakobusbrief eine ganz reduzierte Christologie und Soteriologie besitzt. Das entsprach weder petrinischer noch paulinischer Theologie. S. dazu M. HENGEL, Kleine Schriften III (Anm. 21), 511–582. Nicht zufällig steht 1 Petr den Paulusbriefen näher als dem Jakobusbrief, auch wenn man ihm zu Recht mit J. HERZER, Petrus oder Paulus, WUNT 103, Tübingen 1998 gegenüber dem Corpus Paulinum eine theologische Eigenständigkeit zuschreibt. Von einer spezifisch „syrisch-antiochenischen Tradition" des Briefes würde ich freilich nicht sprechen, eher von einer römischen. Für Antiochien ist um 100 n.Chr. Ignatius typisch. Die Gemeinde(n) in Rom hatte(n) seit der Gründung etwa z. Zt. Caligulas (37–41) bzw. des frühen Claudius (wie schon zuvor die dortigen Synagogengemeinden) enge Verbindungen mit Jerusalem. Dies zeigt noch der Römerbrief. Auch Mt ist nicht durch eine „antiochenische Theologie" – die wir nicht wirklich kennen –, sondern durch die Nähe zum jüdischen Mutterland und zu den dortigen Entwicklungen bestimmt. Wir sollten das „petrinische Missionsgebiet"

obwohl auch Jakobus, wie die Übereinkunft beim Apostelkonzil zeigt, eine Heidenmission ohne Beschneidung nicht grundsätzlich ablehnte.[179] Dieser wollte jedoch gegenüber den Juden in Eretz Israel den die dortige Existenz der Gemeinde mehr und mehr bedrohenden Vorwurf der Apostasie vermeiden und darum für die Glaubensbrüder im Mutterland die Forderung eines gesetzestreuen Judenchristentums festhalten. Dies erklärt, warum der Einfluß des Petrus in Jerusalem zugunsten des Jakobus allmählich zurückging, während sein Ansehen in den Missionsgemeinden der Diaspora wuchs.

Anhaltspunkte dafür finden wir in den Paulusbriefen und in der Apostelgeschichte. Der nach Darstellung des Paulus auf dem „Apostelkonzil" zwischen den drei „Säulen", Jakobus, Kephas und Johannes, auf der einen und ihm und Barnabas auf der anderen Seite ausgehandelte Kompromiß: „wir zu den Heiden, sie aber zu den Juden" (αὐτοὶ δὲ εἰς τὴν περιτομήν, Gal 2,9) gründete auf der Einsicht, daß bereits bisher dem Paulus und Barnabas die Evangeliumsverkündigung gegenüber den „Unbeschnittenen", dem Petrus aber gegenüber der „Beschneidung" zugeordnet war, und zwar letztere auch außerhalb des Mutterlandes.[180] Die Übereinkunft zeigt, daß Petrus

---

(Herzer, op. cit. 264) geographisch nicht zu sehr beschränken, sonst wird die einzigartige Bedeutung des Petrus für die entstehende Kirche schwer verständlich.

179 Gal 2,9; Apg 15,13–21; 21,21–25.

180 Gal 2,7–9. Auffallend ist, daß in 2,7 f. zunächst davon die Rede ist, daß dem Petrus „das Evangelium (…) für die Be-

schon bisher als der erfolgreichste Verkündiger der neuen Botschaft gegenüber seinen Volksgenossen galt, ein Bild, das die Apg 2–5 und 9,32–43 für das Mutterland, aber auch Mk und Mt mit der Metapher vom „Menschenfischer"[181] bestätigen. Er besaß in besonderer Weise die ἀποστολὴ τῆς περιτομῆς (Gal 2,8). Sehr wahrscheinlich hat er nach seiner Flucht 42/43 n. Chr. aus Jerusalem auch außerhalb Palästinas nicht ohne Erfolg unter Juden missioniert. Am nächsten lag der syrische Raum mit seinem großen Anteil der jüdischen Diaspora, es ist aber nicht auszuschließen, daß er auch andere Gebiete bereiste, ja daß er damals vielleicht schon nach Rom kam.[182] Die

---

schneidung anvertraut" war bzw. Christus bei ihm die Sendung zu den Beschnittenen bewirkt habe, in V. 9 dagegen alle drei Säulen unter Juden missionieren (αὐτοὶ δὲ εἰς τὴν περιτομήν). Petrus erscheint hier auf jeden Fall als der führende Judenmissionar, und zwar über die Grenzen Judäas hinaus.

[181] Mk 1,17 = Mt 4,19; vgl. Lk 5,10; dazu M. Hengel, Nachfolge (Anm. 130), 85 ff.

[182] Zur syrischen Diaspora und zur Gründung und Frühgeschichte der Gemeinde in Rom s. o. S. 47 f. Anm. 92; Hengel/Schwemer, Paulus (Anm. 92); zu Syrien 82 ff.93 ff.139 ff.; zu Rom 389–394. Nach Euseb, h. e. 2,14,6 und Hieronymus (s. o. Anm. 171) ist Petrus schon zu Beginn der Herrschaft des Claudius ca. 42 n. Chr. nach Rom gekommen. Diese Zeitangaben sind freilich fragwürdig. Im Jahr 48/49 ist Petrus wieder in Jerusalem und vermutlich im Jahr 51/52 in Antiochien, wo es zu der heftigen Auseinandersetzung mit Paulus kommt (s. u. S. 92 ff.). Daß Paulus in Röm den Namen des Petrus nicht erwähnt, mag mit dem Konflikt von Gal 2,11 f. zusammenhängen. Er nennt keinen der früheren Apostel, und Jerusalem erscheint in 15,30–32 eher als abweisender, ja feindlicher Ort. Er rechnet damit, daß seine

beim „Apostelkonzil" in Jerusalem vereinbarte Trennung von Juden- und Heidenmission erwies sich jedoch als unrealistisch, denn sie ließ sich in der Praxis außerhalb des Mutterlandes auf die Dauer nicht aufrechterhalten, zumal die „Heiden" ursprünglich ganz überwiegend mit der Synagoge eng verbundene „Gottesfürchtige" waren und dem Judentum mehr oder weniger nahestanden. Darum suchte auch Paulus an neuen Missionsorten zunächst die Synagoge auf, weil er dort „Gottesfürchtige" ansprechen konnte, die rechtlich gesehen noch unbeschnittene „Heiden" waren.[183] Es ist erstaunlich, wie sehr Paulus in seinen Briefen von den Voraussetzungen jüdischer Tradition und Exegese ausgeht. Ohne die alttestamentlich-jüdische Vorbildung der Mehrzahl seiner Zuhörer, etwa durch die Synagogenpredigt, wären weder seine Missionsverkündigung noch seine Briefe in den Ge-

---

Kollekte dort abgelehnt und daß sein Leben bedroht wird. Die Gegner, die ihn verleumden, werden nur als τίνες angesprochen, Röm 3,8. S. u. Anm. 228 und 240. Eine Ausnahme ist das rätselhafte Ehepaar Andronikus und Junia 16,7 und seine besondere Beziehung zu den Aposteln, s. u. Anm. 417.

[183] Die Predigt des Paulus vor Gottesfürchtigen begann schon in den Synagogen von Damaskus (zu diesen s. Josephus, bell. 2,560 f.): Apg 9,19–22 und dazu HENGEL/SCHWEMER, Paulus (Anm. 92), 80–86; zu den „Gottesfürchtigen" s. 101–139. Paulus war immer auch Missionar gegenüber den eigenen Volksgenossen, s. Röm 1,16; 11,14; 1 Kor 9,20 ff. Der judenchristliche Anteil in seinen Gemeinden war nicht ganz gering. Dadurch hatten Petrus und seine Sendboten die Möglichkeit, entsprechend der Abmachung beim Apostelkonzil auch „paulinische" Gemeinden zu besuchen.

meinden verstanden worden. Umgekehrt wurde Petrus außerhalb von Eretz Israel nolens volens immer mehr *auch* zum „Heidenmissionar“, da dort die Gemeinden gemischt waren und gemeinsam Gottesdienst feierten, so daß sich eine strenge personale Trennung zwischen Juden- und Heidenchristen, wie sie das Apostelkonzil vorgesehen hatte, praktisch nicht durchführen ließ. Lk wußte um diesen Tatbestand und ließ daher die Heidenmission schon relativ früh durch die Predigt des Petrus vor dem gottesfürchtigen Centurio Cornelius in Caesarea begründet werden, schließt aber dann den Petrus von der Heidenmission aus. Umgekehrt läßt Lk entgegen der autobiographischen Darstellung des Paulus und aller historischen Wahrscheinlichkeit[184] die Heidenmission der „Hellenisten“ und des Paulus in Antiochien erst beginnen, nachdem Petrus bei Cornelius dazu grünes Licht erhalten hatte.[185] Vielleicht haben Petrusanhänger auf

---

[184] Gegen das lukanische Missionsschema spricht der Bericht des Paulus über seine Lebenswende Gal 1,15 ff. (ἵνα εὐαγγελίζωμαι αὐτὸν [den Sohn Gottes] ἐν τοῖς ἔθνεσιν), aber auch die Visionsberichte des Lk selbst, Apg 22,17–21; 26,16–18, widersprechen demselben. Paulus wurde nach seinem Selbstzeugnis von Anfang an als „Heidenapostel“ berufen. Als „Apostel der Heiden“ (Röm 11,13 vgl. 1,14) geht er nach seiner Lebenswende nach Arabien und nicht nach Jerusalem hinauf zu den „Aposteln“ vor ihm (Gal 1,17). S. HENGEL/SCHWEMER, Paulus (Anm. 92), 71.77–80.141 ff. u. ö., s. Index 537 s. v. Paulus: Heidenapostel/-missionar.

[185] Apg 11,20, wo Ἕλληνας zu lesen ist; s. auch Paulus und Barnabas auf der „ersten“ Missionsreise: 13,7 ff.43–48. S. dazu HENGEL/SCHWEMER, Paulus (Anm. 92), 274–312.

Grund der Corneliuserzählung später in Petrus den eigentlichen „Begründer“ der Heidenmission gesehen.[186]

5.2 Der Konflikt mit Paulus in Antiochien

Die Gemeinden außerhalb Judäas wurden immer mehr zu gemischten Gemeinden, bei denen allmählich die „Heidenchristen“ zahlenmäßig überwogen, obwohl die „Führungskräfte“ in der Regel noch längere Zeit „Judenchristen“ waren.[187] Der in der Schwere seiner Auswirkungen gerne unterschätzte *Streit zwischen Petrus (und Barnabas) auf der einen und Paulus auf der anderen Seite in Antiochien* (Gal 2,11–21) demonstriert die Unmöglichkeit, die Abmachung von Gal 2,7–9 mit ihrer Trennung der Missionsbereiche in den Gemeinden außerhalb des jüdischen Palästina durchzuhalten; zu viele Probleme, so etwa das der Tischgemeinschaft mit „Heiden“ und die damit verbundene Gefahr des Genusses von Götzenopferfleisch, Libationswein und anderer „unreiner Speisen“, waren auf dem „Apostelkonzil“ ungelöst geblieben. Zumindest für den gesetzes-

---

[186] S. dazu A. Strobel, Das Aposteldekret als Folge des antiochenischen Streites, in: FS für F. Mußner (Anm. 80), 81–104.

[187] Die meisten neutestamentlichen Autoren sind noch Judenchristen, so die drei Evangelisten Mk, Mt, Joh. Lk war wohl Gottesfürchtiger. Die eigenständige Bedeutung des Heidenchristentums in der Frühzeit wurde lange Zeit übertrieben. Die Führer der Gemeinde in Antiochien Apg 13,1 ff. waren noch alle Juden. S. Hengel/Schwemer, Paulus (Anm. 92), 305 f.

strengen Teil der Judenchristen in Eretz Israel blieb die in Jerusalem getroffene Übereinkunft ohne weitere Klärungen schwer akzeptierbar.

Der durch den antiochenischen Konflikt hervorgerufene *nachhaltige Bruch* zwischen den beiden führenden Missionaren ist zeitlich wohl einige Jahre nach dem „Apostelkonzil" zwischen der sogenannten „zweiten" und „dritten Missionsreise" anzusetzen, etwa im Jahr 52/53, wo Lk in Apg 18,22f. vor der „dritten" Reise bewußt in änigmatischer Kürze über einen scheinbar ereignislosen Aufenthalt des Paulus in Antiochien berichtet. Den Streit selbst verschweigt er entsprechend der Gesamttendenz seines Werks. Er weiß, zumindest im zweiten Teil seiner urchristlichen Missionsgeschichte, wesentlich mehr, als er erzählt und übergeht alles, was dem hohen Herrn Theophilos mißfallen könnte. Wie negativ dieser Streit zwischen Petrus und Paulus auf antike Leser wirken konnte, zeigt der verächtliche Spott, mit dem die bedeutendsten Kritiker des Christentums auf die Schilderung des Paulus Gal 2,11ff. reagieren. Porphyrius spricht von einem „kindischen Streit", über den Paulus, „von Neid gegenüber den Erfolgen des Petrus entbrannt, (...) prahlerisch geschrieben habe", während der heidnische Philosoph des Makarius Magnes und Julian Apostata auf Grund dieses Konflikts die moralische Fragwürdigkeit des Petrus kritisieren.[188]

---

[188] Lk berichtet in Apg 15,37–39 jedoch über den Bruch zwischen Paulus und Barnabas vor der zweiten Reise. Dies ist

Bereits die Trennung von Barnabas (Apg 15,39) weist auf eine gewisse Spannung zwischen den beiden bisherigen Missionsgefährten hin und könnte u.a. mit erklären, warum auch dieser sich nach Gal 2,13 Petrus und den übrigen antiochenischen Judenchristen anschloß. Auch daß Paulus auf seiner sogenannten dritten

---

gewissermaßen ein Vorspiel des späteren Konflikts und zeigt mit der harten Formulierung ἐγένετο δὲ παροξυσμὸς ὥστε ἀποχωρισθῆναι αὐτοὺς ἀπ' ἀλλήλων die Schärfe der Auseinandersetzung (vgl. 1 Kor 13,5: [ἡ ἀγάπη] οὐ παροξύνεται und Apg 17,16). Nirgendwo drückt sich Lk bei einem Streit unter Brüdern schärfer aus, vgl. noch Apg 6,1; 11,1–3: 15,7. Auch die Kollekte für Jerusalem verschweigt Lk in Apg 21,18 ff., erwähnt sie aber Apg 24,17 in der Verteidigungsrede des Paulus als „Almosen für mein Volk". Wahrscheinlich wurde sie von Jakobus nicht angenommen, vielmehr sollte Paulus mit dem Betrag die judenchristlichen Nasiräer auslösen, Apg 21,23 ff., um zu zeigen, daß er kein Apostat sei. Von Kontakten des Gefangenen mit der Jerusalemer Gemeinde nach seiner Verhaftung spricht Lk nicht mehr. Wahrscheinlich war der Prozeß gegen Paulus eine erhebliche Belastung für sie. Vgl. jedoch die Unterstützung durch die ἴδιοι 24,23, wo unklar bleibt, wer damit gemeint ist, und durch die „Freunde" im heidnischen Sidon, 27,3.

Zu *Porphyrius* s. A. v. Harnack, Porphyrius „Gegen die Christen", APAW, Berlin 1916, Nr. 1 Fr. 21 B, S. 54; Ders., Kritik des Neuen Testaments von einem griechischen Philosophen des 3. Jahrhunderts, TU 37,4, Leipzig 1911, 56 f., Z. 25 ff. (III,22): „Es handelt sich um eine πολλὴ (...) καὶ μεγάλη κατάγνωσις.

Zu *Julian* und seinem Spott über Petrus wegen seiner Verurteilung durch Paulus als „Heuchler" s. Juliani Imperatoris librorum c. Christianos quae supersunt, ed. C.I. Neumann, Leipzig 1880, 222, 17 ff. und dazu J.G. Cook, Interpretation (Anm. 104), 158 f.315 f.

Reise keinen Begleiter mehr aus Jerusalem als Missionsgenossen hatte und Lk und die Briefe nichts mehr von weiteren Kontakten mit Antiochien berichten, machen diesen Spätansatz des Konflikts wahrscheinlich.

Das Problem der Schilderung des Konflikts in *Gal 2,11ff.* ist, daß hier nur die paulinische Position – man darf wohl sagen: einseitig und überscharf – zu Wort kommt und gerade die protestantische Exegese zu leichthin nicht nur theologisch, sondern auch moralisch über Petrus den Stab bricht, und dieser, der ja sicher für sein Verhalten auch Gründe hatte, sich nicht mehr verteidigen kann. Man sollte ihm nicht einfach „Feigheit" unterstellen, auch wenn das Verb ὑπέστελλεν (Gal 2,12) „er machte einen Rückzieher" polemisch im Sinne von „feige zurückweichen" interpretiert werden könnte.[189] Daß Paulus so schroff reagierte und sein Verhalten als „verdammenswert" (2,11: κατεγνωσμένος ἦν) bezeichnete, ist gleichwohl verständlich. Petrus hatte sich nach Meinung des Paulus durch sein Verhalten selbst „verurteilt", denn man mußte jetzt fürchten, daß die noch ungefestigten Heidenchristen durch die von den Sendboten des Jakobus geforderte Trennung bei der als wirkliches Mahl gefeierten Eucharistiefeier[190] veranlaßt werden könnten, die Einhaltung jüdischer Gesetzesvorschriften wie Beschneidung, Reinheits- und

[189] S. BAUER/ALAND, WNT[6], 1688, vgl. im Medium Hab 2,4 (LXX) = Hebr 10,38.

[190] Wahrscheinlich hatte diese noch äußerlich die alte Form des täglichen „Brotbrechens" wie in der Urgemeinde.

Speisegebote doch noch für „heilsnotwendig“ oder zumindest für „heilsförderlich“ zu halten und damit die „Rechtfertigung *allein* aus Glauben an Christus“[191] in Frage zu stellen. Sein harter Vorwurf der Heuchelei gegen Petrus und die antiochenischen Judenchristen[192] einschließlich des Barnabas,[193] die der Forderung der Boten aus Jerusalem nachgegeben hatten, ist für ihn dadurch begründet, daß sie aus Furcht vor diesen[194] gegen ihre eigene Glaubensüberzeugung handelten und dadurch die Heidenchristen, die ja noch überwiegend ehemalige Gottesfürchtige waren, verleitet werden konnten, den „Werken des Gesetzes“ doch irgendeine *Heilsbedeutung* zuzuschreiben. Es ging in seiner Sicht um die „Nötigung“, und d. h. zugleich um die Verwirrung der Gewissen der antiochenischen Heidenchristen. Darum wirft Paulus in seinem Zorn dem Petrus vor, er „zwinge“ durch seinen plötzlichen Wechsel im Verhalten bei der Tischgemeinschaft die Heidenchristen „jüdisch zu leben“,[195] ja er entlarve sich selbst gerade dadurch, daß er die Mauern, die er niedergerissen habe,

---

[191] Gal 2,16: ἐκ πίστεως Χριστοῦ καὶ οὐκ ἐξ ἔργων νόμου. Vgl. auch Röm 3,28 und als Gegenposition das antipaulinische καὶ οὐκ ἐκ πίστεως μόνον (Jak 2,24) und dazu M. HENGEL, Kleine Schriften III (Anm. 21), 523–528.

[192] Nach Apg 13,1 stellten sie immer noch das Führungsgremium der „Profeten und Lehrer“.

[193] Gal 2,13: συνυπεκρίθησαν (...) ὥστε καὶ Βαρναβᾶς συναπήχθη αὐτῶν τῇ ὑποκρίσει.

[194] Gal 2,12: φοβούμενος τοὺς ἐκ περιτομῆς.

[195] Gal 2,14: πῶς τὰ ἔθνη ἀναγκάζεις ἰουδαΐζειν;

jetzt plötzlich wieder aufbaue, als Übertreter (Gal 2,18: παραβάτην) des Gesetzes, während Christus dadurch in Gefahr gerate, als „Förderer der Sünde" (2,17: ἁμαρτίας διάκονος) verkannt zu werden. In Wirklichkeit habe aber durch den Sühnetod Christi das Gesetz seine Bedeutung als Heilsweg ein für allemal verloren: „Denn ich bin durch das Gesetz dem Gesetz gestorben, damit ich für Gott lebe; ich bin mit Christus gekreuzigt." Darum darf man den Angriff des Paulus gegen Petrus und die anderen Judenchristen keinesfalls abschwächen und mit O. CULLMANN nur von einer „Rüge" sprechen.[196] In dem strittigen Punkt der Heilsbedeutung des Gesetzes hatte Paulus schon beim Apostelkonzil in Jerusalem nach Gal 2,3–5 keinen Augenblick nachgegeben und daher die Beschneidung des Titus verweigert. Bereits das zweimalige „Anathema" in den ersten Versen des Galaterbriefs 1,8f. zeigt, daß er auch in Zukunft hier keinen Fingerbreit zu weichen bereit war.

Aber wollten Petrus, Barnabas und die anderen Judenchristen wirklich die Beschneidung und die Einhaltung des ganzen Ritualgesetzes bei den Heidenchristen in irgendeiner Form wieder einführen? Für den judenchristlichen Gemeindeteil mit Petrus an der Spitze stellte sich die Situation sicher anders dar. Auch sie müssen aus ihrer Sicht gute Gründe für ihr Verhalten besessen

[196] Gal 2,19. Die grundlegenden paulinischen Sätze sind im Lichte von Texten wie Gal 3,13f.; 4,4f.; 2Kor 5,14f.20; Röm 3,20–31; 8,3ff. zu verstehen. Zur „Rüge" s. O. CULLMANN, Petrus (Anm. 1), 35.58f.

haben. Für sie handelte es sich bei der Einführung getrennter Mahlzeiten – auf dem Apostelkonzil waren ja die „Missionsbereiche" der „Juden" und „Heiden" deutlich unterschieden worden – vermutlich um eine Rücksichtnahme auf das rituelle Reinheitsverständnis der Gäste aus Jerusalem und damit zugleich auf die immer schwieriger werdende bedrückende Situation der Judenchristen in der heiligen Stadt und in ganz Judäa, d. h., sie verstanden ihr Verhalten im Grunde als einen Akt brüderlicher Liebe gegenüber der Urgemeinde und ihrer Notlage, die Paulus selbst nicht allzulange zuvor in seinem ersten uns erhaltenen Brief 1 Thess 2,14f. eindrücklich geschildert hatte.[197] Paradox gesprochen diente für sie die Trennung der Mahlzeiten der Aufrechterhaltung der durch die Verfolgung in Jerusalem bedrohten Kirchengemeinschaft zwischen Jerusalem und Antiochien, und d. h. zugleich zwischen palästinischen Juden- und antiochenischen Heidenchristen. Sie wollten von den judenchristlichen Gästen aus der Heiligen Stadt nicht verlangen, daß sie im heidnischen Antiochien ihre jüdische Identität verleugneten. Selbst Paulus konnte wenige Jahre später um seines missionarischen Dienstes willen von sich sagen: „So bin ich den Juden wie ein Jude geworden, um Juden zu gewinnen; denen, die unter dem Gesetz stehen, wie einer unter dem Gesetz, obschon ich nicht unter dem Gesetz stehe, um die unter dem Gesetz

---

[197] S. dazu A. M. Schwemer, Verfolger (Anm. 25), 38ff. Vgl. auch Gal 4,29.

zu gewinnen. (...) Ich bin für alle alles geworden, um wenigstens einige zu retten."[198] Auch hatte er zu Beginn der sogenannten „zweiten Reise", unmittelbar nach dem „Apostelkonzil", aber noch vor dem Konflikt in Antiochien den aus einer Mischehe mit jüdischer Mutter und heidnischem Vater stammenden Timotheus in Lystra selbst beschnitten, um sich die Möglichkeit der Verkündigung in Synagogen offenzuhalten.[199]

Andererseits wurden Petrus und Barnabas durch den Vorfall ganz gewiß nicht wieder zu „Predigern der Beschneidung" (vgl. Gal 5,11). Wir wissen nicht, ob sich im Zusammenhang mit dem Konflikt auch nur ein Heidenchrist in Antiochien beschneiden ließ. Paulus spricht in 2,11 ff. nur von der Verweigerung des συνεσθίειν und allgemein der Nötigung zum ἰουδαΐζειν. Von Be-

---

[198] 1 Kor 9,20 f.22 b vgl. 19–23. In 1 Kor, wo Paulus eine ganz andere Situation voraussetzt, spielt die Beschneidung nur noch eine Nebenrolle, sie ist fast zum Adiaphoron geworden: 7,18 ff.; vgl. dagegen die anderen Urteile Gal 5,6 und 6,12–15.

[199] Apg 16,1–3. Die Historizität dieses Vorgangs wird zu Unrecht bestritten. Man sollte Lk nicht zum frommen Romanautor machen. Nach dem Gesetz war Timotheus Jude und Paulus hätte sich ohne dessen Beschneidung den Zugang zu den Diasporasynagogen, auf die er angewiesen war, von vornherein als Apostat verschlossen. In 1 Kor 7,18 ff. behandelt er das Problem im Sinne eines seelsorgerlichen Rats und nicht in der grundsätzlichen Weise wie im nicht allzu lange danach geschriebenen Galaterbrief. Das offene Problem blieb, ob judenchristliche Eheleute in den paulinischen Missionsgemeinden ihre Kinder beschneiden sollten, um ihre äußere Zugehörigkeit zum alttestamentlichen Gottesvolk nicht aufzukündigen.

schneidung redet er hier nicht. Die Unruhestifter in der Provinz Galatien hatten mit Petrus und Barnabas gewiß relativ wenig im Sinn. Vermutlich handelt es sich hier um eine Gruppe radikaler Judenchristen, die, nachdem Paulus auf Grund des Konflikts zur „dritten Reise" nach Norden über den Taurus aufgebrochen war (Apg 18,23), einige Zeit später ihm nachgezogen waren und als Jerusalemer die südgalatischen Gemeinden mit ihren Forderungen beeindruckten und verwirrten.[200] Bei Petrus, Barnabas und den Antiochenern verlief die Sache ganz anders: In der sehr wahrscheinlich danach mit Jakobus ausgehandelten Konfliktlösung durch das „Aposteldekret" erscheint das Wort Beschneidung überhaupt nicht mehr,[201] erst recht wird nicht die

---

[200] Zur gesetzlich-ritualistisch geprägten Frömmigkeit der Bevölkerung im Inneren Anatoliens, wo das Judentum seit dem 3./2. Jh. v. Chr. verbreitet war, s. C. E. ARNOLD, NTS 51 (2005), 429–449. Die Aufforderung zur Annahme gesetzlicher Verpflichtungen kann hier auch bei Heidenchristen auf besonders fruchtbaren Boden gefallen sein.

[201] Apg 15,23–29 vgl. 19–21; 16,4; 21,25. Zur komplizierten Textüberlieferung s. B. M. METZGER, Textual Commentary, London 1971, 429–435. Nach Lk geht das Dekret auf einen Vorschlag des Jakobus zurück. Beim Besuch des Paulus in Jerusalem wiederholt er es. Zum Verständnis des schwierigen Textes s. C. K. BARRETT, The Acts of the Apostles, Vol. II, Edinburgh 1998, 730–736. Die Frage der – späteren – noachitischen Gebote, BILLERBECK III, 37 f., sollte man nicht direkt mit dem Dekret verbinden, dagegen mögen die Bestimmungen Lev 17 und 18 über Nichtisraeliten in Eretz Israel, die man später auf Proselyten bezog, eine gewisse – freilich nicht die

Einhaltung aller Gebote der Tora gefordert, sondern nur die Vermeidung der Befleckung mit Götzenopferfleisch, von schweren sexuellen Vergehen (πορνεία), von Blutgenuß[202] und, was mit dem fast identisch ist,

---

entscheidende – Rolle gespielt haben. Das hebräische *ger*, das ursprünglich die Bedeutung „Schutzbürger, Fremdling" hat, übersetzt die LXX mit προσήλυτος. Codex D und einige wenige andere westliche Zeugen haben das später störende καὶ τοῦ πνικτοῦ weggelassen und teilweise durch die Goldene Regel in ihrer negativen Form (positiv: Lk 6,31 = Mt 7,12) ersetzt. Hier wurden die überwiegend rituellen Anordnungen ethisiert. Unklar bleibt auch, ob Lk wirklich das ganze Dekret in seiner ursprünglichen Form überliefert hat. Ps. Clem., hom. 7,8,1 (GCS 42, ed. B. Rehm, 120) bringt eine erweiterte Fassung, die sich auch auf 1 Kor 10,21 bezieht; vgl. 8,19,1 (129). W. G. Kümmel, Die älteste Form des Aposteldekrets, in: Heilsgeschehen und Geschichte. Gesammelte Aufsätze 1933–1964, 278–288 sieht in ihnen „Mindestforderungen (…), um den gesetzesstrengen Judenchristen das Zusammentreffen mit den Heidenchristen in derselben Gemeinde zu ermöglichen" (287); H. Lietzmann, Kleine Schriften II, TU 68, Berlin 1958, 297 vermutet in ihm eine „autoritative Jerusalemer Antwort", die Paulus kannte und auf die er in 1 Kor 8–10 mit „meisterlicher Geschicklichkeit" (298) eingeht. Das Dekret sei von Petrus nach Korinth gebracht worden und habe die briefliche Anfrage der Korinther 1 Kor 8,1 ausgelöst.

[202] Apg 15,19.28; 21,25 vgl. dagegen Gal 5,3 f. S. dazu jetzt R. Deines, Halacha für die Heidenchristen oder christliche Rücksichtnahme auf jüdische Tabus?, erscheint 2006 in: J. Frey/ D. R. Schwartz (ed.), Jewish Identity in the Greco-Roman World, AGAJU, Leiden/Boston. Deines sieht darin nicht halachische Restbestimmungen aus der Mosetora, sondern im Grunde Anordnungen des Schöpfers, die für alle Menschen gültig sind. Offen bleibt freilich, wie sie Paulus verstanden hat.

dem Essen von „Ersticktem“, d. h. von ungeschächtetem Fleisch. Es geht darin wohl um die Achtung vor der jüdischen Identität bei der Tischgemeinschaft zwischen Juden- und Heidenchristen, deren Abbruch den Stein des Anstoßes in Antiochien gebildet hatte. Diese eben scheint durch das Dekret wiederhergestellt worden zu sein.[203] Paulus selbst erwähnt es verständlicherweise mit keinem Wort, denn es war für ihn nicht bindend. Seine Empörung über einen schweren Fall von πορνεία und seine Anweisungen in der Frage des Götzenopferfleisches in Korinth[204] zeigen jedoch, daß die Problematik dort nicht unbekannt war. Vermutlich werden Kephas/Petrus bzw. seine Abgesandten die Korinther darüber informiert haben. Auffallend ist, daß Paulus in zwei Briefen an die Korinther nacheinander die Gemeinschaft mit schweren Sündern, die das eucharistische συνεσθίειν mit einschließt, kategorisch verbietet.[205]

Der Blutgenuß war verboten, weil das Blut Träger des Lebens war, Lev 17,11 f. vgl. Gen 9,5.

[203] Apg 15,20.29: ἀπέχεσθαι (…) αἵματος bedeutet nicht Blutvergießen, sondern ist vom Kontext her als Speisegebot zu verstehen.

[204] 1 Kor 5,1–5; 8–10. S. dazu jetzt die gründliche Arbeit von V. Gäckle, Die Starken und die Schwachen in Korinth und Rom, WUNT II/200, Tübingen 2005, der freilich die Bedeutung des Konflikts in Antiochien und des Aposteldekrets für die Situation in Korinth unterschätzt.

[205] 1 Kor 5,9–13. Bereits in einem vorausgehenden, nicht erhaltenen Brief hatte er den Kontakt (συναναμίγνυσθαι) mit „Unzüchtigen“ aus der Gemeinde verboten (5,9). Das συνεσθίειν war ja auch in Antiochien strittig, Gal 2,12.

Den Einschnitt, den der dramatische, öffentlich ausgetragene Streit zwischen Petrus und Paulus bedeutete, können wir uns nicht tief genug vorstellen. Paulus hatte vor versammelter Gemeinde Petrus und die, die ihm folgten, der feigen Heuchelei und des Verrats gegenüber der „Wahrheit des Evangeliums“[206] bezichtigt, sich selbst aber dadurch in den Augen des judenchristlichen Gemeindeteils als aggressiven und rechthaberischen Zerstörer des Friedens isoliert. Der heidenchristliche Teil war noch nicht stark genug, eine eigene selbständige Rolle zu spielen. Paulus berichtet nichts darüber, daß die Heidenchristen sich auf seine Seite stellten und ihn verteidigten. Wir wissen auch nicht, ob und wie Petrus und Barnabas (die anerkannte Jerusalemer Autorität *und* der erfolgreiche Heidenmissionar) ihnen gegenüber ihren Standpunkt plausibel machten. Vor allem aber sagt Paulus kein Wort darüber, daß die beiden samt den Antiochener Judenchristen in irgendeiner Weise ihr Unrecht eingesehen und eingelenkt hätten. Er berichtet nur in harten, deutlichen Worten vom Eklat, d.h., daß die Wunde offen blieb. Die Folgen werden in Antiochien selbst, in Galatien, in anderer Form auch im Aposteldekret, schließlich selbst in Korinth sichtbar.

Der jetzt erfolgte Bruch des Paulus mit der Antiochener Gemeinde, mit der er wohl über ein Jahrzehnt

---

206 Gal 2,14: ὅτι οὐκ ὀρθοποδοῦσιν πρὸς τῆν ἀλήθειαν τοῦ εὐαγγελίου, jener Wahrheit, die er nach 2,5 zuvor in Jerusalem erfolgreich verteidigt hatte.

verbunden gewesen war, auch wenn er sich nicht immer dort aufgehalten hatte, zeigt sich daran, daß er in seinen – mit Ausnahme von 1 Thess[207] – nach dem Konflikt geschriebenen Briefen Antiochien nur noch einmal, eben in dem Bericht über den damaligen Streit Gal 2,11, aber sonst nie mehr erwähnt,[208] während in seinen echten Briefen Jerusalem/Hierosolyma zehnmal genannt wird.[209] Die Brücken nach Antiochien waren offenbar abgebrochen, auf die Verbindung mit Jerusalem konnte und wollte er dagegen nicht verzichten.[210] Sie war die Stadt der heilsgeschichtlichen profetischen Verheißungen, die sich jetzt erfüllten, dort war Jesus gekreuzigt und von den Toten auferweckt worden, dort wurde er wieder erwartet, von dort aus ging das Evangelium hinaus in die Welt (Röm 15,19). Auch stand der Apostel dort wegen der Kollekte im Wort.[211] Der Zusammenhang mit der judenchristlichen „Urgemeinde" in der Heiligen Stadt garantierte so bis zum Ausbruch

---

[207] 1 Thess entstand etwa um 50 auf der sogenannten zweiten Reise in Korinth. Der Jerusalemer Silvanus/Silas ist noch sein Reisebegleiter, 1 Thess 1,1; 2 Kor 1,19; 1 Petr 5,12 vgl. Apg 15,22.27.40 etc. Auf der dritten Reise ist er es nicht mehr.

[208] Selbst in Gal 2,1 sagt er kein Wort darüber, daß er zusammen mit Barnabas von Antiochien aus nach Jerusalem aufbrach, das erfahren wir nur durch Lk Apg 15,1 ff.

[209] Jerusalem: 1 Kor 16,3; Gal 4,25 f.; Röm 15,19.25 f.31; Hierosolyma: Gal 1,17 f.; 2,1.

[210] Gal 2,2 b; Röm 15,19.25 f.

[211] Gal 2,10 vgl. 1 Kor 16,1 ff.; 2 Kor 8 f.; Röm 15,25 ff.31; Apg 24,17.

des Jüdischen Krieges 66 n. Chr. zumindest äußerlich die Einheit der Kirche.

Wie ich schon sagte, ging es vermutlich auch Petrus bei seinem Nachgeben gegenüber den Boten des Jakobus darum, durch einen Kompromiß die gefährdete Einheit zwischen den Missionsgemeinden außerhalb von Eretz Israel und Jerusalem aufrechtzuerhalten. Er mußte Rücksicht auf die durch die Verschärfung der zelotisch-nationalreligiösen Tendenzen im palästinischen Judentum ab der vierziger Jahre[212] bedrohlicher werdende Situation der

---

[212] M. HENGEL, Zeloten (Anm. 61), 349–361. HENGEL/SCHWEMER, Paulus (Anm. 92), 276–286: Vor allem der Angriff Kaiser Caligulas (37–41) auf den Tempel, der die Juden an den Rand des Krieges mit Rom geführt hatte, dazu die politisch unglückliche Rückverwandlung Judäas in eine römische Provinz nach dem frühen Tode Agrippas I., Anfang 44 n. Chr., und die Entsendung unfähiger Prokuratoren hatten den zelotischen Kräften starken Auftrieb gegeben. Deren „Eifer für das Gesetz" beeinflußte auf die Dauer auch die Judenchristen (Apg 21,28 ff.). Jakobus hatte hier Mühe, einen Ausgleich zu schaffen. Die Urgemeinde stand so unter mehrfachem Druck. Seit der Kreuzigung Jesu waren die hochpriesterlich-sadduzäische Führungsschicht und hier vor allem der Hannasclan ihre Hauptgegner. Hannas II. (Sohn des Hannas der Leidensgeschichte) ließ 62 n. Chr. Jakobus und andere Judenchristen steinigen. Die von den fanatischen nationalreligiösen Eiferern bedrängte Führungsschicht der Sadduzäer distanzierte sich in den zwei Jahrzehnten vor dem Jüdischen Krieg zumindest teilweise von der römischen Herrschaft und kam den Zeloten mit ihrer fremdenfeindlichen Haltung näher. Der von verschiedenen Seiten unter Druck gesetzten Urgemeinde blieb so bei Ausbruch des Jüdischen Krieges 66 nur noch die Flucht in die heidnische Polis Pella im

mehrfach verfolgten Judenchristen in Jerusalem nehmen, eine Situation, die zehn Jahre später in der Steinigung des Jakobus und anderer führender Judenchristen als „Gesetzesbrecher" (ὡς παρανομησάντων) gipfelte.[213] Die Judenchristen in Antiochien sollten durch ihre Tischgemeinschaft mit Unbeschnittenen in den Augen der Jerusalemer nicht als notorisch „unreine" Gegner der Tora oder gar als „Apostaten" erscheinen. Die Heidenchristen mußten sich daher am Ende zur Einhaltung der wenigen „notwendigen" Grundregeln für eine Tischgemeinschaft im Aposteldekret verpflichten.[214]

5.3 Petrus in Korinth

Vor allem in den beiden *Korintherbriefen* der Jahre 55/56 sind die Auswirkungen der petrinischen (Kon-

Jordantal übrig; s. Euseb, h.e. 3,5,3. Diese Spannungen werden auch in den Befürchtungen des Paulus Röm 15,30f. und in der Schilderung seiner Verhaftung Apg 21,27ff. sichtbar.

[213] Josephus, ant. 20,200ff.

[214] Apg 15,28: μηδὲν πλέον ἐπιτίθεσθαι ὑμῖν βάρος πλὴν τούτων τῶν ἐπάναγκες. Gegenüber der Forderung von 15,5 bedeuten die Gebote von 15,20.29 auf jeden Fall „eine entscheidende Milderung" (H. Lietzmann, Kleine Schriften II [Anm. 201], 1958, 296). Umgekehrt war für Paulus, der „kein Mann der halben Maßregeln" war (op. cit. 297), die „Forderung koscheren Fleisches (...) ‚Gesetz' und durch Christus abgetan". Das sagt er deutlich in 1 Kor 10,25f. durch das Zitat aus Ps 24,1. Er löste 1 Kor 8–10 und Röm 14 das Problem, konzentriert auf das „Götzenopferfleisch", auf ganz andere Weise. S. dazu V. Gäckle, Die Starken (Anm. 204).

kurrenz-)Mission, die jetzt unterschiedslos Juden und Heiden umfaßte, deutlich zu spüren. Die Entstehung einer „Kephaspartei" in Korinth und die damit verbundenen „Spaltungen" und „Streitigkeiten" 1 Kor 1,11 f.[215],

---

[215] W. SCHRAGE, Der erste Brief an die Korinther, EKK VII,1, Zürich 1991, 144 f. unterschätzt im Anschluß an M. KARRER, Petrus im paulinischen Gemeindekreis, ZNW 80 (1989), 210–231 (211 ff.), die Rolle der „Kephas-Gruppe" und damit auch die Bedeutung des Petrus und die negative Nachwirkung des antiochenischen Konflikts allzusehr. Wenn die σχίσματα und ἔριδες (vgl. 1 Kor 11,19: αἱρέσεις) eine bloße rasch behobene quantité négligeable waren, wie KARRER vermutet, warum stellt Paulus sie als erstes Ärgernis an den Anfang des Briefes und verbindet sie ähnlich wie in Gal mit der Grundfrage nach der Heilsbedeutung des Kreuzes Christi (1 Kor 1,13)? Und wer sollte gemäß 1 Kor 9,1–5 den Apostolat des Paulus bezweifelt haben, wenn nicht die Kephasgruppe? Der Exeget darf nicht in den Fehler verfallen, den man Lk vorwirft, urchristliche Konflikte abzuschwächen und zu harmonisieren. Zwischen 1 Kor 15,5, der Protophanie des Petrus, die Paulus Jahre zuvor bei der Gemeindegründung den Korinthern mitgeteilt hat, und 15,11, dem Hinweis auf die grundlegende Einheit des Kerygmas bei allen Verkündigern, steht der auffallende ambivalente Selbstruhm des Apostels 15,9 f. Warum hat Paulus diesen gegenüber den Korinthern nötig? Daß sich nur „irgendwelche Leute, die vielleicht nach Korinth verschlagen worden sind, auf Petrus berufen haben, ohne daß er selber dahinter steckt" (SCHRAGE, op. cit. 145), halte ich für extrem unwahrscheinlich. SCHRAGE vergißt den harten Zusammenstoß in Antiochien wenige Jahre zuvor und seine Auswirkungen auf die paulinische Mission. Auf Grund der einzigartigen Bedeutung des Petrus kann Paulus nicht offen gegen ihn oder Jerusalem polemisieren. Er kann und will ja gerade nicht endgültig mit Jerusalem brechen, denn das Evangelium ist von dort ausgegangen. Wegen seiner Außenseiterposition „vermeidet" er nach Möglich-

das genaue Wissen der dortigen Gemeinde um die anderen Missionsmethoden der Jerusalemer Apostel und Brüder Jesu 1 Kor 9,4 ff., wo Kephas wieder besonders hervorgehoben wird, samt den vielfältigen Vorwürfen gegen Paulus, insbesondere die Bestreitung seines Apostolats (1 Kor 9,1–7), legen die Vermutung nahe, daß der „Felsenmann"[216] nach Apollos[217], mit dem sich Paulus

---

keit eine „direkte Polemik gegen Männer und Anordnungen der Urgemeinde". „Die Erzählung von seiner Kritik an Petrus Gal 2,11–14 ist ihm nur durch die schwerste Not des Kampfes um die galatischen Seelen abgepreßt und ist sehr vorsichtig in der Form", urteilt zutreffend H. LIETZMANN, Kleine Schriften II (Anm. 201), 297. Gal ist wahrscheinlich zwischen 1 Kor und 2 Kor entstanden und zeigt die noch offene Wunde.

[216] Auch 1 Kor 3,10 ff. und Röm 15,20: ἵνα μὴ ἐπ' ἀλλότριον θεμέλιον οἰκοδομῶ werden indirekt darauf anspielen. Paulus wußte natürlich um die besondere Bedeutung des Namens Πέτρος. S. dazu A. M. SCHWEMER, Verfolger (Anm. 25), 55 f. und PH. VIELHAUER, Paulus und die Kephaspartei in Korinth, NTS 21 (1975), 348 f. (= Oikodome [Anm. 5], 177 f.). Zu 1 Kor 3,11 s. schon o. Anm. 73.

[217] Zum Besuch des Apollos s. Apg 18,24. Die Namensreihe 1 Kor 1,12 und 3,22 mag die Reihenfolge der Besuche andeuten. Apollos kam noch vor dem Eintreffen des Paulus in Ephesus nach Korinth. Er stand dem Heidenapostel wesentlich näher als Kephas. Es ist bezeichnend, daß der Name Kephas in 3,4–9 nicht erscheint, sondern erst wieder in 3,22; vgl. auch 16,12: Paulus erhofft von einem neuen Besuch Apollos' eine positive Wirkung auf die Gemeinden in Korinth, von Kephas ist dagegen nicht mehr die Rede. Paulus schätzt ihn offenbar sehr viel weniger trotz (oder vielleicht gerade wegen) seiner ungleich größeren Bedeutung. Die Schwierigkeiten in Korinth kommen kaum von der Apollosseite, sondern eher von radikalen „antinomistischen

besser verstand, während des ca. dreijährigen Aufenthalts des Paulus in Ephesus[218] auch die Hauptstadt Achaias besuchte,[219] ein Vorgang, der dem Heidenapostel erhebliche Schwierigkeiten bereitete, die dann im zweiten Brief noch stärker sichtbar werden. Die auffallende Betonung seiner apostolischen Würde[220] und die

---

Paulinern" auf der einen und von der Kephasgruppe auf der anderen Seite. Jakobus, der den Korinthern ebenfalls nicht unbekannt ist (15,7 vgl. 9,5), spielt dagegen dort im Gegensatz zu Galatien als Leitfigur offenbar keine Rolle mehr.

[218] Apg 20,31 (und 18 D) spricht Paulus nach Lk von drei Jahren Aufenthalt in Ephesus, und 19,10 berichtet dieser von einer zweijährigen Lehrtätigkeit in dem Hörsaal des Tyrannos, den Paulus gemietet hatte. Zuvor habe er ca. drei Monate in der Synagoge diskutiert (19,8). Auf Grund von 2 Kor 1 und Apg 19,23 ff. muß man mit einem gewaltsamen Abbruch seiner Wirksamkeit in Ephesus und u. U. auch mit einer kürzeren Gefangenschaft rechnen, in der – vielleicht – Phil geschrieben wurde. S. auch 19,21 f.

[219] Einen Aufenthalt des Petrus in Korinth vermuteten schon E. Meyer, Ursprung und Anfänge des Christentums, 1923 (Nachdruck Darmstadt 1962), III, 441 Anm. 1; H. Lietzmann, Kleine Schriften II (Anm. 201), 289; C. K. Barrett, Cephas and Corinth, in: Abraham unser Vater, FS für O. Michel, hg. v. O. Betz et alii, AGSU 5, Leiden/Köln 1963, 1–12 und Ph. Vielhauer, Kephaspartei (s. Anm. 216), 341–352 (= Oikodome [s. Anm. 5], 169–182): Er betont mit Recht, „daß der Kephaspartei eine Schlüsselrolle in dem korinthischen Parteientreiben zukommt" (341 f./170). S. schon Bischof Dionysius von Korinth bei Euseb, h. e. 2,25,8: Petrus und Paulus hätten (wie in Rom) so auch „in unserer Stadt Korinth die Pflanzung begonnen".

[220] 1 Kor 9,1 ff.; vgl. 2 Kor 10,1–6; 11,5; 12,11 f.; Gal 1,1.

Beteuerungen,[221] er sei als ehemaliger Verfolger „nicht würdig, Apostel genannt zu werden“, habe aber durch Gottes Gnade „mehr gearbeitet als sie alle“, richtet sich gegen die Abwertung seines apostolischen Anspruchs durch die Jerusalemer Apostel „vor mir“ (Gal 1,17), deren wichtigster Missionar seit jeher Petrus gewesen war. Die Kephas-Anhänger werden diesen wegen seiner besonderen Bedeutung und Autorität „gerühmt“ haben.[222] Eine wichtige Rolle spielte dabei, daß Paulus in der Regel selbst für seinen Lebensunterhalt sorgte und sich nicht von den Missionsgemeinden aushalten ließ, eine Haltung, die ihm als Mangel an apostolischer Vollmacht ausgelegt wurde.[223] Der Zeltmacher oder Lederarbeiter konnte sich als Missionar durch sein Handwerk selbst erhalten, für ehemalige galiläische Fischer oder Bauern war dies unmöglich, vor allem dann, wenn sie sich noch durch ihre Ehefrauen begleiten ließen.[224] Die hier sichtbar werdende, durch die Katastrophe in Antiochien und die damit verbundenen persönlichen Verletzungen auf beiden Seiten verschärfte Spannung wird allerdings durch den entscheidenden Schlußsatz

---

221 1 Kor 15,9 f.; vgl. Röm 15,17–21.

222 1 Kor 3,21 f. vgl. 1,31; 2 Kor 10,17 = Jer 9,22 f.

223 1 Kor 9,3–18; 2 Kor 11,7 ff.; 12,13.

224 1 Kor 9,5.14; zur Unterhaltsverpflichtung s. auch Lk 10,7 = Mt 10,10. S. andererseits Phil 4,12–18 von Paulus als Gefangenem. Zum Beruf des Paulus s. Apg 18,3 und Hengel/Schwemer, Paulus (Anm. 92), 185 f. Zur Ehe des Petrus s. u. S. 168 ff. 204 ff.

1 Kor 15,11 eingeschränkt: „Es seien nun ich oder jene,[225] so verkündigen wir (man könnte ergänzen: alle), und so habt ihr geglaubt." D. h.: Das eine Evangelium von Christi Sühnetod und Auferstehung, mit dem er die Gemeinde in Korinth gegründet hat, eint uns *alle* trotz erheblicher Differenzen und bleibt die objektive Grundlage des gemeinsamen Glaubens.[226] Paulus liegt unbeschadet aller Spannungen weiterhin an der durch Christus begründeten Einheit der Kirche. Sie ist für ihn heilsnotwendig: Ohne sie wäre er „ins Leere hineingelaufen" (Gal 2,2).

Ich glaube, daß sich diese Auseinandersetzungen, bei denen Angriffe gegen die Gleichberechtigung des paulinischen Apostolats im Mittelpunkt standen, im *zweiten Korintherbrief* – diesmal mit Abgesandten der Petrusmission oder aber der Antiochener, mit denen er gebrochen hatte und die jetzt mit Petrus eng verbunden waren, – fortsetzten. Die Situation in Korinth war dabei eine wesentlich andere als in der Provinz Galatien, wohin

---

225 An der Spitze dieser ἐκεῖνοι steht Kephas als der erste Auferstehungszeuge, aber auch die Zwölf und der Herrenbruder Jakobus sind eingeschlossen. Die „Wahrheit" des die Gemeinde konstituierenden „Evangeliums" von 1 Kor 15,1 ff. begründet trotz aller Risse und Schwierigkeiten die Einheit der Kirche.

226 Vgl. auch Phil 1,14–17 und 1 Kor 3,21 b ff.: „Denn alles ist euer, sei es Paulus, Apollos, Kephas, Welt, Leben, Tod, Gegenwärtiges und Zukünftiges: Alles ist euer. Ihr aber gehört Christus, Christus aber Gott." Der letzte Satz ist entscheidend. Daran ändern auch die erheblichen Spannungen zwischen Paulus und Kephas nichts.

wohl radikale Judenchristen aus Jerusalem, die schon in Antiochien den Streit angestoßen hatten, mit einer gewissen zeitlichen Verzögerung weitergereist waren,[227] und dort die Beschneidung und Gesetzesgehorsam in einer Weise gefordert hatten, die der Abmachung des Apostelkonzils offen widersprach (Gal 2,1–10). Petrus selbst konnte mit diesen Leuten wenig im Sinn haben, auch wenn er ihnen in Antiochien um der kirchlichen Einheit mit den angefochtenen Judenchristen im Mutterland willen – nach Meinung des Paulus – zu weit entgegengekommen war. Dadurch wurde die Frontstellung in Gal klarer sichtbar als in 1 und 2 Kor. Dort ist es auffallend, daß gerade in dem Briefteil, in dem sich Paulus in 2 Kor aufs äußerste verletzt, fast möchte man sagen, verzweifelt wehrt, *in den Kapiteln 10 und 11*, das Profil der Gegner des Paulus und ihre Botschaft ganz undeutlich bleiben. Es handelt sich um keine „Häretiker", deren Irrlehren klar hervortreten, es sind weder wie im Galaterbrief „Nomisten", die die Beschneidung der Heidenchristen fordern, die Begriffe περιτομή und περιτέμνειν kommen im zweiten Brief überhaupt nicht vor,[228] noch

[227] Vgl. Gal 2,12. 1 Kor 16,1 spricht Paulus noch von der Kollekte in (Süd-)Galatien, im Galaterbrief und in 2 Kor 8 und 9 nicht mehr. Vielleicht hatten die Sendboten aus Jerusalem das Geld mitgenommen.

[228] In 1 Kor finden wir περιτέμνειν zweimal in 7,18 und περιτομή in 7,19, freilich nicht im Zusammenhang einer akuten Konfliktsituation, sondern in seelsorgerlichem Zusammenhang, s. o. Anm. 198. In Röm begegnet περιτομή vierzehnmal, in Gal achtmal und περιτέμνειν sechsmal. Auch der Begriff νόμος er-

sind es „Gnostiker" bzw. „Doketen" (die gab es damals noch gar nicht), noch hellenistische θεῖοι ἄνδρες oder

---

scheint in 2 Kor nicht; an seine Stelle tritt nur in 3,6 f. der Begriff γράμμα im Gegensatz zu πνεῦμα. In der Mißachtung dieser Unterschiede lag der Irrtum des Petrusbildes von F. C. BAUR, dem noch H. LIETZMANN, Kleine Schriften II (Anm. 201), 287–291 folgt, wenn er meint, Petrus sei „nach anfänglichem Schwanken als scharfer Judaist" erschienen (287) und habe zusammen mit Jakobus versucht, durch „judaistische Emissäre" die paulinischen Missionsgemeinden „zu judaisieren". Jakobus sei „in der Zentrale, Petrus auf dem Missionsfeld der Lenker dieser Propaganda" gewesen (288). Hier werden die komplizierten Verhältnisse im Urchristentum allzusehr vereinfacht. Richtig ist dagegen die Beobachtung, daß es durch den Konflikt in Antiochia „zum schroffen Bruch zwischen den beiden Führern der christlichen Mission" kam (loc. cit.). Nur ging es zwischen ihnen später nicht mehr um die Frage des jüdischen Gesetzes, sondern einmal um tiefe persönliche Verletzungen, weiter um die Frage der bestimmenden Autorität in den Missionsgemeinden und m. E. auch um die autoritative Geltung der überwiegend ethischen Jesustradition bzw. um die paulinische theologia crucis. Bei einem Streit um die Fortgeltung des jüdischen Gesetzes als Heilsweg müßten die Korintherbriefe ganz anders aussehen. Nach Röm 3,8 (s. auch u. Anm. 239), ein Text, der bald nach 2 Kor in Korinth entstanden ist, hat man Paulus die Förderung des Libertinismus vorgeworfen. Die ethischen Mißstände in Korinth, die wohl mit einem falschen Verständnis der paulinischen Freiheit vom Gesetz zusammenhängen (1 Kor 6,12 ff.; 7,19; 10,23 vgl. 3,21–23), könnten zu solchen Vorwürfen Anlaß gegeben haben. Wahrscheinlich beruhten dieselben auf einer Fehlinterpretation der paulinischen Gesetzeslehre; s. dazu die Richtigstellungen 1 Kor 6,9–13; 7,19 und Gal 5,6.13 ff.25. Dahinter könnte auch korinthische Erfahrung stecken. Eine eindrückliche Begründung der neu formulierten Ethik finden wir abschließend gar Libertinisten, vielmehr Judenchristen aus Palästina oder Syrien und – wie auch Paulus selbst – „Diener Christi"[229], d. h. Missionare, deren Bild sich freilich für den Apostel auf schlimme Weise verzerrt,[230] so daß er einmal von ψευδαπόστολοι und zweimal von „Überaposteln" (ὑπερλίαν ἀπόστολοι) sprechen kann, ohne deutlich zu sagen, *wen* er damit meint.[231] Sie bringen

---

in Röm 6 und 12,1 ff. LIETZMANN rechnet sogar mit der Möglichkeit, daß Petrus von Korinth nach Rom weitergereist sei und sich zur Zeit des Römerbriefs in Rom aufgehalten habe: „Petrus ist ihm zuvorgekommen und bringt seine größere Autorität zur Geltung" (Kleine Schriften II [Anm. 201], 290). Diese Frage kann offen bleiben.

[229] 2 Kor 11,22 f. Zum Begriff Ἑβραῖοι s. M. HENGEL, Kleine Schriften III (Anm. 21), 19–22. Zur engen Verbindung von Judäa und Syrien s. M. HENGEL, Ἰουδαία in der geographischen Liste Apg 2,9–11 und Syrien als ‚Großjudäa', RHPR 80 (2000), 51–68.

[230] 2 Kor 11,12–15. Zu 11,14 vgl. Mk 8,33 und Mt 16,23!

[231] 2 Kor 11,13; 11,5; 12,11 s. u. Anm. 240. In die richtige Richtung weist M. E. THRALL, The Second Epistle to the Corinthians, Vol. II, ICC, Edinburgh 2000, 667–676.926–945: Die Abgesandten „are part of the Petrine mission to the Jews (cf. 1 Cor 9,5)". Zu 11,16 bemerkt sie: „The Petrine mission, if it was to progress successfully westwards beyond Palestine, must surely have been served by some reasonably fluent Greek-speakers" (941). Hier hätte die Verfasserin noch auf Antiochien als Zwischenstation und den Bruch des Paulus mit der dortigen Gemeinde, die auf die Seite des Petrus trat, hinweisen können. S. auch DIES., Super-Apostles, Servants of Christ and Servants of Satan, JSNT 6 (1980), 42–57. Ihr folgt T. V. SMITH, Petrine Controversies (Anm. 135), 193–195. S. schon E. MEYER, Ursprung (Anm. 219), III, 432–459: „In dem zweiten Korintherbrief gelangt

nach 2 Kor 3,1–3 offenbar an die Korinther gerichtete „Empfehlungsbriefe“ mit, die ja doch wohl von den Korinthern bekannten Autoritäten stammen müssen, sonst wären sie wertlos. Paulus kann derartiges nicht vorweisen.[232] Es sind Missionare, die sich ihrer besonderen

der Gegensatz zwischen der ursprünglichen, von Petrus und den Zwölf geschaffenen Auffassung des Christentums und seiner gewaltsamen Umwandlung durch Paulus noch einmal zu lebendigstem Ausdruck. Das Bild einer friedlich-harmonischen Entwicklung, das nach der furchtbaren Katastrophe der neronischen Verfolgung Lukas aus dem religiösen Bedürfnis der Folgezeit heraus gezeichnet hat, entspricht der Wirklichkeit in keiner Weise. Vielmehr wird von beiden Seiten mit leidenschaftlicher Erbitterung gekämpft (…). Der persönliche Gegensatz ist unüberbrückbar, eine Versöhnung zwischen Paulus und Petrus vollkommen ausgeschlossen“ (459). Nur der letzte Satz scheint mir übertrieben zu sein; s. u. S. 158 ff. Es wird aber Jahre gebraucht haben, bis die Wunden heilten. M. Karrer, ZNW 80 (1989), der den Streit 211 Anm. 6 völlig leugnet, übersieht, daß es äußerste Konfliktsituationen gibt, in denen man den Namen der Gegner bewußt verschweigt bzw. mit τίνες umschreibt (2 Kor 3,1; 10,2.12; Gal 1,7; 2,12; Röm 3,8; vgl. Phil 1,15). Dieses Verschweigen der gegnerischen Namen gilt für Paulus in Gal und Phil, für 1 und 2 Joh, 1 Clem, die Ignatianen und für die Essener von Qumran. Es ist Teil antiker Polemik. Die schlimmsten Gegner nennt man nicht: so sehr deutlich IgnSmyr 5,3: Solche Namen schreibt man nicht, ja man möchte sich nicht an sie erinnern, bis sie umkehren; vgl. 7,2 s. dazu M. Hengel, Johanneische Frage (Anm. 57), 141 f. Wer hätte nach ca. fünfjährigem Bestehen der Jesusbewegung in Korinth mit solcher Autorität auftreten können, daß Paulus darüber in größte Schwierigkeiten geriet, wenn nicht Abgesandte der Petrusmission?

[232] Solche Empfehlungsbriefe könnten von Petrus stammen, der die Gemeinde besucht hatte.

charismatischen Fähigkeiten und visionärer Erlebnisse rühmen und sich durch rednerischen Schwung und physische Kraft und Gesundheit auszeichnen, die bei Paulus fehlen, obgleich er ihnen im Blick auf die literarische Rhetorik seiner Briefe überlegen ist.[233] Bewußt nennt er keine Namen und gibt keine klaren Anhaltspunkte, von wem diese Missionare, die in seinen Augen Verführer sind, ausgesandt wurden. Die Korinther wissen ja darüber nur zu gut Bescheid. Nur ihre geographische Herkunft wird deutlich: Es sind Judenchristen, die als Ἑβραῖοι – wie Paulus selbst (Phil 3,5) – noch mit dem Mutterland verbunden sind. Der Vorwurf des Paulus gipfelt darin, daß die Korinther sich „einen anderen Jesus verkündigen" lassen, daß sie einen „anderen Geist annehmen", ja sich „ein anderes Evangelium gefallen lassen".[234] Worin dieses „andere" besteht, bleibt (im Unterschied zu Gal 1,6) unklar.[235] Man könnte sich fragen,

[233] 2 Kor 10,7–11.

[234] 2 Kor 11,4. Vermutlich verbanden die Petrusboten mit der Geistmitteilung in besonderer Weise ekstatische Phänomene, wie sie in Apg 2; 4,31; 10,44; 11,15 vgl. Joel 3,1–5 und Apg 2,17–21 angedeutet werden und die die Korinther ganz besonders schätzten.

[235] S. dazu M. E. Thrall, Second Corinthians (Anm. 231), II, 667–671: „the rival missionaries represent a branch of the Christian mission whose policy has some affinity with the outlook of the final mission charge in Matthew's Gospel: Mt 28,16–20" (669 f.). Dazu gehört a) der weltweite Missionsauftrag, der nicht mehr nur auf die Judenmission begrenzt war, b) Jesus als „a being of power and glory", c) der Gehorsam gegenüber Jesu Geboten, die in der Tora gründen, d) besondere Geisterfahrungen, e) auf-

ob es nicht eine stärker „synoptische" Form der neuen Botschaft war, die Jesu Lehre und Wunder mehr in den Mittelpunkt stellte. Es fehlt in 2 Kor 10–13 sowohl die paulinische Sprache von der Rechtfertigung, als auch, abgesehen von 13,4, ein Hinweis auf das Kreuz Christi. Deutlich wird nur, daß die Gegner ihm einen erheblichen Mangel an charismatischen Gaben und Glaubwürdigkeit vorwerfen, ähnlich wie schon in 1 Kor 9,1 ff. seine Apostelwürde bezweifeln und darüber hinaus schwere persönliche Vorwürfe gegen ihn erheben,[236] was bei seinem leidenschaftlichen Charakter, der sich u. U. zu schärfster Polemik hinreißen ließ und den wir nicht leugnen sollten, durchaus verständlich ist.[237] Gegenüber den Vorwürfen kann er nur – mit grimmiger Ironie – auf sein „apostolisches" Leiden im Dienst Christi verweisen

---

weisbare Taten der Gerechtigkeit. „The main problem in Corinth was the self-exaltation of the opponents and the favourable impression they have made thereby". Die Folge war „a detrimental effect on Paul's own authority". Gegen E. GRÄSSER, Der zweite Brief an die Korinther. Kapitel 8,1–13,13, ÖTBK 8,2, Gütersloh 2005, 128, der wieder auf die fragwürdige Gnosishypothese zurückgreift, wird in 2 Kor 10 und 11 nicht wirklich klar, um was für eine „Irrlehre" es sich handelt, die Paulus zurückweist. Die zornige und z. T. bittere ironische Polemik von unüberbietbarer Schärfe in der Form der „Narrenrede" läßt die Konturen der gegnerischen Lehre gerade nicht deutlich sichtbar werden.

[236] 2 Kor 10,2: Wandel „nach dem Fleisch" bzw. „fleischliche Strategien", vgl. 1,17; 5,16; maßloser Selbstruhm: 10,13 etc.

[237] 2 Kor 11,2: ζηλῶ γὰρ ὑμᾶς θεοῦ ζήλῳ, 29 b: τίς σκανδαλίζεται καὶ οὐκ ἐγὼ πυροῦμαι; vgl. Gal 5,11; Phil 3,2; 1 Kor 16,22; 1 Thess 2,15 u. a. m.

und darauf, daß sich die Kraft des Kyrios für ihn gerade in seiner Anfechtung und Schwachheit erweise.[238] Wir vernehmen in diesen Auseinandersetzungen, die eine junge paulinische Gemeinde erschütterten, nur die tief empörte, aber zugleich ergreifende und durch ihre theologische Reflexion eindrückliche Stimme der einen Seite, die andere Seite kann nicht antworten, darum bleibt für uns so vieles rätselhaft.

Einen Nachklang dieser Auseinandersetzungen haben wir im theologischen Testament des Paulus, im wenig später in Korinth im Winter 56/57 entstandenen *Römerbrief*, in dem der Apostel in 3,8 Vorwürfe gegen ihn andeutet, wonach einige (τινές) behaupten, Paulus lehre, „laßt uns das Böse tun, damit das Gute komme".[239] Ihre Verurteilung (durch Gott) im Endgericht geschieht zu Recht.[240] Dem könnte das Urteil 2 Kor 11,15 über die „teuflischen Diener der Gerechtigkeit" entsprechen: „ihr

---

238 S. dazu U. Heckel, Kraft in Schwachheit. Untersuchungen zu 2 Kor 10–13, WUNT II/56, Tübingen 1993.

239 S. überhaupt Röm 3,5–8 und vgl. 6,1; 7,7; 11,1. Seine Botschaft von der Freiheit vom Gesetz, die in Korinth von einigen radikalen „Paulinern" in ethikfeindlicher Weise mißverstanden wurde, brachte ihm den Vorwurf ein, er fördere den Libertinismus. Vgl. auch o. Anm. 228.

240 Röm 3,8: ὧν τὸ κρίμα ἔνδικόν ἐστιν, 2 Kor 11,15: ὧν τὸ τέλος ἔσται κατὰ τὰ ἔργα αὐτῶν. Vgl. auch 1 Kor 3,12–15 das Urteil über die, die auf dem von Paulus gelegten Fundament in sehr verschiedener Qualität weiterbauen und deren Werk die Feuerprobe nicht besteht: εἴ τινος τὸ ἔργον κατακαήσεται, ζημιωθήσεται (3,15).

Ende wird gemäß ihren Werken sein". Gleichzeitig fällt im Römerbrief auf, daß Paulus im eigentlichen Briefteil mit keinem Wort auf Petrus, die anderen Apostel oder ehemalige Missionsgefährten wie Barnabas eingeht. Sie sind für ihn hier nicht existent.[241] Er blickt nur auf sein eigenes Apostolat und die Erfolge seiner Mission, die hier sonderbarerweise von Jerusalem ausgeht,[242] obwohl doch die nicht allzulange zuvor geschriebenen Korintherbriefe sehr deutlich auf die Wirksamkeit anderer Missionare hingewiesen haben. Auch auf die Gründung der römischen Gemeinde geht er nicht ein. Er betont

---

[241] Kapitel 16,1–23 können wir beiseite lassen, diese Verse betreffen, wenn sie nach Rom (und nicht, was weniger wahrscheinlich ist, nach Ephesus) gerichtet sind, vor allem die Hausgemeinde von Priska und Aquila (V. 3), 16,7 mit dem Ehepaar (?) Andronikus und Iunia; die Formel „meinen Verwandten und Mitgefangenen, welche unter den Aposteln berühmt sind", bleibt historisch ein unlösbares Rätsel. Es ist die einzige Nennung von ἀπόστολοι (Plural) im ganzen Brief; vgl. sonst nur noch 1,1 und 11,13 auf Paulus selbst bezogen. Der warnende Schluß Röm 16,17–20 erwähnt Leute, die διχοστασίας und σκάνδαλα in bezug auf die Lehre hervorrufen und zugleich „durch Schönrednerei und Lobpreisungen" ihre naiven Hörer verführen. Auch hier weist Paulus auf Spannungen hin, die ihn in Rom, etwa in anderen Hausgemeinden, erwarten. Sind diese der Grund, warum Lk Apg 28 außer in V. 15 nichts mehr von der dortigen Gemeinde berichtet? Ähnlich ist die Situation für Paulus nach Lk, abgesehen von Apg 21,18–26, in Jerusalem. Eine andere Situation setzen 21,10–16 und der knappe Hinweis 24,23 in Caesarea voraus (s. o. Anm. 188).

[242] Röm 15,19; vgl. dazu Apg 22,17–21 und dagegen Gal 1,15–23.

nur, daß er sie schon oftmals besuchen wollte, bisher aber verhindert war, und bezeugt damit ihr relatives Alter.[243] Daß ihm gleichwohl die Einheit der Kirche am Herzen liegt, zeigt seine geplante riskante Kollektenreise nach Jerusalem, bei der er weiß, daß sein Leben dort bedroht ist und er ungewiß sein muß, ob die dortige Gemeinde diesen Liebesdienst überhaupt annehmen wird. Er will – das ist typisch paulinisch – trotz der angespannten Situation gegenüber den „Heiligen" in der jüdischen Metropole nicht wortbrüchig werden.[244] Der hier sichtbar werdende Zwiespalt in der späteren missionarischen Wirksamkeit des Paulus wird viel zu wenig wahrgenommen, weil er selbst, von Gal 2 abgesehen, wo er aus einer Zwangslage heraus schreibt und auf ganz persönliche biographische Vorhaltungen der Galater antworten und diese richtigstellen muß, nicht offen unter Namensnennung über seine Schwierigkeiten in den Gemeinden und deren Verursacher schreiben kann, und Lk darauf nicht eingehen will.

Es bleibt so eine wohlbegründete Vermutung, daß Petrus in diesen für beide Beteiligten spannungsvollen Jahren nach dem Zusammenstoß in Antiochien der direkte missionarische Kontrahent des Paulus war. Das sogenannte „*Aposteldekret*"[245], das Lk als Jerusalemer

---

[243] Röm 1,13; 15,22.

[244] Vgl. Gal 2,10; 1 Kor 16,1.15; 2 Kor 8,4; 9,1.12; Röm 15,25–31.

[245] Apg 15,19–20.28 f.; vgl. 16,4; 21,25. S. o. S. 100 ff.
Die Tatsache, daß nach dem Konzil der Jerusalemer Silas/

Entscheidung an das Ende des „Apostelkonzils" setzt, wäre dann, wir sagten es schon, die Reminiszenz eines einige Jahre später von den Antiochenern und Petrus im Benehmen mit Jakobus und Jerusalem getroffenen Beschlusses über elementare Reinheitsanforderungen, die die durch den Einspruch der Jerusalemer Judenchristen gestörte Tischgemeinschaft bei der Eucharistie zwischen Juden- und Heidenchristen in Antiochien (und in anderen gemischten Gemeinden in Syrien und Teilen Kleinasiens) wiederherstellen sollten. Paulus erwähnt in Gal 2,10 nur den Auftrag der Jerusalemer Autoritäten, die dortigen „Armen" zu unterstützen; nach 2,6 erhielt er von ihnen keine besonderen gesetzlichen Auflagen. Das „Dekret" scheint so erst geraume Zeit nach dem „Konzil" etwa ca. 52/53 n. Chr. als Folge des Konflikts in Antiochien ohne Mitwirkung des Paulus beschlossen worden zu sein. Dieser schlägt dagegen für Korinth und später für Rom eine ganz andere, nicht an strikte Speiseverbote gebundene Lösung des Problems vor: Die ihm selbst nahestehenden „Starken" sollen trotz ihrer Freiheit gegenüber gesetzlichen Bindungen um der Liebe

---

Silvanus anstatt Barnabas Paulus begleitete, macht es sehr unwahrscheinlich, daß es schon vor der zweiten Missionsreise zum Bruch mit Antiochien kam (vgl. 15,40 f.). Dieser ereignet sich erst nach dieser Reise, s. Apg 18,22 f., ein rätselhaft knapper Text, der auf einen Kurzbesuch in Jerusalem und einen etwas längeren Aufenthalt in Antiochien hinweist. Lk schreibt hier in auffallender lakonischer Kürze. Er wußte zu gut, was damals geschah. S. u. S. 127 ff. und Anm. 261.

willen auf die „gesetzlichen" Skrupel der angefochtenen „Schwachen" und deren „Gewissen" Rücksicht nehmen und, um deren Gefährdung zu vermeiden, lieber überhaupt auf Fleisch- und Weingenuß verzichten.[246] Der Satz Röm 14,17: „Das Reich Gottes besteht nicht in Speise oder Trank, sondern in Gerechtigkeit und Friede und Freude im Heiligen Geist", klingt dann wie ein Schlußpunkt zu dem Streit über das συνεσθίειν in Antiochien, ca. vier Jahre zuvor, der den römischen Christen nicht unbekannt geblieben war.

Stellte sich Paulus als der erfolgreiche „Apostel der Heiden" dar, der sich in seiner Sendung zu den Völkern aufopfert, so konnte Petrus als der maßgebliche Jesusjünger und erste Leiter der Urgemeinde in Jerusalem auftreten, der Paulus im Blick auf die *Fülle seiner Jesustradition* haushoch überlegen war. Er wird auch als Missionar seine Aufgabe nicht zuletzt darin gesehen haben, die „Worte und Taten" des Messias und Gottessohnes Jesus, die er selbst miterlebt hatte, seinen jüdischen *und* heidnischen Hörern nahezubringen. Vielleicht hängt die sonderbare Zurückhaltung des Heidenapostels in der expliziten Verwendung von Jesustradition mit diesem Manko des ehemaligen Verfolgers zusammen. Er hatte ja einstmals als Feind Jesu[247] diesen nur „auf fleischliche Weise" gekannt (oder besser verkannt), persönliche

[246] 1Kor 8,1–13; vgl. Röm 14,15–23. In 1Kor spricht er von συνείδησις: 1Kor 8,7.10.12; 10,25–29; in Röm 14,1.22f. von πίστις. S. dazu V. GÄCKLE, Die Starken (Anm. 204).

[247] Apg 9,4; 22,7; 26,14 vgl. 2Kor 5,16f. Der Vorwurf des

vorösterliche Erfahrungen mit ihm besaß er nicht, Petrus dagegen in überreichem Maße. Zwar war auch Paulus bei der Gemeindegründung auf die Erzählung von „grundlegender" Jesusüberlieferung angewiesen, er mußte ja berichten, *wer dieser gekreuzigte Jesus war und ist*, das zeigen Texte wie 1 Kor 15,3 ff., die Abendmahlsworte 11,23 ff., mit dem Hinweis auf „die Nacht, in der der Herr Jesus ausgeliefert wurde", oder auch Gal 3,1; 4,4; 1 Kor 2,2; 2 Kor 8,9; Röm 1,3 f.; 9,5 und 15,8.[248] Obwohl er, z. B. in seiner Paränese, etwa in Röm 12 und 13, vielfältig indirekt auf Jesusüberlieferung Bezug nimmt, spricht er bis auf ganz wenige Ausnahmen nicht expressis verbis von Worten des Herrn.[249] Offenbar wollte er gegenüber der Gemeinde in Rom, die nur wenig jünger sein mag als die in Antiochien, und die vermutlich von Jerusalem aus gegründet wurde,[250] nicht „Eulen

---

„fleischlichen Erkennens" Christi mag auf die Gegner zurückgehen.

[248] S. M. HENGEL, Das Mahl in der Nacht, „in der Jesus ausgeliefert wurde" (1 Kor 11,23), in: Chr. Grappe (Hg.), Le Repas de Diéu/Das Mahl Gottes, WUNT 169, Tübingen 2004, 115–160 (118 ff.). 2 Kor 5,16 sollte man nicht mehr gegen diesen Tatbestand anführen.

[249] Es ist kein Zufall, daß dies in 1 Kor geschieht, wo er um die sittliche Ordnung in der Gemeinde kämpfen muß: 7,10 vgl. 25; 9,14 vgl. auch 1 Thess 4,15 und 5,2. Zur Jesustradition in der paulinischen Paränese s. ausführlich D. WENHAM, Paulus: Jünger Jesu oder Begründer des Christentums, übersetzt v. I. Proß-Gill, Paderborn etc. 1999.

[250] S. HENGEL/SCHWEMER, Paulus (Anm. 92), 389 ff. Zwischen der Judenschaft in Jerusalem und Rom bestanden seit der

nach Athen tragen". In diesem Punkt muß er sich im Vergleich zu Petrus und „den Aposteln vor ihm" in Jerusalem (Gal 1,17) unterlegen gefühlt haben, auch wenn er das natürlich so nicht sagen kann. Hier lag dagegen die einzigartige Stärke des „Felsenmanns", die begleitet war von dem sichtbaren Charisma apostolischer „Krafttaten", wie sie Lk in der Apg erzählt und wie sie in den Evangelien sonst nur noch von Jesus berichtet werden.[251] Sie haben offenbar bei den Gegnern des Paulus in 2 Kor eine entscheidende Rolle gespielt. Umgekehrt ist es nicht zufällig, daß Paulus dort, wo er auf die zur „Konkurrenz" gewordene Mission des Petrus bzw. seiner Sendboten stößt, etwa in Röm 15,19 und in 2 Kor 12,11 ff., betont, daß er „die Zeichen des Apostels" gewirkt habe „mit Zeichen, Wundern und Krafttaten", so daß er – obwohl „ein Nichts" – „in keiner Weise hinter den Überaposteln" zurückstehe, so wenig wie die Korinther hinter den „übrigen Gemeinden".[252] Das bezieht sich ja doch

---

Eroberung des Jerusalemer Tempels durch Pompeius 63 v. Chr., die zahlreiche Juden als Kriegsgefangene nach Rom brachte, enge Beziehungen. Die Gemeinde in Antiochien wurde ca. 36/37 gegründet, die in Rom z. Zt. Caligulas (18.3.37–24.1.41). S. auch o. S. 86 f., Anm. 176.

[251] Vgl. die Wundergeschichten, die Lk Apg 5,15 f.; 9,32–43 erzählt; dazu Mk 6,7.12 f. parr.

[252] Zu den „Apostelzeichen" s. jetzt E. Grässer, 2 Kor (Anm. 235), 220 ff.: Paulus stelle sich als „Pneumatiker par excellence" dar (222). Sollte er das gegen eine sonst nicht greifbare „gnostische Konkurrenz" gesagt haben? Die gab es ja damals noch gar nicht (s. M. Hengel, Kleine Schriften III [Anm. 21],

wohl auf alle Gemeinden und beschränkt sich nicht nur auf die von Paulus gegründeten. Könnten mit den rätselhaften ὑπερλίαν ἀπόστολοι[253] nach dem verhängnisvollen Streit in Antiochien nicht in erster Linie Petrus, seine antiochenischen und Jerusalemer Freunde und Sendboten gemeint sein? Es ist durchaus möglich, daß zu den Sendboten des Petrus auch andere Jünger aus dem Zwölferkreis, etwa sein Bruder Andreas, gehörten. Die Ära der Apostel in Jerusalem ist ja für Lk mit dem Apostelkonzil zu Ende.[254] Nicht zufällig macht die lukanische Apostelgeschichte, die Paulus mit einer Ausnahme[255] den Aposteltitel zugunsten des Petrus und des Zwölferkreises abspricht und ihn nur den „dreizehnten

473–510). Waren Krafttaten und Zeichen nicht vielmehr in der Urgemeinde und bei den von Jesus ausgesandten Aposteln zu Hause?

[253] Vgl. schon 2 Kor 11,5: Λογίζομαι γὰρ μηδὲν ὑστερηκέναι τῶν ὑπερλίαν ἀποστόλων und 11,23: διάκονοι Χριστοῦ εἰσιν; παραφρονῶν λαλῶ, ὑπὲρ ἐγώ. Der Ausdruck von den „Überaposteln" erinnert an Gal 2,6: sein deutliche Distanz zeigendes Urteil über ἀπὸ δὲ τῶν δοκούντων εἶναί τι, – ὁποῖοί ποτε ἦσαν οὐδέν μοι διαφέρει und 2,9: οἱ δοκοῦντες στῦλοι εἶναι.

[254] Zu Andreas s. Joh 12,22 und o. Anm. 60.169. Nach einer im 2. Jh. verbreiteten Nachricht sollen die Apostel zwölf Jahre nach der Auferstehung Jesu Jerusalem verlassen haben. Das könnte auf die Agrippaverfolgung (Apg 12,1 ff.) hinweisen; s. HENGEL/SCHWEMER, Paulus (Anm. 92), 388 f.; R. RIESNER, Die Frühzeit des Apostels Paulus, WUNT 71, Tübingen 1991, 106 im Anschluß an A. v. HARNACK.

[255] Apg 14,4.14. M. E. macht Lk diese Ausnahme ganz bewußt.

Zeugen" sein läßt,[256] die beiden Kontrahenten zu den größten nachösterlichen Wundertätern.

Diese durchgehende Tendenz des auctor ad Theophilum zur Harmonisierung und Aussöhnung erklärt auch eines der größten Probleme der Apg, nämlich die schroffe erzählerische Trennung zwischen der Wirksamkeit des Petrus und der des Paulus. Lk nimmt hier eine rigorose Scheidung vor. Er verabschiedet Petrus mit dessen betont propaulinischer Rede Apg 15,7–11, ohne ihn später noch einmal irgendwo zu erwähnen. Den entscheidenden Vorschlag, der den dramatisch geschilderten Konflikt[257] löst, läßt er jedoch Jakobus aussprechen.[258] Dieser erhält das letzte Wort, entsprechend steht er auch bei Paulus in Gal 2,9 an der Spitze der drei Säulen. Offenbar ist er um das Jahr 48/49 der erste Mann in Jerusalem. Lk ist hier – wie so oft – der historischen Wirklichkeit näher, als ihm viele zutrauen. Mit Petrus verschwindet auch der Kreis der Apostel, d.h. die Gruppe, die er nach Lk anführte. Sie werden in c. 15 noch fünfmal immer zusammen mit den „Ältesten" genannt und sind mit diesen die Absender des Briefes über das Aposteldekret an die „Brüder in Antiochien, Syrien und Kilikien".[259] Im Gegensatz zu ihnen tauchen dagegen die „Ältesten"

---

[256] Zu Paulus als μαρτύς s. Apg 22,15; 26,16 und die schöne Untersuchung von CH. BURCHARD, Der dreizehnte Zeuge, FRLANT 103, Göttingen 1970.

[257] Vgl. Apg 15,1.5.7.

[258] Apg 15,13–21.

[259] Apg 15,22f., vgl. 16,4. Es ist dies für Lk die letzte Hand-

als Kreis um Jakobus beim Jerusalembesuch des Paulus zum Wochenfest 57 n. Chr. wieder auf.[260] Die auf das „Konzil" folgenden zwölf Kapitel Apg 16–28 beherrscht dann der Heidenmissionar ganz allein. Petrus und die Apostel sind verschwunden. In gewisser Weise stellt Lk so Paulus als den Nachfolger des Petrus dar, obwohl doch, wie die „Kephaspartei" in Korinth und die weitere Entwicklung der petrinischen Autorität zeigen, dessen Rolle außerhalb von Eretz Israel keine geringere, sondern eher eine größere wird. D. h., Lk läßt damit – historisch zu Unrecht – Petrus durch Paulus verdrängt werden. Zumindest in Antiochien war es gerade umgekehrt – und vermutlich nicht nur dort. In Rom findet Paulus zwar schon Christen vor, wie sie dorthin gekommen sind, sagt uns Lk nicht.[261] Petrus darf nach ihm zwar in Caesarea an der Grenze zum heidnischen Gebiet[262]

---

lung des Kollektivs der „Apostel". Diese Konstruktion des Lk hat ihre Gründe.

[260] Apg 21,18.

[261] Apg 28,14–16. Auch Paulus geht im Römerbrief mit keinem Wort auf die Gründung und die Gründer der Gemeinde ein. Er setzt eine längere Geschichte derselben voraus (Röm 1,1–15; 15,22), preist aber nur seine eigene Missionsarbeit von Jerusalem bis Illyrikum und betont, daß er nicht in fremde Missionsgebiete einbrechen will, „damit er nicht auf ein fremdes Fundament baue": ἵνα μὴ ἐπ' ἀλλότριον θεμέλιον οἰκοδομῶ (Röm 15,19 f. vgl. 1 Kor 3,11, s. o. Anm. 73 f.). Auch hier liegt eine Anspielung auf die petrinische Konkurrenzmission vor; vgl. auch Phil 1,15 f. u. o. S. 80 Anm. 167.

[262] Die Hafenstadt war seit ihrer Neugründung durch Herodes als hellenistische Polis an der Stelle des alten phönizischen

im Haus des Cornelius die Heidenmission begründen, aber (Missions-)Reisen und Gemeindebesuche außerhalb Palästinas werden durchweg verschwiegen.[263] Lk wußte hier sicher sehr viel mehr, als er schreibt. Auf diese Weise kommt er zu einer *klaren geographischen und zeitlichen Trennung* der Wirksamkeit des Petrus und des Paulus. Den schweren Konflikt in Antiochien und die jahrelangen Spannungen danach, die die paulinische Mission seither begleiten und die in seinen Briefen 1 Kor, Gal, 2 Kor bis hin zu einzelnen Bemerkungen in Röm und Phil sichtbar werden, kann Lk so dem Theophilos vorenthalten. Sie hingen ja nicht zuletzt mit dem Eindringen des Felsenmannes in das überwiegend heidenchristliche Missionsgebiet des Paulus zusammen. Diese scharfe Trennung und das damit verbundene Schweigen des Lk, die uns irritieren, dienen dem Ausgleich zwischen den beiden größten Missionaren und damit auch dem Frieden in der Kirche in den schwierigen Jahren nach 70 n. Chr., d. h. in einer Zeit, in der sich die Kirche erneut

---

Stratonsturm ein Ort, wo jüdische und heidnische Interessen aufeinanderprallten. Sie bildete das Tor zum Westen; s. E. SCHÜRER u. a., (Anm. 92), II, 115–118. Der Konflikt zwischen Juden und Syrern in der Stadt begünstigte den Ausbruch des Jüdischen Krieges 66 n. Chr.

[263] Apg 12,17: ἐξελθὼν ἐπορεύθη εἰς ἕτερον τόπον ist von ihm bewußt undeutlich ausgedrückt. Lk wird über die Reisetätigkeit des Petrus in den Grundzügen durchaus informiert gewesen sein. Vgl. schon Apg 8,14–25 und 9,32 – 11,18 über dessen Reisen im jüdischen Palästina.

erfolgreich ausweitet,[264] aber zugleich tief angefochten und in vielerlei Hinsicht bedroht ist.[265]

6. Die unbekannten Jahre des Petrus und seine theologische und missionarische Bedeutung

6.1 Zur Theologie des Petrus

Trotz dieser den modernen Historiker störenden harmonisierenden Tendenzen hat Lk mit seinem Doppelwerk der Kirche seiner Zeit und bis heute einen unschätzbaren Dienst erwiesen, indem er die Kontinuität zwischen der Verkündigung Jesu und der paulinischen Mission darzustellen versuchte.[266] Petrus erhält hier eine – im Grunde historisch nicht unzutreffende – einzigartige *Brückenfunktion* zwischen der Wirksamkeit Jesu und der Völkermission des Paulus. Ist der Petrusschüler Markus in seinem ersten Werk der wichtigste der πολλοί, d.h. der vielen Berichterstatter über Jesus im Lukasprolog, so ist Petrus für den auctor ad Theophilum der führende, man könnte auch sagen der schlechterdings

[264] S. den Schlußsatz Apg 28,31 und die Verheißung 1,8.

[265] Vgl. Apg 5,41; 14,19; 20,29f. vgl. Lk 21,12–19. Ich würde Evangelium und Apg etwa zwischen 75 und 85 ansetzen. S. M. Hengel, Der Lukasprolog und seine Augenzeugen: Die Apostel, Petrus und die Frauen, in: Memory and Remembrance, ed. L. Stuckenbrock et alii, erscheint 2006 in WUNT.

[266] Sie war im Gegensatz zur Darstellung des Lk freilich nicht konfliktfrei.

paradigmatische unter den „Augenzeugen und Dienern am Wort", denen die Späteren, zu denen sich auch Lk selbst rechnet, die für ihren Glauben grundlegende Jesusüberlieferung verdanken.[267] Entsprechend läßt Lk Petrus und Johannes vor den Volksführern bekennen: „Unmöglich können wir von dem schweigen, *was wir gesehen und gehört haben*"[268], und vor Cornelius kann Petrus seine Erzählung von Jesusgeschichte mit dem Nachsatz begründen: „*Wir sind Zeugen* von allem, was er im jüdischen Land und in Jerusalem getan hat"[269]. Wir dürfen dabei nicht vergessen, daß Lk als Evangelist selbst ein Experte in der Darstellung von Jesustradition wurde, dem wir die reichste und vielseitigste Sammlung dieser Art verdanken. Wahrscheinlich hat er im Gefolge des Paulus im Jahre 57 in Jerusalem persönlich Bekanntschaft mit dieser Überlieferung in einer Weise gemacht, die auch seine Theologie als Reisegefährte des Paulus veränderte.[270] Das Beispiel des „geliebten Arztes"

---

[267] Lk 1,2: καθὼς παρέδοσαν ἡμῖν οἱ ἀπ' ἀρχῆς αὐτόπται καὶ ὑπηρέται γενόμενοι τοῦ λόγου; vgl. auch Hebr 2,3. S. dazu S. Byrskog, Story as History – History as Story, WUNT 123, Tübingen 2000 und M. Hengel, Lukasprolog (Anm. 265).

[268] Apg 4,20 vgl. 2,32; 3,15; 5,32 die Hinweise auf die (Augen-)Zeugenschaft.

[269] Apg 10,38 f. vgl. 13,31, wo Lk den Paulus auf die Apostel als Augenzeugen hinweisen läßt.

[270] Sowohl das Evangelium wie die Apg verbieten uns, das Doppelwerk zu spät anzusetzen. Hier begegnet uns ein neutestamentlicher Autor, der, wie seine ganze Berichterstattung in Evangelium und Apg zeigt, den Augenzeugen noch relativ

(Kol 4,14), der vom Paulusbegleiter zum Verfasser des inhaltsreichsten Evangeliums wurde, könnte verständlich machen, warum Petrus bzw. dessen Boten auf ihren späteren Missionsreisen auch in paulinischen Gemeinden wie in Korinth Erfolge hatten, die der Heidenapostel, dem der persönliche Kontakt mit dem irdischen Jesus fehlte, als bedrohlich empfand. Anders als in der rabbinischen Überlieferung[271] oder bei der biographischen Mohammedtradition nennt Lk so wenig wie Mk vor und Mt nach ihm Jüngernamen als Traditionsgaranten, auch konkrete Augenzeugen werden von den Synoptikern, abgesehen vom engsten Jüngerkreis mit Petrus an der Spitze, nur in Ausnahmefällen, und hier vor allem in der Passionsgeschichte, erwähnt. Das mag einmal mit dem Vorbild der heiligen alttestamentlichen Geschichtserzählung zusammenhängen, wo Traditionsgaranten nur ganz

---

nahesteht. Mt, Joh, 1 Petr, Hebr, 1 Clem, Eph und erst recht die Pastoralbriefe entstanden wesentlich später. Die Quellen, aus denen Lk schöpft, sind vielfältiger als gemeinhin angenommen wird. Sie lassen sich nicht auf Mk, Q (das keine Einheit ist) und Sondergut beschränken. Der erste „christliche Historiker" hat mehr als die anderen Evangelisten gründlich „recherchiert", und auch der Anteil der von ihm gesammelten mündlichen Tradition sollte nicht unterschätzt werden. Mt fußt nicht nur auf Mk, sondern teilweise auch auf Lk. In der Verarbeitung der Logientradition hat Lk in der Regel die ursprünglichere, d. h. zugleich zuverlässigere Version erhalten.

[271] Auch in der frührabbinischen Tradition werden Halakhot, über die Konsens besteht, anonym überliefert: Sie sind „(mündliche) Tora vom Sinai her".

selten oder gar nicht erscheinen.[272] Vor allem aber ist die Überlieferung der Evangelien *allein* auf *eine Person*, Jesus selbst, konzentriert, die Jünger haben in ihr keine eigenständige Funktion; sie sind ganz auf diesen *Einen* hin ausgerichtet. Dies gilt auch für Petrus, was er sagt und tut, ist immer auf Jesus bezogen. Selbst er spielt keine *selbständige* Rolle. Darum können in der *Logienüberlieferung* (ich ziehe diesen offenen Begriff dem durch die unhaltbare Hypothese von der „Logienquelle" als eines einheitlichen „Evangeliums" belasteten üblichen Begriff Q vor) Jüngernamen völlig fehlen.[273] Entscheidend ist allein, daß darin Jesus als der Gottessohn und Messias

---

[272] S. dazu M. HENGEL, Lukasprolog (Anm. 265).

[273] Die Belege, die „The Critical Edition of Q" in der Konkordanz für μαθητής in Q angibt, sind, auf die Person von Jesusjüngern bezogen, im Grunde alle unsicher: Die einzigen Belege, wo Lk und Mt übereinstimmen, beziehen sich auf Johannesjünger (Lk 7,18) bzw. auf ein Jesuswort über das Verhältnis von „Jünger" und „Lehrer" (6,40). In 6,20 fehlt die Mtparallele, in 10,2 die Lkparallele, in 14,26 wieder die Mtparallele. Eine genauere Prüfung zeigt, wie sehr die Q-Hypothesen in der üblichen Form der Bequemlichkeit der Exegeten entgegenkommen, in Wirklichkeit aber zu einem guten Teil auf Sand gebaut sind. Vor allem von einer oder mehreren „Gemeinden" von Q oder verschiedenen „Redaktionen" sollte man nicht mehr reden. Sie lassen sich nicht wirklich nachweisen. Dagegen kann die Rolle von Lk als Traditionsvermittler nicht hoch genug eingeschätzt werden. Im Thomasevangelium, das kaum vor 150 entstanden ist, erscheint Petrus zweimal: Logion 13, wo ihm Thomas vorgezogen wird, und 114, wo ihn Jesus wegen seiner Zurückweisung der Maria (Magdalena) korrigiert. Beide Logien sind sekundär.

spricht.[274] Selbst das Wort μαθηταί begegnet in dieser nur ganz am Rande. Alles konzentriert sich dort auf das Wort Jesu selbst.[275] Namen von Jüngern (und hier in ganz großem Abstand vor allen andern der des Simon Petrus) erscheinen bei den Synoptikern nur in erzählenden Berichten oder in vereinzelten Apophthegmata, wo die Jünger von Jesus gefragt werden oder Fragen stellen. Da Jesus in der Regel von einer ganzen Jüngerschar umgeben war, ist andererseits die hervorragende Rolle, die Petrus bei den Synoptikern als Ansprechpartner zugeschrieben wird, besonders auffallend. Mit anderen Worten: Er kann für die Evangelisten als *der maßgebliche Jünger*, man könnte auch sagen als der „Fels" die Schar der Jünger vertreten, und er wird dadurch *zu dem entscheidenden „apostolischen Zeugen"*, der fast so etwas wie eine „Mittlerfunktion" besitzt. So könnte man ihn, der die Schlüssel zur Gottesherrschaft besitzt, cum grano salis einen *„mediator ad mediatorem*" nennen.[276] Auf ähnliche Weise zeichnet ihn im

---

[274] Vgl. dazu z. B. PsSal 17,43 über die einzigartigen Worte des Messias. Sie müssen bewahrt werden.

[275] Darum bezweifle ich, daß es in der Logientradition (bzw.) Q ursprünglich größere erzählende Berichte im strengen Sinne gab. Mt könnte bei diesen durchweg auch von Lk beeinflußt sein.

[276] Dasselbe Phänomen taucht auch in der Jakobusüberlieferung auf. Im legendären Jakobusmartyrium Hegesipps fragen die „Schriftgelehrten und Pharisäer" den Herrenbruder: „Gerechter, dem wir alle zu gehorchen verpflichtet sind; […] verkündige uns: ‚Wer ist die Tür zu Jesus?' (τίς ἡ θύρα τοῦ Ἰησοῦ)." Er antwortet mit dem Bekenntnis zum erhöhten und

Grunde schon Mk in seinem Evangelium und erst recht Lk in der ersten Hälfte der Apg, so wird er auch in den für unser Wissen dunklen Jahren zwischen 43 bzw. 48/49 n. Chr. bis zu seinem Martyrium ca. 64/65 n. Chr. direkt in persona oder indirekt durch Boten in den Gemeinden des Westens von Antiochien über Korinth bis Rom gewirkt haben. Die erheblichen Spannungen mit Paulus aus dieser Zeit, die wir aus dessen Andeutungen kennen, werden auf diesem Hintergrund nur zu gut verständlich. Man verzeihe mir den Versuch eines psychologischen Urteils: Beide – großartige – Charaktere waren sich sehr – ja vielleicht zu sehr – ähnlich.[277] Das könnte sogar

---

kommenden Menschensohn, worauf viele überzeugt in das Bekenntnis einstimmen, Jakobus aber von den Volksführern von der Tempelzinne hinabgestürzt wird: Euseb, h. e. 2,23,8–18. Die Tür zu Jesus ist Jakobus der Gerechte selbst durch sein Zeugnis für ihn bis hin zum Martyrium. S. auch o. S. 12f. zu EvThom 12. In gewisser Weise könnte man dies natürlich auch von Paulus und dem idealen Lieblingsjünger bei Joh sagen. Paulus hat sein Evangelium, das jedem Glaubenden σωτηρία schenkt (Röm 1,16), durch eine ganz persönliche Offenbarung Jesus Christi empfangen (Gal 1,11f.), und der Lieblingsjünger ist nicht nur Jesus am nächsten und vermittelt den Zugang zu ihm (Joh 13,23ff.), sondern ist auch der entscheidende Zeuge am Kreuz (19,26f.35ff.), der als erster zum Glauben an den Auferstandenen kommt (20,8) und diesen als erster erkennt (21,7). Es ist eigenartig, welche zentrale, paradigmatische Rolle die drei „Säulen" (Gal 2,9) in den so verschiedenen Texten des NT spielen. An ihre Seite tritt Paulus als der „dreizehnte Zeuge", s. o. Anm. 256.

[277] Paulus selbst betont seine Emotionalität, mit der er auch verletzen konnte, bei Petrus wird es nach dem Urteil der Evan-

für *Teile ihrer Theologie* gegolten haben, über die wir, was Petrus anbetrifft, freilich durch die Quellenlage ganz unzureichend informiert sind. Wir kennen ja nur den „ersten Theologen" Paulus, der uns in seinen Briefen, den frühesten christlichen Literaturzeugnissen, als kraftvoller, an der Wahrheit seines Evangeliums orientierter Missionar und Denker entgegentritt, das er selbst von Christus empfangen hat.[278] Daß Paulus – providentia Dei – solch einzigartige Briefe geschrieben hat und uns diese erhalten sind, ist ein historisches Wunder. Wenn man das Weltende in nächster Nähe erwartet (Röm 13,11 f.) und „die Zeit verkürzt" (1 Kor 7,29) ist, wird eine intensive literarische Tätigkeit eher unwahrscheinlich. Der unliterarische Petrus bleibt uns dagegen als theologischer Kopf nahezu unbekannt. Es fällt aber doch auf, daß in 1 Kor die Kephaspartei nicht für Beschneidung und Ritualgesetze eintritt, sonst hätte Paulus ganz anders reagiert, und daß er in Gal 2,16 durch den Gebrauch der 1. Person Plural auch dem Petrus das Wissen darum zuschreibt, „daß ein Mensch nicht aus Werken des Gesetzes gerechtfertigt wird, sondern nur durch den Glauben an Jesus Christus".[279] Das klingt nach einem Grundkonsens. Umgekehrt läßt Lk Apg 15,7–11 den Petrus in seiner

---

gelisten kaum anders gewesen sein; s. Mk 8,32 f.parr.; 14,31 parr.; 14,71 parr.; Apg 5,3 ff.; 8,20 ff. etc. S. auch o. Anm. 237.

[278] Gal 1,11 f.; 2,5.14 vgl. 2 Kor 11,10; 13,8.

[279] So zumindest nach dem Wortlaut seiner Rede, die er vor Petrus in Antiochien gehalten haben will, mit der er aber vor allem die Galater anspricht; Gal 2,14 b–21.

letzten Rede auf dem „Konzil" paulinisch klingende Formeln vortragen: Gottes Erwählung wirkte, „daß aus meinem Munde die Heiden das Wort des Evangeliums[280] hören und zum Glauben kommen". Er gab ihnen den „heiligen Geist wie auch uns" und „hat durch den Glauben ihre Herzen gereinigt".[281] Darum dürfe man ihnen nicht das Joch des Gesetzes auferlegen, „vielmehr glauben wir durch die Gnade des Herrn Jesus gerettet zu werden wie auch jene"[282]. Dementsprechend hat auch Petrus in Antiochien zuerst ganz selbstverständlich mit den Nichtjuden eucharistische Tischgemeinschaft und so nach dem Urteil des Paulus „heidnisch und nicht jüdisch gelebt" (Gal 2,12.14). D.h., auch für ihn selbst waren die

---

[280] Εὐαγγέλιον erscheint bei Lk nur hier in Apg 15,7 im Munde des Petrus und in 20,24 des Paulus, vgl. dazu Gal 2,7f. und als einzigen Beleg außerhalb der Paulusbriefe 1 Petr 4,17 (Apk 14,6 hat der Begriff noch nicht die spezifisch christliche Bedeutung). Zu seiner jüdisch-christlichen Herkunft s. jetzt W. Horbury, ‚Gospel' in Herodian Judaea, in: The Written Gospel, ed. M. Bockmuehl/D.A. Hagner, Cambridge 2005, 7–30. Nach wie vor grundlegend P. Stuhlmacher, Das paulinische Evangelium, I: Vorgeschichte, FRLANT 95, Göttingen 1968. Auch Petrus scheint den Begriff gebraucht und dabei – wie sein Schüler Markus – Jesuserzählung miteinbezogen zu haben. Mk selbst verwendet ihn siebenmal für die Heilsbotschaft; in 14,9 ist er identisch mit „Jesuserzählung", s. M. Hengel, Gospels (Anm. 9), 78–89.

[281] Apg 15,7–9. Dies bezieht sich auf die wunderbare Bekehrung des heidnischen Centurio Cornelius Apg 10,1–11,18 und auf die strittige Reinheitsfrage 10,14ff. = 11,8ff.

[282] Apg 15,11. Vgl. auch die Rede des Paulus im pisidischen Antiochien 13,38.

Reinheitsgebote zu Adiaphora geworden. Erst als Boten von Jerusalem kamen, brach er, um des Friedens und der Einheit der Kirche willen und um den unter dem zelotischen Druck ihrer Volksgenossen stehenden Brüdern in Jerusalem keine Schwierigkeiten zu bereiten,[283] diese Tischgemeinschaft ab und rief den – theologisch wohlbegründeten – zornigen, ihn persönlich schwer verletzenden Protest des Paulus hervor.[284]

---

[283] Sein Verhalten konnte dort als Apostasie gedeutet werden s. Apg 21,21.28 u. o. S. 105 f. und Anm. 212.

[284] In einem Artikel über den Theologen Joseph Ratzinger, jetzt Papst Benedikt XVI., in der FAZ vom 17.5.2005, Nr. 112, 8 sieht Eberhard Jüngel darin, daß nach Gal 2,11–14 der „Apostel Paulus [...] dem Apostel Petrus ins Angesicht [widerstand], als dieser sich nicht der Wahrheit des Evangeliums gemäß verhielt", „die Geburtsstunde verantwortlicher Theologie". Aber liegt diese Geburtsstunde nicht früher, bei der ersten öffentlichen Verkündigung des Saulus in den Synagogen von Damaskus nach seiner Lebenswende und der Predigt des Petrus am ersten Wochenfest nach Ostern in Jerusalem, daß der gekreuzigte Jesus von Nazareth der von Gott auferweckte Herr und Messias sei (vgl. Apg 2,22–36)? Gibt es echte Missionspredigt ohne verantwortliche theologische Reflexion? In Gal 2,11 ff. begegnet uns jedoch der *erste theologische Konflikt im Urchristentum, von dem wir einen Augenzeugenbericht besitzen* und der nicht mit einer Lösung (vgl. Apg 6,1 ff.; 15,1 ff.; Gal 2,1 ff.), sondern mit einem länger anhaltenden Bruch endete. Die Reaktion des Paulus war zu verletzend und erreichte auf der gegnerischen Seite, deren Argumente wir nicht kennen, zunächst eher das Gegenteil. Und doch waren seine Folgen insgesamt positiv. Die Antiochener und der nicht radikale Flügel der Jerusalemer fanden die Lösung im Aposteldekret, und im Blick auf Paulus verdanken wir den Folgen dieser unerfreulichen Auseinandersetzung den Anstoß

Wir sind so *nicht völlig unwissend über die Theologie des Petrus*, und man sollte diese auch nicht von vornherein unterschätzen und damit abwerten. Bei der führenden Rolle, die der maßgebliche Jünger Jesu und erste Auferstehungszeuge in der Urgemeinde spielte, muß man annehmen, daß er auch die Anfänge der „Lehre der Apostel" (Apg 2,42) entscheidend mitgestaltet hat. Die in ihrer schlichten Christologie und Soteriologie „altertümlich" klingenden Petrusreden aus Apg 1–5 sind vielleicht historisch doch nicht so völlig wertlos wie weithin angenommen wird. Gewiß, sie wurden durchgehend von Lk formuliert und können daher auch Zeugnis seiner Theologie sein, aber woher hat er diese? Sollte er, der so eifrig wertvolle Jesusüberlieferung gesammelt hat, nicht auch nach der Lehre des Petrus und der Apostel gefragt haben und von ihr gewisse „archaische" Züge übernommen haben, die für ihn so typisch sind? Könnte vielleicht diese für viele ärgerliche Tatsache, daß er kein lupenreiner Pauliner ist (wenn es einen solchen je gegeben hat),[285] mit einer gewissen Wende in seinen

---

zum Galaterbrief und indirekt wesentliche Gesichtspunkte seiner großen Briefe an die Korinther und an die Römer. Insofern hat – in einem weiteren Sinne – die Bemerkung von JÜNGEL doch ihre Berechtigung.

[285] S. dazu A. v. HARNACK, Lukas der Arzt, Leipzig 1906, 101: „*Er ist kein Pauliner*, aber er zeigt ganz deutlich, daß er den Paulinismus kennt und aus ihm schöpft." Zugleich stellt er die Frage: „Wo ist denn der Paulinismus außer bei Marcion geblieben und was ist bei Marcion aus ihm geworden?" Ich erinnere an das berühmte Diktum von Karl Barth: „Ich bin kein Barthianer".

theologischen Anschauungen zusammenhängen, die auf einer engeren Bekanntschaft mit der Überlieferung von Jesus und der Urgemeinde beruht?[286] Daraus ergab sich dann für ihn die Aufgabe, in einer Zeit der Krise der Kirche Paulus und die Urgemeinde erzählerisch zu versöhnen.

Ähnliches mag für Markus gelten. Daß er Schüler und vielleicht sogar Dolmetscher des Petrus war, bedeutet weder historische Zuverlässigkeit seines Berichts im modernen Sinne noch Verzicht auf ein eigenes theologisches Profil, das er ohne Zweifel besitzt. Aber es gibt bei ihm doch Züge, die mit Lk und vielleicht auch dem 1. Petrusbrief zusammenhängen, die „vorpaulinisch" sein

---

[286] Diese wäre um so besser verständlich, wenn sich der radikale Paulinismus nach dem Strafgericht über Jerusalem 70 n. Chr. in antijüdisch-antinomistischer Weise weiterentwickelt hätte: s. Apg 20,29 ff. Von „Gnosis" sollte man dabei noch nicht reden. Es gab aber einen „Prämarcionitismus", der sich zu Beginn des 2. Jh.s über den Barnabasbrief und über Kerdon auf Marcion zubewegte. Seine Anfänge mögen mit der Zerstörung Jerusalems, die als Gottesurteil verstanden wurde, zusammenhängen. S. M. HENGEL, Kleine Schriften III (Anm. 21), 507 ff. Kerdon, der nach Irenäus, adv. haer. 1,27,1 von den Schülern des Simon Magus beeinflußt worden (Euseb, h. e. 4,11,2) und unter Hyginus (ca. 136–140) nach Rom gekommen sein soll, habe schon zwischen dem Gott des AT und dem Vater Jesu Christi unterschieden. Marcion habe wenig später seine Lehren aufgenommen. Gemäß Irenäus, adv. haer. 3,4,3 (= Euseb, h. e. 4,11,1) gehörte Kerdon zunächst der römischen Gemeinde an, trennte sich aber allmählich von dieser, s. dazu P. LAMPE, Paul (Anm. 174), 394.

können und auf die Frühzeit der Urgemeinde[287] zurückverweisen, in der Petrus der führende Kopf war.

Es ist hier nicht der Raum für den Versuch, eine „petrinische Theologie" zu entwerfen, das würde den Rahmen dieser Untersuchung sprengen und ist zudem nur ganz hypothetisch möglich, aber auf einige Punkte möchte ich hinweisen. Da ist die Übernahme der Taufe „zur Vergebung der Sünden"[288] von Johannes dem Täufer, die jetzt im Namen Jesu, d.h. im vertrauensvollen Aufblick zu dem Erhöhten und Kommenden geschieht und mit der Gabe des Geistes verbunden wird. Mit der Aufforderung, sich „im Namen Jesu" taufen zu lassen, endet als Fazit die Pfingstrede des Petrus[289], der selbst in allen vier Evangelien durch seine Verleugnung beispielhaft als Sünder erscheint, der bereut und durch den gekreuzigten und auferstandenen Herrn wieder angenommen wird. Die Zuwendung zum Sünder und der Zuspruch „der Vergebung der Sünden" bestimmt nicht nur Jesu Wirken nach Mk[290] und z.T. von ihm abhängig

[287] Zur „vorpaulinischen" Entwicklung der ersten zwei bis drei Jahre des Urchristentums s. M. HENGEL, Christologie und neutestamentliche Chronologie, in: Neues Testament und Geschichte. Oscar Cullmann zum 70. Geburtstag, hg. v. H. Baltensweiler und B. Reicke, Zürich/Tübingen 1972, 42–67; HENGEL/SCHWEMER, Paulus (Anm. 92), 43–60; L. HURTADO, Lord Jesus Christ, Grands Rapids etc., 2003, 155–258.

[288] Mk 1,4; Lk 3,3; anders Mt 26,28.

[289] Apg 2,38.

[290] Mk 2,5 ff.parr.; 2,17 parr.; 10,45 parr.; 14,24 parr.

bei Lk[291] und Mt,[292] sondern auch die Predigt des Petrus und der Apostel nach der Apg[293], sie wird Gewißheit durch die Selbsthingabe Jesu als „Gottesknecht" nach Jes 53[294], auf den die Reden in Apg 3 und 4 mehrfach anspielen.[295] 1 Petr 2,22–25 zitiert Teile dieses Textes. Auch hinter dem alten Jerusalemer Bekenntnis 1 Kor 15,3, „... daß Christus für unsere Sünden nach den Schriften starb", steht vor allem das vierte Gottesknechtslied des Jesajabuches. Es wäre in diesem Zusammenhang zu fragen, ob nicht der markinische Abendmahlsbericht Mk 14,22–25, dem Mt 26,26–29 getreulich folgt, auf petrinische Tradition zurückgeht, während Lk 22,19 f. harmonisierend die paulinische und petrinische Version zu verbinden sucht.

Man könnte weiter auf den endzeitlich motivierten Geistenthusiasmus der Urgemeinde verweisen, in dem sich die Verheißungen der Profeten erfüllen und der nach Paulus den vertrauensvollen aramäischen Ruf

---

291 Bei ihm wird – m. E. unter petrinischem und paulinischem Einfluß – die Zuwendung Jesu zum Sünder ganz besonders hervorgehoben: Lk 1,77; 5,8; 7,48 f.; 15; 18,9–14; 19,1–10; 22,31 f.; 23,43; 24,47. Für Lk gilt wirklich der Satz aus Luthers Kleinem Katechismus: „Wo Vergebung der Sünden ist, da ist Leben und Seligkeit".

292 Mt 1,21; 6,12.14 f.; 18,21–35; 26,28.

293 Apg 2,38; 3,19; 5,31; 10,43; 13,38.

294 Mk 10,45; 14,24; Lk 22,19 f.27.32.37, s. dazu U. MITTMANN, Gottesknecht (Anm. 138).

295 Apg 3,13.26; 4,27.30 vgl. auch 8,32 f. = Jes 53,7 f.

„Abba" als Ausdruck der Gotteskindschaft bewirkt.[296] Er ist wie das „Maranatha", das das älteste bekannte Gebet zu Jesus darstellt,[297] ein Ausdruck der Kontinuität zwischen Jesus selbst, der Urgemeinde und den heidenchristlichen Missionskirchen, denn bereits Jesus hatte ihn als Gebetsanrede gebraucht und auch die Jünger so beten gelehrt.[298] Daß Jesus schon in Jerusalem als „unser Herr" angerufen werden kann, hängt einmal mit dem Rückblick auf ihn als den „Herrn" der Jüngergemeinde, aber dann auch ganz eng mit der Interpretation der Auferstehung Jesu als Erhöhung zum Throngenossen zur Rechten Gottes aufgrund von Ps 110,1 zusammen, neben Jes 53 der wichtigste christologische Text des Alten Testaments: „Der Herr hat zu *meinem Herrn* gesagt, ‚Setze dich zu meiner Rechten' (...)". Mk, Mt und Lk zitieren ihn im Munde Jesu, und in der Pfingstpredigt des Petrus begründet er das Bekenntnis, daß „Gott (Jesus) zum *Herrn und Messias* gemacht habe"[299]. Auch

---

[296] Gal 4,5 f.; Röm 8,15 f. vgl. Mk 14,36.

[297] Vgl. Apk 22,20 und dazu das zweifache Gebet des sterbenden Stephanus Apg 7,59 f.

[298] 1 Kor 16,22 vgl. Apk 22.20; Did 10,6 dazu M. Hengel, Abba, Maranatha, Hosanna und die Anfänge der Christologie, in: Denkwürdiges Geheimnis. Festschrift für Eberhard Jüngel zum 70. Geburtstag, hg. v. I. U. Dalferth et alii, Tübingen 2004, 145–183; M. Philonenko, Das Vaterunser, UTB 2312, Tübingen 2002, 33–43.

[299] Mk 12,36 = Mt 22,44 = Lk 20,42 f.; Mk 14,62 = Mt 26,64 vgl. Lk 22,69; Apg 2,34 f.

1 Petr 3,22 spielt in Verbindung mit Ps 8,7 darauf an.[300] Die christologische Auslegung der Psalmen muß schon ganz früh begonnen haben.[301] Es kann natürlich nicht darum gehen, diese alten christologischen Bekenntnisaussagen der Urgemeinde allein Petrus zuzuweisen, aber man muß doch umgekehrt fragen: Sollten diese für ihren Glauben entscheidenden Grundeinsichten der frühesten – vorpaulinischen – Gemeinde, d.h. der ersten ca. zwei bis drei Jahre der neuen Bewegung, ohne die maßgebliche Mitwirkung des ersten Auferstehungszeugen und Leiters der Jerusalemer Urgemeinde zustandegekommen sein? Er wird bei der Herausbildung des frühesten Kerygmas eine entscheidende, wenn nicht *die entscheidende* Rolle gespielt haben. Auch der Begriff εὐαγγέλιον, der auf das aramäische *b^eśôrā' ṭôbā'* und das Verb *biśśar* zurückgeht, das in Profeten- und Psalmentexten erscheint und in der LXX mit εὐαγγελίζεσθαι übersetzt wird,[302] wurde m.E. schon von Petrus und seinem Kreis gebraucht. Es ist gewiß kein Zufall, daß

---

[300] Zu Ps 110,1 s. M. HENGEL, „Setze dich zu meiner Rechten!", in: Le Trône de Dieu, hg. v. M. Philonenko, WUNT 69, Tübingen 1993, 108–194. Zur Verbindung von Ps 110,1 und Ps 8,7 s. noch 1 Kor 15,25 ff.; Eph 1,20–22 und zu Christus als Intercessor zur Rechten Gottes die bekenntnisartige vorpaulinische Formel Röm 8,34.

[301] S. M. HENGEL, Studies in Early Christology, Edinburgh 1995, 227–291.

[302] S. dazu o. Anm. 280. Es ist absurd, diese Sprachformen, wie es immer wieder geschieht, aus dem Kaiserkult ableiten zu wollen.

Paulus wenige Jahre nach seiner Bekehrung ihn allein in Jerusalem besucht und sich immerhin fünfzehn Tage, d. h. eine nicht ganz kurze Zeit, bei ihm aufgehalten hat.[303] Sie werden in diesen zwei Wochen beide voneinander gelernt haben, wahrscheinlich aber Paulus damals doch noch mehr von Petrus als umgekehrt.

Es kommt ja bei diesem die Fülle der Jesustradition hinzu, als deren Zeuge Petrus in den Synoptikern mehr als die anderen Jünger gilt.[304] Sie bildet zugleich die Grundlage des christlichen Ethos, wie es uns bereits intensiv in der paulinischen Paränese begegnet. Die formgeschichtliche Scholastik, vor allem in Deutschland, hat lange Zeit die Tatsache verdrängt, daß die synoptische Tradition nicht einseitig von kreativen anonymen Gemeindekollektiven geschaffen wurde, sondern vor allem an autoritative Persönlichkeiten als Traditionsträger gebunden war.[305] Dies schließt wichtige Nebentraditionen, etwa von Frauen oder besonderen Augenzeugen nicht aus.[306] Man hat den formgeschichtlichen „Dogmen" von der völligen Anonymität und Kollektivität der Jesustradition zu lange und zu viel geglaubt. Durch seine einzigartige Autorität als Bekenner, Missionar,

---

[303] Gal 1,18. S. dazu HENGEL/SCHWEMER, Paulus (Anm. 92), 214–236: Vermutlich war dieser Besuch geheim, da das Leben des Paulus als „Apostaten" in Jerusalem bedroht war.

[304] S. o. S. 133 f.

[305] S. dazu M. HENGEL, Eye-witness Memory and the Writing of the Gospels, in: The written Gospel (Anm. 280), 70–96.

[306] M. HENGEL, Lukasprolog (Anm. 265).

Lehrer – und hier nicht zuletzt als Tradent von Jesusüberlieferung – wie auch als Gemeindeleiter und am Ende als Märtyrer wird Petrus bei Mt zu dem „Felsen", auf dem der Auferstandene nach Mt seine Kirche bauen wird, und darum trägt er – gerade auch historisch gesehen – diesen Ehrennamen „Petrus" zu Recht. Deswegen hat er auch keine begrenzte „Schule" gegründet, das wäre zu wenig. Vielmehr gingen große Teile der Urkirche, zuerst in Jerusalem und Judäa, später aber auch Missionsgemeinden im Westen von Antiochien bis Rom bei ihm in die Schule. Über Markus, aber dann auch über Lukas und Matthäus, ja sogar partiell über Paulus und Johannes, man könnte darum auch sagen, *über das apostolische Zeugnis* ist er – ohne uns einen von ihm selbst geschriebenen Satz hinterlassen zu haben – unser aller Lehrer geworden.

6.2 Der Organisator und Missionsstratege

Noch ein weiterer Punkt ist wesentlich, der m. E. zu wenig beachtet wurde. Petrus war nicht nur ein geistesmächtiger Prediger und theologisch schöpferischer Seelsorger, sondern auch – ähnlich wie Paulus selbst – ein *erfolgreicher Organisator und „Missionsstratege"*, ein Punkt, der auch für den Konflikt zwischen beiden Kontrahenten nicht ohne Bedeutung war. In der Apg schlägt er die Zuwahl zur Ergänzung des Zwölfergremiums vor, ergreift er die Initiative beim Pfingstfest, spricht er das Urteil über Ananias und Sapphira, ist er der Sprecher der neuen messianischen Gemeinde gegenüber den Jerusalemer Hierarchen, besucht er zusammen mit Johannes die von Philippus neugewonnenen Christen in Samarien, weist den Magier Simon in die Schranken und führt durch seine Wunder in Jerusalem, in Lydda, der Saronebene und Joppe viele zum Glauben. Der Höhepunkt dieser von Lk gesammelten und kunstvoll ausgestalteten Petruslegenden ist die Bekehrung des gottesfürchtigen Centurio Cornelius. Ist es zuviel gesagt, wenn man auf Grund dieser für Lk paradigmatischen Erzählungen und der darin geschilderten Führungsrolle des Petrus vermutet, daß er überhaupt bei der Konsolidierung der noch unorganisierten Jesus-(und Täufer-)Bewegung nach Ostern im Mutterland eine, ja wahrscheinlich *die* maßgebliche Rolle spielte? Daß aus dieser eine selbstbewußte, missionarisch aktive messianische Gemeinde wurde, die selbst bei den griechischsprechenden Juden in Jerusalem, den sogenannten „Hellenisten", erfolgreich war, ist m. E. nicht zuletzt auch sein Verdienst. Wegen dieser seiner Autorität besucht Paulus in Jerusalem nur ihn und ist zwei Wochen lang sein Gast. Herodes Agrippa I. läßt ihn als führenden Mann der neuen Bewegung verhaften und will ihn hinrichten lassen. Auch im Konflikt in Antiochien spielt er die beherrschende Rolle. Paulus kann ihm – theologisch zu Recht – widersprechen, aber organisatorisch nichts gegen ihn ausrichten und muß weichen, denn in den Augen der damals noch maßgeblichen Judenchristen war der Heidenmissionar im Unrecht. Auf Grund all dieser sehr verschiedenen Hinweise kann man annehmen, daß Petrus nicht nur die missionarische Verkündigung, sondern auch der Aufbau, die Struktur und der Zusammenhalt der z.T. recht verschiedenen Gemeinden am Herzen lag, zunächst im jüdischen Palästina, aber nach der Bekehrung des Cornelius und der Vertreibung durch die Agrippaverfolgung auch über dessen Grenzen hinaus in Syrien und schließlich bis nach Rom. So wie Paulus ein „Netzwerk" auf ihn bezogener Gemeinden schuf, wird es auch ein Netz von auf Petrus ausgerichteten Gemeinden gegeben haben. In Antiochien könnte man von einer „Verdrängung" des Paulus durch Petrus sprechen, in Korinth war eine zeitlang eine ähnliche Entwicklung zu befürchten. In Rom bestanden paulinische und petrinische Hausgemeinden wohl nebeneinander. Der Anlaß zu örtlichen Konflikten war hier immer leicht gegeben. Die vielseitigen Mahnungen zur Einheit quer durch das ganze Neue Testament zeigen, daß diese immer bedroht und durchaus nicht selbstverständlich war. Auch das Doppelwerk des Lk hat – u.a. auch – in der Zeit zwischen 75 und 85 die Überwindung von Spannungen in der Kirche zum Ziel. Wenn schließlich Mt 16,18 ca. 10–20 Jahre später in so einzigartiger Weise den Bau der Kirche durch Christus selbst mit dem „Felsenmann" verbindet, so ist dies mit dadurch begründet, daß Mt davon überzeugt ist, daß Petrus sich in besonderer Weise um den Zusammenhalt der teilweise so verschiedenen Jesusgemeinden untereinander, man könnte auch sagen: um die Einheit der Kirche, bemüht hat. Es ist ja ein

Wunder, daß die Urkirche trotz vielfältiger Konflikte und Spannungen nicht schon im 1. Jh. in verschiedene, sich z.T. bekämpfende Gruppen auseinandergefallen ist. Auch die Einflußnahme des Petrus, durch eigene Reisen und durch Boten, auf paulinische Missionsgemeinden, etwa in Korinth, mag mit diesem Bestreben um Einheit – in seinem Sinne – zusammenhängen. Ein ungeduldiges, allzu selbstbewußtes Drängen zur „Einheit" kann freilich auch Konflikte vertiefen.

Es fällt auf, daß Petrus in der Apg – im Gegensatz zu Paulus – keine eigenen Gemeinden begründet, sondern schon bestehende besucht, man könnte auch sagen „inspiziert", so in Samarien und Lydda, oder aber durch eine Notlage gerufen wird, so in Joppe.[307] Die Bekehrung des Cornelius in Caesarea ist nach Lk ein durch Gottes wunderbares Eingreifen bewirkter Sonderfall, wobei nicht zu übersehen ist, daß für Lk dort bereits Philippus als Missionar wirkte.[308] Dem Rang des römischen Centurio entspricht es freilich, daß er und sein Haus sich durch die Verkündigung des führenden Apostels zu Jesus bekehren. In Antiochien besucht Petrus schließlich die wichtigste Gemeinde in Syrien.

[307] Apg 8,14ff.; 9,32ff.36ff.

[308] Apg 8,40 vgl. 21,8ff. Die Bekehrung des äthiopischen Finanzministers, bei dem unklar bleibt, ob er Vollproselyt oder nur Gottesfürchtiger war, bedeutete einen ersten vorsichtigen Schritt zur Heidenmission.

Die sehr selbstbewußten *Gegner des Paulus in Korinth*, die mit Empfehlungsbriefen anreisen[309] und ihm seine apostolische Würde absprechen, treten mit einem Anspruch auf, daß er – das ist natürlich bittere Ironie von seiner Seite – „es nicht wage", sich ihnen „gleichzustellen oder sich mit ihnen (τισίν) zu vergleichen". Gleichzeitig wirft er ihnen vor, daß sie, im Gegensatz zu ihm, in „fremde (missionarische) Arbeitsgebiete einbrechen und sich dort maßlos über das bereits (von anderen) Geschaffene rühmen".[310] Bei diesen einflußreichen Missionaren, hinter denen ein großer Autoritätsanspruch steht, handelt es sich – ich verweise auf das schon Gesagte[311] – am ehesten um Abgesandte der Petrusmission. Sie stellen das Recht seines apostolischen Wirkens in Korinth grundsätzlich in Frage; doch er, der die dortige

[309] 2 Kor 3,1 ff. Der Begriff συνιστάνειν „empfehlen" häuft sich in 2 Kor auffällig: vgl. 4,2; 5,12; 6,4; 7,11; 10,12.18; 12,11.

[310] 2 Kor 10,12–18: εἰς τὰ ἄμετρα καυχώμενοι ἐν ἀλλοτρίοις κόποις (V. 15), οὐκ ἐν ἀλλοτρίῳ κανόνι εἰς τὰ ἕτοιμα καυχήσασθαι (V. 16). Zu diesem schwierigen Text s. M. E. THRALL, Second Corinthians (Anm. 231), II, 100–109. Zu dem Begriff κάνων (10,13.15), der hier in erster Linie die „geographische" Bedeutung eines dem Paulus durch Gottes Führung „zugemessenen" Missionsgebietes hat, s. BAUER/ALAND, WNT^6, 817 f. und die bei W. BEYER, ThWNT III, 603, Z. 24 ff. aufgeführten Belege. Vgl. H. WINDISCH, Der zweite Korintherbrief, Göttingen ^{9}1924, Neudruck hg. v. G. Strecker, Göttingen 1970, 312: „Sie haben sich in sein Arbeitsfeld hineingesetzt und prahlen mit Leistungen, die gar nicht die ihren sind".

[311] S. o. S. 111–118.

Gemeinde durch das Evangelium begründete,[312] hat sich damit durchaus nicht übernommen, die ihm von Gott bestimmte Grenze seines Missionsauftrags im Gegensatz zu seinen Widersachern nicht „überspannt",[313] ja er ist zuversichtlich, wenn die Dinge in Korinth geordnet sind, auch in Gebieten jenseits von Achaia, d.h. bis nach Spanien, damals das Ende der bewohnten Welt (Röm 15,24.28), das Evangelium zu verkündigen, ohne dabei wie die Gegner in eine schon von anderen geleistete Missionsarbeit einzugreifen.

Das Auftreten von konkurrierenden judenchristlichen Missionaren aus dem jüdischen Palästina oder aus Syrien, die m.E. mit der Petrusmission zusammenhängen und sein Apostolat bestreiten, ihn persönlich angreifen und den Wert seiner missionarischen Arbeit herabsetzen, ist für Paulus deshalb so schmerzlich, ja bedrohlich, weil die von ihm gegründeten Gemeinden bei der Parusie des Kyrios seinen „Ruhm" offenbar machen sollen: Sie sind seine „Hoffnung, Freude, sein Ruhmeskranz (στέφανος καυχήσεως) und seine Ehre (δόξα)" (1 Thess 2,19 f.), oder in einem Wort: sein καύχημα „auf den Tag Christi" (Phil 2,16 vgl. 2 Kor 1,14). Zu diesem Ruhm gehört auch

---

[312] S. 1 Kor 3,10 ff.; 15,1 ff.

[313] 2 Kor 10,14: οὐ (...) ὑπερεκτείνομεν, s. dazu BAUER/ALAND, WNT[6], 1675. In Jak 4,13 ff. liegt m.E. eine indirekte Polemik gegen die Länder und Meere übergreifenden Missionspläne des Paulus vor. 2,20–26 ist so nicht die einzige Pauluskritik in diesem Brief, s. M. HENGEL, Kleine Schriften III (Anm. 21), (511–548) 529–533.

sein Verzicht auf Unterhalt durch die Gemeinden, der ihm als Mangel an apostolischer Vollmacht ausgelegt wird (1 Kor 9,15 ff. vgl. 2 Kor 11,9 f.). Obwohl er weiß, daß aller Selbstruhm töricht ist, muß er, um seine Gegner, die er in der Anonymität beläßt, mit ihren eigenen Waffen zu schlagen, selbst von dieser „Torheit" in seiner ergreifenden „Narrenrede" (2 Kor 11,16–33) Gebrauch machen, die im paradoxen Rühmen seiner „Schwachheit" gipfelt. Man wird bei dieser Auseinandersetzung an den Streit der Zwölf (Mk 9,33–37 parr.) darüber, „wer der Größere sei", und an Jesu Antwort erinnert: „Wer der erste sein will, der muß der Letzte und aller Diener sein."

Den *Römerbrief* schreibt Paulus im Winter 56/57 in Korinth, nicht allzulange nach 2 Kor, den er, seine Ankunft dort vorbereitend, in Makedonien verfaßt hat.[314] Vor allem in Röm 15 spricht er Probleme an, die

---

314 Vgl. Apg 20,1–3; 2 Kor 2,13; 7,5; 8,1. Gegenüber den verschiedenen Briefeinteilungshypothesen bin ich skeptisch. Der letzte Briefteil 2 Kor 10–13 könnte vielleicht aus einem gesonderten Schreiben stammen, daß es mit dem 2,3 erwähnten Tränenbrief identisch ist, ist unwahrscheinlich. Ich halte darum nach wie vor die Überlegungen von H. LIETZMANN, An die Korinther I/II, HNT 9, Tübingen ⁴1949, 139 f. für bedenkenswert: So ist der Brief sicher nicht an einem Tag entstanden, und für den Bruch zwischen c. 9 und 10 mag „die Annahme einer schlaflos durchwachten Nacht (genügen)". „Pls ist kein Briefschreiber, an den man den normalen Maßstab anlegen dürfte, und deshalb ist das Problem der Exegese seiner Briefe weniger ein literarkritisches (wie man früher meinte), sondern ein psychologisches. Auch I 16,22 Gal 6,11–17 finden wir am Ende des Briefes temperamentvolle Nachträge, Rm 16,17–20

auch in der Auseinandersetzung mit seinen petrinischen Gegnern in Korinth eine Rolle spielten und die zeigen, daß es sich bei diesen nicht nur um eine Randgruppe handelt, sondern um eine einflußreiche, wohlinformierte „konkurrierende" Missionsbewegung. In Röm 15,18 f. betont er ähnlich wie in 2 Kor 13,3 den Erweis seiner (apostolischen) Vollmacht „in der Kraft von Zeichen und Wundern".[315] Darauf folgt ein geographischer Hinweis auf sein bisheriges missionarisches Wirken. „So konnte ich mit Jerusalem beginnen und einen Kreis beschreibend bis Illyrikum (die Verkündigung) des Evangeliums von Christus zum Abschluß bringen".[316] Unvermittelt fügt er hinzu: „Dabei legte ich meine Ehre darein, das Evangelium nicht dort zu verkündigen, wo Christus (schon) genannt worden war, damit ich nicht auf ein fremdes Fundament baue",[317] und er begründet dies mit einem Septuagintazitat aus dem Gottesknecht-

---

sogar einen Angriff auf Gegner, von denen im ganzen Brief sonst nichts verlautet, also eine gute Parallele zu unsern Kapiteln." W. G. KÜMMEL in seinem Anhang zu LIETZMANNS Kommentar, 208 zu S. 139 verweist darauf, daß A. SCHLATTER „mit Recht betont, daß Paulus erst in 10–13 von seinen Zukunftsplänen in Korinth ausführlicher spricht."

[315] S. o. S. 124 f.

[316] Röm 15,19 b, zu κυκλῷ s. BAUER/ALAND, WNT⁶, 928, zu πεπληρωκέναι s. op. cit. 1349 unter 3. Zu dem scheinbaren Widerspruch zu Gal 1,15–24 s. HENGEL/SCHWEMER, Paulus, 147 f.163.226.228.

[317] Röm 15,20: ἵνα μὴ ἐπ᾽ ἀλλότριον θεμέλιον οἰκοδομῶ. Die Nähe der Ausdrucksweise zu 1 Kor 3,10 ist auffallend s. o. S. 25 ff.

lied Jes 52,15. Dieser – sachlich unnötige – Hinweis wird am besten verständlich, wenn sich Paulus damit von einer anderen konkurrierenden Missionsbewegung abgrenzt, die seiner Ansicht nach mit Vorliebe auf „ein fremdes Fundament" (ἐπ' ἀλλότριον θεμέλιον) baute, d. h. sehr wahrscheinlich der Petrusmission. Darum kündigt er sich Röm 15,23 ff. nicht in Rom als Missionar an, sondern nur als durchreisenden Besucher auf dem Wege nach Spanien, der in der römischen Metropole eine erfreuliche Begegnung mit Glaubensbrüdern und die Unterstützung auf der Weiterreise erhofft.[318] Von den Gründern der römischen Gemeinde spricht er wie auch Lk in der Apg mit keinem Wort. Sie besteht, wie Röm 1,10–13 und 15,22 zeigen, schon seit längerer Zeit und könnte bei den vielfältigen Beziehungen zwischen Jerusalem und Rom, von der Heiligen Stadt aus gegründet, fast so alt sein wie die Gemeinde in Antiochien. Dies würde von Anfang an auch eine Beziehung zwischen Petrus und den unbekannten judenchristlichen Gemeindegründern nahelegen, eine Beziehung, die auch die spätere Reise des Petrus nach Rom erklären könnte. Leider wissen wir nicht, wann (und wie oft) er dorthin kam. Der Römerbrief, mit dem Paulus sein Evangelium vorstellt, das er als Apostel verkündigt, hat zugleich apologetischen Charakter. Er geht darin auf Fragen

[318] Röm 15,22–24 vgl. 2 Kor 10,16. In Röm 1,13 f. spricht er noch anders, offenbar hat er im Verlauf der Entstehung des Briefes seine Argumentation verändert.

ein, die die römischen Christen ihm gegenüber stellten, wobei davon auszugehen ist, daß sie mit Jerusalemer, petrinischer Tradition vertraut sind – sonst würde Petrus in der späteren Evangelientradition von Mk bis Joh, aber auch in der Apg und 1 Clem nicht eine solche zentrale Rolle spielen. Vielleicht war er schon vor Paulus in Rom gewesen. Wenn der Heidenapostel so nachdrücklich betont, daß er schon lange die römischen Christen sehen wollte,[319] warum sollte dies bei dem Felsenmann nach seiner Vertreibung aus Jerusalem ca. 42/43 nicht auch der Fall gewesen sein?[320] Als der bis dahin führende Mann in der Urgemeinde und dann auch in Syrien und darüber hinaus verfügte er gewiß auch über eine größere Zahl von überwiegend judenchristlichen Missionsgehilfen, die die griechische Sprache einwandfrei beherrschten. Er war wohl in diesem Punkt in einer besseren Situation als der Außenseiter Paulus, der für seine dritte Reise keinen Jerusalemer Reisebegleiter mehr hatte. Das Ansehen und der Einfluß des Petrus bei den in vielen Missionsgemeinden der Diaspora außerhalb Palästinas immer noch führenden Judenchristen muß groß gewesen sein – das zeigt uns der Konflikt in Antiochien – und wird ebenso für Rom gelten. Vermutlich waren die

---

[319] Röm 1,11–15, vgl. 15,22.

[320] Dies gilt zumindest bis zur Vertreibung der Juden(christen) aus Rom durch Claudius ca. im Jahre 49 (Apg 18,2) und dann wieder nach dessen Tod 54 n. Chr. und dem Herrschaftsbeginn von Nero. S. dazu R. RIESNER, Frühzeit (Anm. 254), 139–180; HENGEL/SCHWEMER, Paulus (Anm. 92), 389–392.

zerstreuten Hausgemeinden in der Großstadt Rom zugleich „Richtungsgemeinden". Das wird für die in Röm allein als ἐκκλησία angesprochene „Hausgemeinde" von Priska und Aquila (Röm 16,3–5 a) gelten, die paulinisches Gepräge besaß, während andere nach Petrus oder – noch stärker judenchristlich beeinflußt – nach Jakobus ausgerichtet waren. Das judenchristliche Element besaß vor 70 die geistige Führung – das zeigt von seinen dort verarbeiteten Traditionen her selbst noch der eine Generation später entstandene Clemensbrief.[321] Die „Petrusmission" wird so in der Hauptstadt eine wesentliche Rolle gespielt haben, die kaum geringer, ja vielleicht größer war als die paulinische. Dies würde unsere These bestätigen, daß Petrus nicht nur eine überragende Autorität, sondern auch ein fähiger Organisator und „Missionsstratege" war. Die Aufgabe „weltweiter Mission", die uns schon in klarer Form im frühesten Evangelium bei Mk begegnet[322] und die auch Lk und Mt mit aller Deutlichkeit fordern, hat – zumindest in seiner späteren Zeit – auch er vertreten und sie schloß

---

[321] Das Schlußgebet hat noch ganz jüdischen Charakter, s. dazu H. LÖHR, Studien zum frühchristlichen und frühjüdischen Gebet. Untersuchungen zu 1 Clem 59 bis 61 in seinem literarischen, historischen und theologischen Kontext, WUNT 160, Tübingen 2003. Selbst die von Justin, apol. 1,67 geschilderte gottesdienstliche Feier in Rom ist in ihrem ersten Teil ganz vom Synagogengottesdienst abhängig. Paulus weist in Röm 9–11 den Vorwurf der Judenfeindschaft zurück und warnt in 11,17–24 vor einer solchen.

[322] Mk 13,10 parr.; 14,9 parr. vgl. 1,17.

für ihn die Verkündigung unter den „Heiden“ mit ein. Sie war kein paulinisches Monopol. Briefe jedoch, wie sie uns der ehemalige pharisäische Schriftgelehrte aus Tarsus schenkte, hat der ehemalige Fischer vom See Genezareth nicht verfaßt. Er konnte darum auch seine Theologie für die spätere Kirche nicht so überzeugend vertreten.

Seine letzten ca. 16 Jahre vom „Apostelkonzil“ 48/49 bis zu seinem Martyrium bleiben leider fast ganz im Dunkeln. Wir müssen – zumindest zunächst – jenen tiefgehenden und folgenreichen, nicht zuletzt auch persönlich bedingten Konflikt des Jahres 52/53 mit Paulus als Weichenstellung voraussetzen. Gleichwohl waren gerade diese 16 Jahre entscheidend für seinen wachsenden Einfluß auf die immer „heidenchristlicher“ werdende Kirche des Westens.[323] Nach allem bisher Gesagten sollte

[323] Ph. Vielhauer, Kephaspartei (Anm. 216), 351 f. (= Oikodome [Anm. 5], 180) unterstellt der Kephaspartei in Korinth, daß sie „für ihren (...) Lehrer Exklusivitäts- und Totalitätsansprüche erhob“ und betont abschließend: „Aber die Kephasideologie lebte weiter. Sie war ja nicht auf Korinth beschränkt, sondern dort von außerhalb eingeführt und bestand auch anderwärts“. Dagegen sei es „innerhalb des johanneischen Kreises (...) zum Widerstand gegen petrinische Primatsansprüche gekommen“. Am Ende führen „sehr verschlungene Wege“ über „Mt 16,17–19 zur römischen Primatialdoktrin“. Dagegen liege „über den Anfängen, dem ‚Sitz im Leben‘ und dem ‚historischen Kern‘ der Kephasideologie (...) tiefes Dunkel“ (352/181 f.). Hier wird aus historisch zutreffenden Beobachtungen am Ende doch ein ideologisches Konstrukt gesponnen. Die auffallende Bedeutung

der galiläische Fischer in seinen kirchen- und theologiegeschichtlichen Wirkungen auch in dieser Zeit zwischen ca. 48/49 und 64/66 gegenüber dem pharisäischen Schriftgelehrten aus Tarsus, der durch seine großartigen Texte für uns als erster urchristlicher Theologe greifbar wird, nicht unterschätzt oder verdrängt werden. Das Felsenwort Mt 16,17–19, der Hinweis auf den Glauben des Petrus, der durch Jesu Fürbitte nicht wanken wird und durch den er seine Brüder stärken soll (Lk 22,32), sowie die dreifache Aufforderung des Auferstandenen, seine Herde zu weiden (Joh 21,15–17), beschränken sich nicht allein auf die Frühzeit, sondern *betreffen das ganze Wirken des Petrus bis zu seinem Martyrium.* Derartige Petrustexte in den Evangelien wären ohne dessen intensive Wirksamkeit in diesen für uns dunklen Jahren überhaupt nicht entstanden bzw. nicht überliefert worden.

---

des „Felsenmannes" in der Urkirche liegt – wie auch bei Paulus und dem Herrenbruder Jakobus – in der besonderen und über Jahrzehnte bis zu seinem Tode andauernden *Autorität* seiner Persönlichkeit als Jünger Jesu, theologischer Lehrer, Missionar und überregionaler Gemeindeleiter, und man kann hinzufügen: nach seinem Tode als Märtyrer. Vom „Primat" des Petrus – wenn man diesen belasteten Begriff gebrauchen will – führt m. E. gerade kein nachvollziehbarer historisch und theologisch gangbarer Weg zum späteren päpstlichen „Primat". Dagegen spricht die apostolische Einzigartigkeit des Jesusjüngers wie auch das relativ späte Aufkommen des Primatsanspruchs.

6.3 Versöhnung mit Paulus?

Kam es am Ende wieder zu einer Annäherung oder gar Versöhnung? Wir wissen es nicht, möchten es aber vermuten. Beiden, dem ehemaligen Verleugner und dem Verfolger, lag die letztlich christologisch begründete Einheit der Kirche am Herzen: Christus war für sie nicht „zerteilt" (1 Kor 1,13). Beide wußten auch aus eigener Erfahrung, daß ihr Glaube aus der Vergebung lebt, und beide waren sich Jesu Gebot der persönlichen Vergebung bewußt, das über alle menschlichen und theologischen Differenzen hinausreicht. Nicht umsonst hat Jesus dieses Gebot in die vierte Vaterunserbitte hineingenommen.[324] Daß es zwischen der Ankunft des Paulus in Rom und der neronischen Verfolgung, d. h. zwischen 60 und 64/65, wieder zu einem persönlichen Kontakt kam, ist durchaus möglich. Ein – kleines – Indiz für eine Annäherung könnte der Name des *Markus* sein, der in Kol 4,10 (dort als Neffe des Barnabas gekennzeichnet), 2 Tim 4,11 und Philemon 24 unter den Mitarbeitern des Paulus, immer auch zusammen mit Lukas,[325] genannt wird. Freilich stammt nur der Philemonbrief sicher aus der Hand des Paulus, und wir wissen nicht, von wo aus dieser kleinste der Gefangenschaftsbriefe geschrieben wurde: In Frage

---

[324] Lk 11,4; Mt 6,12 ist es die fünfte Bitte.

[325] Kol 4,14: ὁ ἰατρὸς ὁ ἀγαπητός, Phm 24; 2 Tim 4,11. Vgl. Apg 12,12.25; 15,37: Johannes Markus; 15,39: nur Markus; 13,13: nur Johannes.

kommen Ephesus oder später Caesarea und Rom.[326] Den Kolosserbrief schrieb wohl ein Schüler, und 2 Tim ist, wie die Pastoralbriefe überhaupt, sehr spät, etwa gleichzeitig mit den Ignatianen, und setzt ziemlich deutlich die Kenntnis der Apostelgeschichte voraus.[327] Der Brief erhält (in gewisser Fortsetzung der Apg) den Charakter eines Testaments vor dem Märtyrertod des Apostels.[328] 2 Tim 4,11: „Markus (...) bringe mit dir, denn er ist nützlich zum Dienst", sieht fast wie eine versöhnliche Geste aus, die den Bruch von Apg 15,37–39 wiederaufheben soll. Damals brach Paulus in heftigem Streit mit Barnabas,[329] weil er Johannes Markus als Missionsgehilfen für untauglich hielt. „Deutero-Paulus"

326 Die Frage bleibt unlösbar.

327 S. dazu 2 Tim 3,11 die geographische Sequenz Antiochien (in Pisidien), Ikonium und Lystra, die nicht aus mündlicher Tradition stammt, sondern auf eine literarische Abhängigkeit hinweist, und dazu Apg 13,14.51; 14,1.6.8.19, dazu die sehr persönlichen Angaben über Timotheus 2 Tim 1,3 ff.; 3,15; Apg 16,1, weiter die Ortsangaben 2 Tim 4,12.20 und die Anspielungen auf die Abschiedsrede in Milet 4,3 = Apg 20,29 und 4,7 = Apg 20,24; 4,16 und Apg 22,1; auch die sprachlichen Bezüge zum lukanischen Werk sind auffallend, auf der anderen Seite bestehen aber auch große Unterschiede. So kennt Lk noch kein monarchisches Bischofsamt und keine Hochchristologie. Fast möchte man als Verfasser der Pastoralbriefe einen Lukasschüler annehmen. Es scheint, mit Lk beginnend und sich in den Pastoralbriefen und mit Polykarp fortsetzend, so etwas wie eine konservative vermittelnde „Paulusschule" gegeben zu haben.

328 2 Tim 4,6–8.16–18.

329 Apg 15,37–38 und 13,13, s. o. S. 94 f. und Anm. 188.

will damit den Schaden heilen. Auch der erste Petrusbrief[330] hat u.a. den Charakter eines Testaments und eine Anleitung zum Leiden in den Fußspuren Jesu und des Apostels, der in 1 Petr 5,1 „Zeuge der Leiden Christi" genannt wird. 1 Petr 5,13 wäre dann eine deuteropetrinische Entsprechung zur Rolle des Mk in der späteren paulinischen Überlieferung; der Zusatz „mein Sohn" deutet ja auf ein enges Lehrer-Schüler-Verhältnis hin.[331] 1 Petr und der spätere 2 Tim verweisen beide auf Rom.

Wie dem auch sei – wir wissen ja wenig Exaktes –, ihren Tod als Märtyrer in Rom während oder kurz nach der neronischen Verfolgung, der sie wieder verbindet, sollte man nicht mehr bezweifeln.[332] Die kirchliche

---

[330] Dasselbe gilt von dem ca. 20–30 Jahre späteren 2. Brief.

[331] S. dazu spätere Deutungen u. S. 215 ff. Auch die Erwähnung des „treuen Bruders" Silvanus, des ehemaligen Paulusbegleiters auf der zweiten Reise nach dem Apostelkonzil und jetzigen Briefboten nach Kleinasien, geht in dieselbe Richtung. Offenbar will auch 1 Petr eine Brücke schlagen. 2 Petr 3,15 f. spricht dann „von unserem lieben Bruder Paulus", der nichts dafür kann, daß seine Briefe von Häretikern mißbraucht werden.

[332] Die Auseinandersetzung darüber läßt sich seit den Waldensern im Mittelalter nachweisen und wurde seit der Aufklärung z.T. recht erbittert geführt. Eine knappe Übersicht über die Bestreiter und Befürworter bis 1961 gibt W. Bauer, in: NTApo[3] II, 22. Vor allem K. Heussi hat in zahlreichen Veröffentlichungen bei Petrus die Ungeschichtlichkeit des römischen Aufenthalts und Martyriums vertreten. Wie sehr sich ein bedeutender Gelehrter methodisch verirren konnte, zeigt seine letzte Studie zum Thema: Die römische Petrustradition in kritischer Sicht, Tübingen 1955. S. auch o. S. 8 f. und u. S. 204 f.

Überlieferung hat die beiden größten Lehrer der Urkirche, die etwa zur selben Zeit und in derselben Stadt den Zeugentod starben, seit dem 1. Clemensbrief, d. h. schon gegen Ende der neunziger Jahre, aufgrund bereits festgefügter römischer Tradition, die auch Ignatius kennt,[333] trotz der zwischen ihnen zeitweise bestehenden erheblichen Spannungen und aller theologischen Unterschiede, im Blick auf ihre einzigartige Wirksamkeit für die Kirche Jesu Christi *sachlich zu Recht* zusammengesehen und als bleibende Zeugen für die „Wahrheit des Evangeliums" vereinigt. Vielleicht sollte man den 29. Juni, das Fest von Peter und Paul, das seit der Mitte des 4. Jh.s bezeugt ist, in besonderer Weise zu einem ökumenischen Festtage machen.[334]

Beide, Petrus und Paulus, und als dritter im Bunde das mit dem Namen Johannes verbundene Corpus sind *die tragenden Säulen der neuen Botschaft*, die für

---

[333] IgnRöm 4,3. Smyr 3,2 erwähnt Petrus als Anführer der Jünger und Auferstehungszeugen, IgnEph 2,2 Paulus als Gründer der Gemeinde in Ephesus, Briefschreiber und Märtyrer.

[334] Vor allem W. Bauer, Rechtgläubigkeit und Ketzerei im ältesten Christentum, Tübingen 1934/^{2}1964, BHTh 10, 115–133 sah in der Verbindung von Petrus und Paulus seit 1 Clem 5 ein antihäretisches „Werbe- und Kampfmittel": sicher zu Unrecht. Beide waren bei allen Unterschieden wirklich die führenden Köpfe im Urchristentum, und daß sie in der Reichshauptstadt starben, hängt damit zusammen, daß sie beide dort hinstrebten. Die „antihäretische" Rolle Roms im 2. Jh. wird überhaupt bei Bauer stark übertrieben. Die römische Gemeinde war gegenüber der „theologischen Vielfalt" des 2. Jh.s erstaunlich großzügig.

alle Menschen gilt. Ihnen verdanken wir vor anderen das *apostolische Zeugnis*, die Grundlage unseres gemeinsamen Glaubens und den Ausgangspunkt allen ökumenischen Nachdenkens. Wie ihr Zeugnis, auf dem die Kirche ihren Glauben gründet, sich nicht beliebig weiterführen und ausweiten läßt, so sind auch die apostolischen Zeugen selbst einzigartig und in ihrer Autorität nicht ersetzbar oder fortsetzbar. Es gibt daher auch kein „Petrusamt", das sich in der Geschichte der Kirche weiterentwickelt und immer neue, wachsende autoritative Ansprüche erheben kann. Gerade die verschiedenen Petrustexte, die wie Mt 16,18 f., Lk 22,31 f. oder Joh 21,15–18 den Besucher der Peterskirche beeindrucken, *weisen in Wirklichkeit auf den besonderen, einmaligen „apostolischen Dienst" zurück, den der „Felsenmann" der werdenden Kirche geleistet hat.*

7. Fazit: Zehn Punkte

Das Ergebnis unserer Überlegungen läßt sich in zehn Punkten zusammenfassen.

1. Der matthäische Christus zeichnet mit dem Felsenwort den ersten Jünger als autoritative einzigartige Person im Kreis der Zwölf aus und unterscheidet ihn eben damit auch als späteren Lehrer, Missionar und Gemeindeleiter von den anderen Jüngern.

2. Der Beiname *Kêphāʾ* geht auf Jesus selbst zurück, dabei ist die Bedeutung „Fels" bzw. „Felsbrocken" von

Anfang an wahrscheinlicher als die heute beliebte Konnotation „Stein".

3. Das griechische Wortspiel πέτρος – πέτρα ist darum keine Erfindung des Mt, sondern wird schon ganz früh nach Ostern, etwa bei den Hellenisten in Jerusalem gebildet worden sein.

4. Rückblickend ist das Stichwort „Fels", auf den Christus seine Kirche baut, nicht allein von einzelnen Funktionen des Petrus, etwa als Sprecher der Jünger, Empfänger der Protovision des Auferstandenen oder Leiter der Jerusalemer Urgemeinde abhängig, sondern kennzeichnet die ganzen über 35 Jahre seiner Wirksamkeit von seiner Berufung bis zu seinem Martyrium in Rom.

5. Er ist in Jerusalem entschieden für die Öffnung der neuen messianischen Bewegung für die „Völker" eingetreten, weil Jesu Heilswerk die nationalen jüdischen Schranken zerbrach und sich in ihm die profetische Verheißung für die Völker erfüllte. Seit der Agrippaverfolgung (ca. 43 n. Chr.) war er als führender Missionar für die Juden mehr und mehr außerhalb von Eretz Israel tätig und sprach dabei auch Gottesfürchtige in den Synagogen, die rechtlich Heiden waren, an.

6. Andererseits wollte er auf die immer stärker bedrängte judenchristliche Gemeinde in Jerusalem Rücksicht nehmen, die etwa seit 43 n. Chr., als Petrus fliehen mußte, unter der Leitung des Herrenbruders Jakobus stand, und jedes Verhalten, das den Vorwurf der Apostasie vom Judentum herausforderte, der gegen Paulus

erhoben wurde, vermeiden. So vertrat er nachdrücklich auf dem Apostelkonzil in Jerusalem die Freigabe der Heidenmission ohne Forderung der Beschneidung, geriet aber dann wenige Jahre darauf in Antiochien in einen schweren Konflikt mit Paulus, der den Vorschlag des Petrus, die juden- und heidenchristliche Eucharistiefeier mit Rücksicht auf die bedrängten Judenchristen in Jerusalem aus Reinheitsgründen zu trennen, in aller Schärfe ablehnte.

7. Die Nachwirkungen dieses Konflikts sind in verschiedenen Paulusbriefen (Galaterbrief, 1. und 2. Korintherbrief und teilweise Philipper- und Römerbrief) zu spüren. Es wird darin angedeutet, daß Petrus nun selbst mehr und mehr zum Juden- *und* Heidenmissionar wurde, wobei er als der ehemalige Jesusjünger und autoritative Träger von Jesustradition auch in überwiegend heidenchristlichen Gemeinden in hohem Ansehen stand. Die „Kephaspartei" in Korinth ist ein Indiz für diese Entwicklung. Die Bedeutung des Petrus in den späteren „nachapostolischen" Schriften einschließlich der Evangelien ist mit durch diese ausgeweitete missionarische Tätigkeit ab Ende der vierziger Jahre bedingt. Ein Problem ist, daß Lk zwar Petrus bei Cornelius die Heidenmission begründen läßt, von der späteren Wirksamkeit des Petrus nach dem „Konzil" aber schweigt, um den Konflikt zwischen Petrus und Paulus umgehen zu können.

8. Petrus als bevollmächtigter Garant von Jesusüberlieferung tritt deutlich im Evangelium seines Schülers

Markus hervor, in dem er eine gern unterschätzte, beherrschende Rolle spielt, die sich auf die späteren Evangelien des Lk und vor allem des Mt überträgt. Selbst Joh kann sich dieser nicht entziehen. Es ist die Petrusüberlieferung hinter dem zweiten Evangelisten, die Lk und Mt veranlaßte, sich weitgehend auf sein Evangelium zu gründen. Im 2. Jh. war man sich dieses Sachverhalts noch bewußt und hat eben darum Mk in den „Vierevangelienkanon" miteingeschlossen.

9. Petrus muß, obwohl er weder eine schriftgelehrte Ausbildung wie Paulus erhalten hatte noch wie dieser in der griechischen Sprache rhetorisch-literarisch versiert war, auch ein theologisch kraftvoller Denker, eindrücklicher Verkündiger und fähiger Organisator gewesen sein, sonst hätte er im Kreis der Jesusjünger, in Jerusalem und später als Missionar bei Juden und Heiden nicht diese einzigartige Rolle spielen und so hohes Ansehen gewinnen können. Die christologisch-soteriologischen Grundlagen des christlichen Kerygmas, die sich nach Ostern erstaunlich rasch herausbilden, und das urchristliche Ethos können nicht ohne seinen wesentlichen Einfluß entstanden sein. In späteren Jahren muß man eine von ihm ausgehende eigenständige Mission zwischen Jerusalem und Rom annehmen. In ihr besaß die Jesusüberlieferung ein großes Gewicht, war Petrus doch darin dem – erfolgreicheren – Heidenmissionar Paulus überlegen, von dem er gleichwohl theologisch nicht durch einen unüberbrückbaren Graben getrennt war. Die Übereinstimmungen in den Grunddaten der

neuen Botschaft werden zwischen beiden trotz des beim Zwischenfall in Antiochien aufbrechenden schweren Konflikts und trotz der erbitterten Auseinandersetzung mit Missionsboten des Petrus in 2 Kor 10–12 überwogen haben.

10. Beide waren überragende, ja einmalige urchristliche Lehrer; *beiden zusammen verdanken wir die entscheidenden Inhalte des apostolischen Zeugnisses*, dem Paulus durch seine Briefe, dem Petrus durch die synoptischen Evangelien, insbesondere des Mk und Mt, während Lk in seinem Doppelwerk notwendigerweise zwischen beiden zu vermitteln sucht. Johannes (bzw. das Corpus Johanneum) ist der eigenständige dritte große Zeuge, der seinerseits das Werk der beiden voraussetzt.

Dieses *gemeinsame „apostolische Zeugnis"* ist trotz der in ihm enthaltenen offensichtlichen Spannungen für die Kirche *einzigartig* und – im vollen Sinne des Wortes – *grundlegend*. Seine sachgemäße Auslegung ist die zentrale Aufgabe aller christlichen Konfessionen. Das ökumenische Gespräch kann in sinnvoller Weise nur auf dieser allen gemeinsamen Grundlage geführt werden. Dieses ursprüngliche Zeugnis setzt sich nicht inhaltlich ad infinitum weiterwachsend fort, sondern will uns, jede Generation neu, *zu sich zurückführen*. Durch solche Umkehr und Rückkehr baut Christus nach Mt seine Gemeinde auf dem „Felsen" Petrus.

II. Die Familie des Petrus und andere apostolische Familien

1. Markus und die anderen Evangelisten

Der Evangelist Markus war nach Papias, dem Bischof von Hierapolis in Phrygien um 130, nach Irenäus von Lyon um 180 und nach Clemens Alexandrinus um 200 der Dolmetscher und Schüler des Petrus. Der zuletzt genannte Autor fügt noch die Nachricht der Entstehung des Evangeliums in Rom hinzu. D. h., das Markusevangelium beruht auf guter petrinischer Tradition. Papias beruft sich dabei auf das Zeugnis des „Alten Johannes", d. h., diese Nachricht mußte ein oder zwei Generationen älter sein und noch aus dem 1. Jh. stammen.[335] Es gehört heute freilich bei „fortschrittlichen" evangelischen und katholischen Exegeten zum guten Ton, diese Angaben entschieden zu bestreiten, obwohl nicht nur 1 Petr 5,13: „Es grüßt euch die Mitauserwählte (Gemeinde) in Babylon (d. h. in Rom) und Markus, mein Sohn",[336]

[335] Nach Euseb, h. e. 2,15 und 3,39,15; vgl. Irenäus, adv. haer. 3,1,1. S. o. S. 58–78.

[336] Der Brief ist etwa um 100 von einem Petrusschüler verfaßt worden und stammt nicht vom Apostel selbst. S. o. S. 18 f. Zu 1 Petr 5,13 s. auch u. S. 215 ff.

sondern auch Justin der Märtyrer in der Mitte des 2. Jh.s auf diesen Zusammenhang hinweisen.[337] Auch die einzigartige Hervorhebung des Simon Petrus im zweiten Evangelium selbst spricht dafür. Simon Petrus ist der erste und letzte Jüngername im Evangelium, er bildet so eine bewußte *inclusio* und ist zugleich der mit Abstand am häufigsten genannte Jünger.[338] Eben von diesem Schüler des Petrus, Markus, erhalten wir einen ganz persönlichen, fast vertraulichen Hinweis auf den ersten und mit Abstand wichtigsten Jünger des Evangeliums, den Lk und Mt übernehmen:[339] *Simon*, dem Jesus den Namen *Kephāʾ*, d.h. griechisch Petros, gab,

[337] Justin, dial. 106,3 zitiert Mk 3,16f. als Evangelium des Petrus. Das Markusevangelium blieb erhalten, obwohl es von dem viel umfangreicheren des Matthäus zu über 80% ausgeschrieben wurde, weil hinter ihm die Autorität des Petrus stand. S.o. S. 70 Anm. 140.

[338] Vgl. Mk 1,16 und 16,7; vgl. dazu R. Feldmeier, Die Darstellung des Petrus in den synoptischen Evangelien, in: Das Evangelium und die Evangelien. Vorträge vom Tübinger Symposion 1982, hg. v. P. Stuhlmacher, WUNT 28, Tübingen 1983, 267–271; M. Hengel, Probleme des Markusevangeliums, in: op. cit. (221–265) 244–257; Ders., Entstehungszeit und Situation des Markusevangeliums, in: Markus-Philologie. Historische, literargeschichtliche und stilistische Untersuchungen zum zweiten Evangelium, hg. v. H. Cancik, WUNT 33, Tübingen 1984, 1–45. Vgl. auch Ders., Studies in the Gospel of Mark, London 1985. Ausführlicher dazu o. S. 58ff.66ff.

[339] Vgl. jedoch die andere, vielleicht ursprünglichere Reihenfolge der Berufung Joh 1,35–42, dazu die Jüngerlisten des Papias bei Euseb, h.e. 3,39,4 und M. Hengel, Die johanneische Frage. Ein Lösungsversuch, WUNT 67, Tübingen 1993, 80ff.

war verheiratet. Mk sagt dies freilich nur indirekt durch die Erzählung von der Heilung der *Schwiegermutter* des Jüngers, gleichwohl aber deutlich genug. Die alte Kirche hat diese Überlieferung zumindest zum Teil festgehalten. Der Erzählung des Mk unmittelbar voraus geht die Befreiung eines Besessenen in der Synagoge von Kapernaum als Beweis der besonderen Vollmacht Jesu. Darauf folgt die aus dem Rahmen fallende Wundergeschichte:

„Und als sie die Synagoge verlassen hatten, gingen sie sofort in das Haus des Simon und Andreas, zusammen mit Jakobus und Johannes. Die *Schwiegermutter* (πενθερά) *des Petrus lag am Fieber darnieder*, und man erzählte ihm gleich von ihr. Und er trat hinzu, richtete sie auf, indem er (ihre) Hand ergriff, und das Fieber verließ sie, und sie diente ihnen (bei Tisch)."[340]

Die synoptischen Seitenreferenten Lukas und Matthäus sind hier ganz von dem für sie autoritativen, da in petrinischer Tradition stehenden „Evangelium nach Markus" abhängig.[341] Mt verkürzt wie so oft und versucht, den etwas schwerfälligen Bericht des Jerusalemer Mk,[342]

---

[340] Mk 1,29–31 = Lk 4,38 f. = Mt 8,14 f.

[341] Die Form der Titel der Evangelien geht m. E. auf Mk als das früheste Evangelium zurück; vgl. M. Hengel, Die Evangelienüberschriften, in: SHAW.PH 3, Heidelberg 1984; Ders., Gospels (Anm. 356), 118 ff.; vgl. Mk 1,1.14; 10,29; 13,10; 14,9.

[342] M. E. ist Mk mit dem Johannes Markus der Apg, dem Neffen des Barnabas (Kol 4,10), identisch: Das früheste Evangelium, wenige Jahre nach dem Tod der führenden Männer Petrus, Paulus und des Herrenbruders Jakobus, kurz vor der Tempelzerstörung veröffentlicht, wurde nicht von einem Anonymus, sondern von einer anerkannten Autorität geschrieben.

der noch keinen rhetorisch geschulten griechischen Stil schreibt, zu glätten; Lukas, „der geliebte Arzt“,[343] spricht mit medizinischer Terminologie von einem „hohen Fieber“,[344] auch erzählt er die Heilung in der Form eines Exorzismus: Jesus stellt sich ans Kopfende und wehrt dem Fieber wie einem Dämon (ἐπετίμησεν),[345] darum muß dieses auf der Stelle von der Kranken weichen.

Eigenartig ist, daß die Schwiegermutter im „Hause des Simon und Andreas“ darniederliegt und nach der Genesung die Pflichten der Hausmutter übernimmt. Mit dem ungewöhnlichen Imperfekt „und sie diente ihnen“ (καὶ διηκόνει) soll gewiß der Erfolg der Heilung demonstriert werden, aber dafür hätte auch schon ein sofortiges Aufstehen genügt.[346] Das Imperfekt hat bei allen drei Evangelisten hier durative Bedeutung, Mt und Lk streichen dagegen den störenden Hinweis auf Andreas: Damit wohnt die Schwiegermutter im Hause ihres Schwiegersohnes.[347] Von der Frau des Petrus ist

---

343 Kol 4,14; s. dazu – immer noch unüberholt – A. v. HARNACK, Lukas der Arzt. Der Verfasser des dritten Evangeliums und der Apostelgeschichte, Leipzig 1906, 122.127; M. HENGEL/A. M. SCHWEMER, Paulus zwischen Damaskus und Antiochien, WUNT 108, Tübingen 1998, 18–22.

344 Lk 4,38: πυρετὸς μέγας, vgl. dazu BAUER/ALAND, WNT^{6}, 1462 mit Belegen aus der medizinischen Literatur.

345 Lk 4,39; vgl. Mk 1,25; 3,12; 9,25; Lk 4,35; 9,42.

346 Vgl. die Mt- und Lk-Parallelen Mk 2,9–12 = Mt 9,5–7 = Lk 5,23–25. Zum διακονεῖν der Frauen s. Mk 15,41; Lk 8,3; 10,40; Joh 12,2.

347 Mt 8,14: οἰκίαν Πέτρου, Lk 4,38: οἰκίαν Σίμωνος.

dagegen nicht die Rede. Es ist eine feste Regel der Evangeliumserzählung, daß alle „Nebenfiguren", die uns interessieren, rigoros weggelassen werden. Mk mag sich die Szene im Haus einer Großfamilie in Kapernaum vorgestellt haben, wobei die historische Frage freilich dadurch erschwert wird, daß Joh 1,44 als Heimatstadt des „Andreas und Petrus" das benachbarte Beth Saida an der Mündung des Jordan in den See Genezareth angibt. Joh kennt auch den Namen des Vaters von Simon, Johannes.[348] Die Erzählung wäre viel einfacher zu verstehen, wenn Mk und seine Nacherzähler einfach von der Mutter des Petrus gesprochen hätten. Daß der Evangelist dennoch „Schwiegermutter" stehen läßt, ist m. E. Zeichen seiner *historischen* Zuverlässigkeit auch im – äußerlich gesehen eher störenden – Detail. Er opfert nicht einfach, wie ihm unterstellt wird, die geschichtliche Wahrheit der größeren Geradlinigkeit seiner Erzählung oder den „Bedürfnissen seiner Gemeinde", sondern setzt, ohne darauf im einzelnen noch einzugehen, voraus, *daß der Fischer Simon verheiratet war*, d. h. Familie besaß,[349] und entweder im Hause seiner

[348] Joh 1,42; das *Bar Jona* „Sohn des Jona" in Mt 16,17 ist vielleicht doch eine aramäische Kurzform, obwohl wir dafür keine Belege haben, vgl. M. HENGEL, Johanneische Frage (Anm. 339), 278 Anm. 13 und o. S. 30 f. Anm. 58.

[349] O. CULLMANN, Petrus, Jünger – Apostel – Märtyrer. Das historische und das theologische Petrusproblem, Zürich/Stuttgart ²1960 bemerkt in aller Kürze: „Nach dem Zeugnis der synoptischen Evangelien (Mk. 1,29 ff. par.) wie dem des Paulus (1. Kor. 9.5) ist Petrus verheiratet. Die späten Nachrichten über

Schwiegermutter (bzw. -eltern) in Kapernaum oder umgekehrt diese bei ihm wohnte(n). Wir besitzen gerade in Kapernaum archäologische Spuren einer Kirche aus dem 4. Jh., die selbst wieder auf einem Privathaus aus dem 1. Jh. gründet. Dieser Hauskomplex scheint Judenchristen des 3., ja vielleicht schon des 2. Jh.s als „Hauskirche" gedient zu haben, wobei Graffiti auf den Namen Petrus hinweisen.[350] Nach einer frühen rabbinischen Nachricht war Kapernaum schon seit der Wende vom 1. zum 2. Jh. im Gegensatz zum sonstigen Galiläa ein teilweise judenchristliches Dorf. Es scheint dort mehrere judenchristliche Großfamilien gegeben zu haben.[351] Sollte das Mk 1,29 erwähnte Haus „des Simon und Andreas" zusammen mit der sonderbaren Nachricht von der Heilung der Schwiegermutter des Petrus mit einem konkreten Haus zusammenhängen, an dem sich auch nach Ostern Jesusanhänger versammelten, das

---

seine Kinder und das Martyrium seiner Frau, dem er beigewohnt habe, sind legendär." S. dazu u. S. 204ff.

[350] E. Testa, I graffiti della casa di S. Pietro, in: Cafarnao, Vol. IV, Jerusalem 1972; J.F. Strange/H. Shanks, Das Haus des Petrus, in: C.P. Thiede (Hg.), Das Petrusbild in der neueren Forschung, Wuppertal 1987, 145–162.

[351] Billerbeck I, 159f. (MidrQoh 1,8): Die judenchristlichen „Häretiker" von K. brachten den Neffen R. Jehoschuas dazu, daß er sich taufen ließ (?) und am Sabbat auf einem Esel ritt. Sein Onkel „heilte" ihn durch Ölsalbung von seinem Irrtum und schickte ihn nach Babylonien, wo er zu einem angesehenen Gesetzeslehrer wurde. Auf ähnliche Weise schickte man im 19. Jh. mißratene Familienangehörige nach Amerika.

dann zu einer „Hauskirche“ wurde und das letztlich auf Petrus und seine Familie zurückgeht?[352]

Die Tatsache, daß Petrus verheiratet war und hinter ihm eine Familie stand, deutet an anderer Stelle bereits im Markusevangelium auf die Möglichkeit eines Konflikts hin. Nach der Perikope über den reichen Mann, der wegen seines Besitzes Jesus die Nachfolge verweigert, und Jesu Warnung vor dem Reichtum[353] läßt Mk den Petrus bekennen: „Siehe, wir haben alles verlassen und sind dir nachgefolgt.“ Jesus antwortet: „Amen, ich sage euch, jeder, der Haus oder Brüder oder Schwestern oder Vater oder Mutter oder Kinder oder Äcker hat fahrenlassen um meinetwillen und wegen des Evangeliums, wird es wieder empfangen hundertfältig (...)“. Es ist eigenartig, daß in dieser Reihe die Ehefrau fehlt,[354] sie wird erst von Lk nach dem „Haus“ anstelle von „Vater oder Mutter“ hinzugefügt.[355] Auch in der verschärfenden Par-

[352] Vgl. dazu R. Riesner, Jesus als Lehrer. Eine Untersuchung zum Ursprung der Evangelien-Überlieferung, WUNT II/7, Tübingen ³1988, 437–439.

[353] Mk 10,17–27 = Mt 19,16–26 (Mt macht daraus den reichen Jüngling) = Lk 18,18–27.

[354] S. dazu R. Pesch, Simon-Petrus. Geschichte und geschichtliche Bedeutung des ersten Jüngers Jesu Christi, PuP 15, Stuttgart 1980, 22, der die Frage aufwirft: „War Simon der älteste der Jünger Jesu und womöglich als einziger unter ihnen verheiratet?“ Da palästinische Juden häufig sehr früh heirateten, ist dies sehr unwahrscheinlich. Dagegen spricht auch 1 Kor 9,5; s. dazu u. S. 180 ff.

[355] Lk 18,29 b: οἰκίαν ἢ γυναῖκα ἢ ἀδελφοὺς ἢ γονεῖς, d. h., die Eltern erscheinen erst versetzt an vierter Stelle. Mt kürzt und

allele Lk 14,26, die aus der Logientradition[356] stammt, wird entgegen dem verwandten Text aus Mt 10,37 neben Eltern und Kindern die Ehefrau erwähnt. Es mag sein, daß Lk, obwohl er in der Apg die Bedeutung der Hausgemeinden hervorhebt, in diesem Punkt die Nachfolgebedingungen bewußt verschärft. Daß Nachfolge auch für Mk den Verzicht auf Familienbindung und Besitz bedeutet, wird schon bei der Berufung der ersten vier Jünger deutlich: Simon und Andreas verlassen ihre Netze und folgen der Aufforderung Jesu, sie zu „Menschenfischern" zu machen, Jakobus aber und Johannes lassen ihren Vater Zebedäus im Boot mit seinen Tagelöhnern zurück.[357] Origenes sieht das Problem und interpretiert darum die Frage des Petrus Mt 19,27: „Siehe, wir haben

---

vereinfacht stilistisch, folgt aber in der Reihenfolge dem für ihn autoritativen Mk, nur stellt er den Vater vor die Mutter (19,29).

[356] Ich gebrauche diesen Begriff anstelle von „Logienquelle" (oder „Q"), da diese in der heute überwiegend vertretenen Form eine nicht verifizierbare Hypothese darstellt. Es handelt sich bei diesen durch Extraktion der Lk und Mt gemeinsamen Überlieferung nach Abzug des Mk-Stoffes gewonnenen Texten um kein „Evangelium", dessen „Einheit" wirklich überzeugend nachweisbar ist. Häufig kann Mt auch vom älteren Lk abhängig sein. Bei dieser Lösung fallen auch die unerklärlichen minor agreements zwischen Lk und Mt gegen Mk weg. S. dazu M. Hengel, The Four Gospels and the One Gospel of Jesus Christ, London 2000, 169–207.

[357] Mk 1,16–20 = Mt 4,18–22, vgl. Lk 5,11; zum ganzen Problem vgl. M. Hengel, Nachfolge und Charisma. Eine exegetisch-religionsgeschichtliche Studie zu Mt 8,21 f. und Jesu Ruf in die Nachfolge, BZNW 34, Berlin 1968.

alles verlassen und sind dir nachgefolgt, was wird also uns zuteil werden?" auf folgende Weise: „Es ist folgerichtig, zu denken, daß er nicht allein die Netze, sondern auch Familie (οἶκον) und *Ehefrau* (γυναῖκα) verlassen hat, deren Mutter durch Jesu Hinzukommen vom Fieber befreit worden war", obwohl in der Aufzählung 19,29 wie bei Mk so auch bei Mt die Ehefrau fehlt. Der gelehrte Asket verweist weiter auf Mt 8,21 und fügt hinzu, die Berufenen hätten „gewissermaßen die Angehörigen zu Hause (τῶν οἶκοι) vergessen" und seien ihm nachgefolgt, dafür werde Petrus „einer der Richter Israels werden" (19,28).[358]

In diese Richtung weisen auch die Nachfolgeanekdoten der Logientradition Lk 9,57–62 und Mt 8,19–22, die Origenes ebenfalls anführt. Die Frage bleibt jedoch, ob Mk und Mt, die sich in ihren Evangelien jedes Wort überlegen, die Ehefrau in dieser langen und umständlichen Aufzählung nicht bewußt weggelassen haben, weil sie wußten, daß die Jünger Jesu zumindest in ihrer Mehrheit verheiratet waren, allen voran Petrus selbst, und nach Ostern ihre Ehen weiterführten.[359] D. h., Jesu

---

[358] Origenes, Comm. in Matth. XV, 21 (GCS 40, ed. E. Klostermann/E. Benz, 411 ff.).

[359] Das Aufgeben von Besitz und Familienbindung geschieht bei Mk „um Jesu und des Evangeliums willen" und im Zusammenhang „mit Verfolgungen" (10,29.30). Dahinter mag für ihn die konkrete Erfahrung der neronischen Verfolgung stehen, die gerade erst ca. fünf oder sechs Jahre zurückliegt. S. auch o. S. 8 f.

Ruf in die Nachfolge bedeutete keinesfalls „Ehescheidung". Jesus hat ja diese ausdrücklich verworfen. Erst recht erhielt der Nachfolger, der seine Familie verließ, nicht später die Freiheit, eine neue Ehe einzugehen. Möglicherweise waren Ehefrauen von Jüngern ein Teil jenes größeren Kreises, der Jesus auf seinem Weg nach Jerusalem begleitete. Joh 19,25 erwähnt vier Frauen unter dem Kreuz: die Mutter Jesu mit ihrer Schwester, Maria, die (Frau) des Klopas, vielleicht eine Schwägerin der Mutter Jesu[360], und Maria Magdalena. Mk 15,40 spricht von einer unbestimmten Menge von Frauen und nennt nur drei Namen ohne die Mutter Jesu und in anderer Reihenfolge. Vermutlich hat die Generation des Mk zur Zeit der Entstehung seines Evangeliums kurz vor 70 über Familienzusammenhänge noch wesentlich mehr gewußt als wir heute. Nach den altkirchlichen Nachrichten und den zahlreichen Latinismen in seinem Evangelium schrieb er dieses in Rom kurz vor 70.[361] Die römischen Hauskirchen waren damals im Begriff, das Erbe der Kirche in Jerusalem anzutreten. Die rö-

---

[360] So Hegesipp nach Euseb, h.e. 3,11 vgl. 3,32,4; 4,22,4: Klopas, „ein Onkel des Herrn". S. dazu R. Bauckham, Gospel Women. Studies of the Named Women in the Gospels, Grand Rapids/Cambridge 2002, s. Index 312 s.v. Clopas (Joh 19,25).

[361] Vgl. dazu Irenäus, adv. haer. 3,1,1; Clem. Alex. nach Euseb, h.e. 2,15 und dazu C.-J. Thornton, Der Zeuge des Zeugen. Lukas als Historiker der Paulusreisen, WUNT 56, Tübingen 1991, 20ff.44f.64f. Die Nachricht geht auf das römische Archiv zurück; vgl. auch M. Hengel, Entstehungszeit (Anm. 338), 43–45. S. auch o. S. 64.

mische Judenschaft war mit Jerusalem besonders eng verbunden.[362] Dies gilt wohl auch für die relativ früh gegründete Christengemeinde in Rom.[363]

Der indirekte Hinweis auf den verheirateten Petrus fällt um so mehr auf, als die Evangelien mit derartigen persönlichen Notizen überaus sparsam sind. Mk nennt namentlich nur noch die Mutter Jesu und seine vier Brüder mit Namen im Zusammenhang mit seinem gescheiterten Auftreten in Nazareth; die dort wohnenden, d. h. wohl verheirateten Schwestern[364] werden lediglich

---

362 Auf zwei in der römischen Gemeinde bekannte Personen, Alexander und Rufus, die Söhne des Simon von Kyrene, weist Mk in 15,21 hin, vgl. Röm 16,13: „Rufus, der Auserwählte im Herrn, und seine und meine Mutter"; s. auch 16,7: Andronikus und Junias, „die berühmt sind unter den Aposteln, die vor mir im Herrn waren", d. h. vor der Bekehrung des Paulus (ca. 33 n. Chr.), und die vermutlich zur Jerusalemer Urgemeinde gehörten. S. dazu R. Bauckham, Gospel Women (Anm. 360), 165–181.

363 S. dazu Hengel/Schwemer, Paulus (Anm. 343), 389 ff. und o. S. 123 f. Anm. 250.

364 Mk 6,3 = Mt 13,56. In der dramatischen Erzählung Lk 4,16–30 ist für die Familie Jesu kein Raum. Erst in der späteren apokryphen Überlieferung seit Epiphanius, Panarion 78,8,1 und 78,9,6 erhalten die (Halb-)Schwestern Namen, so z. B. Maria und Salome, die häufigsten Frauennamen im palästinischen Judentum. Dazu J. Blinzler, Die Brüder und Schwestern Jesu, SBS 21, Stuttgart 1967, 35–38; R. Bauckham, Jude and the Relatives of Jesus in the Early Church, Edinburgh 1990, 37–44.226–234. Bauckham überlegt, ob hier nicht ältere Überlieferung wirksam sein könnte. Das ist jedoch sehr unwahrscheinlich.

kollektiv erwähnt, ein Hinweis auf Jesu Vater Joseph fehlt ganz, vermutlich weil er schon lange tot war.[365] Auch diese änigmatische Kürze des Mk ist nur möglich, weil in den Gemeinden noch mehr bekannt war, als der Evangelist erzählt.

Jüngerinnen erscheinen bei Mk allein in der Leidensgeschichte, d.h. dort, wo die Jünger flohen und versagten, so 15,40f. bei der Kreuzigung Jesu, wo die Frauen, „die ihm in Galiläa gefolgt waren und ihm gedient hatten", im Gegensatz zur Darstellung von Joh 19,25, „aus der Ferne zuschauten". Hier begegnet uns wie in 1,31 das Stichwort διακονεῖν in durativem Imperfekt. Hinzu kommen „viele andere (Frauen), die mit ihm nach Jerusalem hinaufgezogen waren". D.h., die Jesusbewegung war *auch*, das tritt in den Evangelien gegenüber der historischen Realität zu sehr zurück, eine Frauenbewegung.[366] Von den Frauen nennt Mk mit Namen nur drei in einer Reihenfolge, die zugleich eine Rangfolge darstellt: Maria Magdalena, die rätselhafte

[365] Erst die Mtparallele 13,55 ersetzt die Frage der Nazarener: „Ist dies nicht der Bauhandwerker (τέκτων) (...)?" durch ein „der Sohn des Bauhandwerkers (ὁ τοῦ τέκτονος υἱός)". Dadurch verschwindet der für viele anstößige Beruf Jesu und zugleich wird der fehlende Vater eingeführt. Nur Mk überliefert den Beruf Jesu, was wieder seine relative Zuverlässigkeit zeigt.

[366] Am stärksten betont dies noch Lk, s. M. HENGEL, Der Lukasprolog und seine Augenzeugen: Die Apostel, Petrus und die Frauen, in: Memory and Remembrance, ed. L. Stuckenbrock et alii, erscheint in WUNT 2006. Zum Problem R. BAUCKHAM, Gospel Women (s. Anm. 360), passim.

andere Maria, Mutter des „kleinen Jakobus" und des „Joses", und Salome, die bei Mt in die „Mutter der Söhne des Zebedäus" verwandelt wird. Wahrscheinlich hatte hier Mt eine ernstzunehmende Sondertradition.[367] Lk und Joh wissen noch mehr über Frauen zu berichten, aber diese stehen nicht mehr mit dem Zwölferkreis in Zusammenhang. Daß Mk den Namen Salome nicht näher erklärt, hängt wieder damit zusammen, daß seine Hörer und Leser wußten, wer diese Frau war, ähnliches gilt von der für uns rätselhaften „Maria, der Mutter des kleinen Jakobus und des Joses".[368] Ob er bei den „vielen anderen, die mit ihm nach Jerusalem hinaufgezogen waren", auch Ehefrauen der Jünger einschloß, mag offenbleiben; unwahrscheinlich ist es nicht. Die drei Namen hebt er hervor, weil ihre Trägerinnen am Ostermorgen das leere Grab entdecken.[369]

---

[367] Mk 15,40f., vgl. damit Mt 27,56 und auch 20,20, wo die Einführung der Mutter der beiden Zebedaiden der Entlastung der Söhne dient.

[368] Maria war mit Abstand der häufigste Frauenname in Judäa, an zweiter Stelle folgte Salome, s. T. Ilan, Lexicon of Jewish Names in Late Antiquity, Part I, TSAJ 91, Tübingen 2002, 9: Insgesamt tragen ca. 48% der erwähnten Frauen diese beiden Namen. Insgesamt sind Frauen stark unterpräsentiert: „with 2509 named men against 317 named women, they constitute only 11,2% of all persons mentioned in the corpus"; s. auch Table 4, p. 55 und 8, p. 57, weiter 242ff.249ff. Zu den verschiedenen Salometraditionen s. R. Bauckham, Gospel Women (Anm. 360), Index 318.

[369] Mk 16,1, vgl. 15,47; vgl. M. Hengel, Maria Magdalena und die Frauen als Zeugen, in: Abraham unser Vater, FS für

2. Paulus und die anderen Apostel

Ein ganz neues Licht auf unser Problem wirft ein Selbstzeugnis des *Apostels Paulus.* Er selbst nennt es eine „Apologie" gegenüber Kritikern, die in Korinth, wahrscheinlich im Zusammenhang mit der Petrusmission bzw. dem Besuch des Petrus in der Hauptstadt Achaias,[370] seinen Apostolat nicht als vollgültig anerkennen wollen, u.a. weil er und Barnabas sich ihren Lebensunterhalt als Missionare selbst verdienen und auch nicht verheiratet sind, so daß sie auf ihren Reisen nicht von Ehefrauen begleitet werden.[371] D.h., sie müssen sich und ihre Familien nicht von den Gemeinden versorgen lassen. „Der Verzicht auf dies apostolische Vorrecht (...) ist in Korinth als Eingeständnis der Minderwertigkeit angesehen worden: Pls wage es nicht, Apostelrechte in Anspruch zu nehmen, weil er wisse, daß er kein wirklicher Apostel sei"[372]. Nach dem Gal 2,11ff. geschilderten Zusammenstoß in Antiochien war es zu einer lange andauernden Spannung zwischen

---

O. Michel zum 60. Geburtstag, AGSU 5, Leiden 1963, 243–256. Lk 24,10 nennt anstatt der Salome eine Johanna, nach 8,3 die Frau eines Vermögensverwalters des Herodes Antipas. Offenbar machten verschiedene Frauen ihre Beteiligung bei der Auffindung des leeren Grabes für sich geltend.

370 S. dazu o. S. 106ff.

371 Die ausführliche Argumentation über dieses Problem 1Kor 9,1–23 zeigt, wie wichtig es für Paulus war.

372 H. Lietzmann/W. G. Kümmel, An die Korinther I/II, HNT 9, Tübingen [4]1949, 40.

Petrus und Paulus gekommen, die in das paulinische Missionsgebiet ausstrahlte.[373] Der erste Korintherbrief wurde nicht allzu lange nach dem Zusammenstoß von Ephesus aus an die unbotmäßig gewordene Gemeinde in Korinth geschrieben.

„Das ist meine Verteidigung (ἀπολογία) gegenüber meinen Kritikern: Haben wir nicht die Freiheit zu essen und zu trinken (d. h. uns durch die Gemeinden versorgen zu lassen)? *Haben wir nicht Freiheit (ἐξουσία), eine Schwester als (Ehe-)Frau mitzunehmen wie die übrigen Apostel und die Brüder des Herrn und Kephas?* Oder haben allein ich und Barnabas nicht die Freiheit, die Handarbeit (für unseren Lebensunterhalt) zu unterlassen?“[374] „Aber wir haben von dieser Freiheit keinen Gebrauch gemacht, vielmehr ertragen wir alles, um nur dem Evangelium von Jesus Christus kein Hindernis zu geben.“[375]

„Mit den übrigen Aposteln“ sind die Sendboten des Auferstandenen in Jerusalem, Judäa und Galiläa und später auch in Syrien gemeint, der Kreis mag weiter sein als die Zwölf, die der irdische Jesus selbst berufen hatte, schließt aber diese mit ein und ebenso die Brüder Jesu.[376] Zumindest die Mehrzahl unter ihnen war verheiratet, und alle waren (1 Kor 9,6) auf eine Versorgung durch die Gemeinden angewiesen. *Kephas*, d. h.

---

[373] S. o. S. 92 ff.

[374] 1 Kor 9,3–6.

[375] 1 Kor 9,12 vgl. 18; Paulus nimmt das Problem 2 Kor 11,7 ff. wieder auf. Es muß bei den Korinthern wirkungsvoll gewesen sein.

[376] Vgl. Mk 6,3 und kritisch 3,31 ff. sowie Joh 7,5 ff.

Petrus,[377] steht als Klimax am Ende der Aufzählung. Gegen die spätere altkirchliche Auslegung, die schon bei Clemens Alexandrinus nachweisbar ist,[378] sind diese „apostolischen" Ehen als wirkliche Ehen und nicht nur als bloße „geistliche" Verhältnisse zu verstehen, wie wir sie dann bei den „Syneisakten"[379] ab dem 2. Jh. finden, wo Asketen mit Jungfrauen zusammenlebten. Die Hinzufügung ἀδελφήν zu γυναῖκα bedeutet, daß diese apostolischen Eheleute, unter denen Kephas/Petrus am Ende besonders hervorgehoben wird, selbstverständlich durch den gemeinsamen Glauben verbunden waren und gemeinsame Missionsreisen[380] unternahmen. „Unter diesen Frauen (…) sind nicht bloße Haushälterinnen oder Missionsgehilfinnen zu verstehen. Paulus denkt an Ehefrauen der Apostel."[381] Man kann aus 1 Kor 9,5 zwar nicht erschließen, daß alle Apostel und Herrenbrüder verheiratet waren, aber für die Mehrzahl mag dies gelten. Paulus wird dabei, anders als Lk in der

---

377 Zur Namensform s. o. S. 24–40. Der Hinweis auf den „Grundstein" Christus, 1 Kor 3,10 ff., ist paulinische Polemik gegen petrinische Ansprüche, s. o. S. 106 ff.

378 S. u. S. 200 ff.

379 S. dazu S. Elm, Artk. Syneisakten, RGG^4 VII, 1956; A. Adam, RGG^3 VI, 560 f. 1 Kor 7,36 ist davon noch nicht die Rede; möglicherweise jedoch in dem rätselhaften Text Did 11,11 bei Profeten.

380 Zu περιάγειν + ἵνα s. Bauer/Aland, WNT^6, 1300 f.: *„jmdn. mit sich herumführen, immer mit* od. *bei sich haben"*.

381 W. Schrage, Der erste Brief an die Korinther, EKK VII,2, Zürich 1995, 292.

Apg, nicht allein an den Zwölferkreis, sondern an den erweiterten Kreis von 1 Kor 15,7 denken, der freilich auch eine abgeschlossene Gruppe umfaßt.[382] Man kann wohl davon ausgehen, daß die Urgemeinde, das zeigt z. B. die Gütergemeinschaft, sich als große familia Dei, als οἶκος θεοῦ[383] verstand. Weiter mochte die paarweise Sendung, die uns schon in der Aussendungstradition der Evangelien begegnet, nach Ostern u. U. für missionierende Ehepaare gelten. Leider fällt dieser nach 1 Kor 9,5 nicht unwesentliche Aspekt in der Darstellung der urchristlichen Mission bei Lukas und in den Briefen des unverheirateten Paulus völlig weg.

Paulus wird zusammen mit Kephas auch dessen Familie bei jenem persönlichen Besuch in Jerusalem kennengelernt haben, als er 15 Tage bei ihm wohnte.[384] Offenbar war dann später besonders die Ehe des führenden Apostels dem zölibatären Paulus von dessen Anhängern in Korinth[385] vorgehalten worden. Vielleicht hatte Kephas sogar mit seiner Frau Korinth selbst besucht.

---

[382] Op. cit. 2,293.

[383] Vgl. dazu O. MICHEL, Artk. οἶκος, ThWNT V, 122–137. Als Haus Gottes erscheint die Gemeinde, im Anschluß an die LXX im Sinne des Tempels Gottes, daneben kann aber auch die Vorstellung der „(Groß-)Familie" Gottes treten, s. im Anschluß an Num 12,7 (LXX) Hebr 3,6: οὗ (Χριστός) οἰκός ἐσμεν ἡμεῖς.

[384] Gal 1,18; ca. drei Jahre nach seiner Bekehrung. Vgl. HENGEL/SCHWEMER, Paulus (Anm. 343), 133–150.

[385] 1 Kor 9,5, s. dazu das hervorgehobene καὶ Κηφᾶς am Ende

Daß Jesus der Ehe einen besonderen, von Gott selbst in der Schöpfung gewollten Rang einräumt, ergibt sich nach Mk aus seiner Begründung derselben (Mk 10,6–9) und dem daraus begründeten Verbot der Ehescheidung. Nach Gottes Willen werden Mann und Frau „ein Fleisch", daran schließt sich die Konsequenz an: „Was Gott nun zusammengefügt hat, soll der Mensch nicht scheiden."[386] Ist es ein Zufall, daß der *Paulusschüler Lk* diesen Text von Mk nicht übernimmt und nur, wohl aus der Logientradition, das Verbot der Wiederverheiratung überliefert, das auch Paulus der Gemeinde in Korinth einschärft?[387] Wahrscheinlich hatte für Mk auch im Blick auf Petrus und die anderen Apostel die Verbindung der Ehe eine unverbrüchliche Geltung, die selbst durch die Sendung im Dienst der Verkündigung nicht angetastet werden sollte, während der unverheiratete Paulus und – in seinen Fußstapfen? – Lk hier eine Haltung vertraten, die man freier oder auch rigoroser nennen könnte.[388] Hängt dies mit den Erfahrungen der großräumigen paulinischen Mission zusammen, wo die

---

und vgl. Mk 16,7 das καὶ τῷ Πέτρῳ o. S. 67 f.; zur Kephaspartei s. o. S. 106 ff.

[386] Mk 10,8 f. wörtlich von Mt 19,6 übernommen. Vgl. Gen 2,24 (LXX).

[387] Lk 16,18, vgl. in etwas anderem Wortlaut Mt 5,32 und 1 Kor 7,11.

[388] Auch bei den Nachfolgeworten der Logientradition Lk 9,57–62 = Mt 8,18–22 (vgl. dazu M. Hengel, Nachfolge und Charisma, BZNW 34, Berlin 1986, 18 f.) verbietet Jesus allein bei Lk 9,62 den Abschied von der eigenen (Groß-)Familie (οἶκος).

mitreisende Familie eines Missionars eine zu große Belastung bedeutete? Paulus selbst hat zwar nicht nur eine falsche Askese in der Ehe abgelehnt, sondern mit fast anstößig realistischer Begründung die Eheschließung einerseits direkt empfohlen,[389] ja selbst die Wiederverheiratung erlaubt, freilich mit der Einschränkung „allein im Herrn" (μόνον ἐν κυρίῳ), d.h. nur mit Gläubigen, auf der anderen Seite jedoch sein eigenes Charisma (1 Kor 7,7) der Ehelosigkeit als den besseren Weg dargestellt, und zwar wegen der endzeitlichen Situation, denn in den zu erwartenden „eschatologischen Wehen" werden es verheiratete Paare mit Kindern schwerer haben (7,28 ff.), während die Ehelosen ihre „Sorge" ganz auf den Herrn richten können (7,32 ff.). Vor allem aber ist es die Freiheit zum Dienst der Verkündigung des Evangeliums, gerade in notvoller Situation, die ihm mehrfach hintereinander den Rat geben läßt, daß Unverheiratete im gleichen Stande bleiben sollten „wie auch ich",[390] wobei er jedoch ausdrücklich betont, daß diese Ratschläge kein „Gebot", sondern nur seine „persönliche Meinung"[391] zum Ausdruck bringen wollen. Aber stellt er damit nicht doch seinen persönlichen Stand der Ehelosigkeit indirekt über den der verheirateten Apostel und Brüder des Herrn in Jerusalem mit Petrus an der

---

[389] 1 Kor 7,1–6.9.36 ff. Zur Wiederverheiratung 7,39 vgl. auch die Argumentation Röm 7,2 f.

[390] 1 Kor 7,7.8.40.

[391] 1 Kor 7,6, vgl. 7,35.40.

Spitze?[392] Auch das nur von Mt am Ende seiner Eheparänese angefügte Jesuswort, daß etliche „sich verschnitten haben (εὐνούχισαν ἑαυτούς) um der Gottesherrschaft willen" (19,12), ist kein Gebot, sondern ein Hinweis auf das freie Charisma der Ehelosigkeit. Das Wort schließt mit der Bemerkung: „Wer es erfassen kann, der erfasse es." Es bedeutet dies wohl im Wirkungsbereich des unbekannten Verfassers (ca. 90–100 n. Chr.) noch eine relativ seltene Ausnahme und nicht die Regel. Zugleich weisen 1 Kor 7 und Mt 19,12 auf einen in den Gemeinden diskutierten neuralgischen Punkt hin, der zu Kontroversen führen konnte. Das zeigen etwa zu gleicher Zeit wie Mt auch 1 Clem 38,2[393] und ca. 15 Jahre später Ignatius, ad. Polyc. 5,2 in einer christlichen „Ehevermahnung" mit Texten, die den Asketen, der einen Sonderfall darstellt, ausdrücklich vor Selbstruhm und Hochmut warnen.

Den Eheverzicht, ja das Eheverbot aus leibfeindlich-dualistischen Gründen finden wir – mit Nachdruck gefordert – erst in der platonisierenden dualistischen

[392] 1 Kor 9,5: Man erhält überhaupt den Eindruck, daß in 1 Kor 5–12 – zumindest zum Teil – Probleme abgehandelt werden, die auch in Antiochien und Jerusalem zur Diskussion standen und die mit den Auswirkungen der Gesetzeskritik des Paulus und dem Wirken der Petrusfreunde in Korinth zusammenhängen.

[393] Vgl. 1 Clem 35,2; 64,2: Es handelt sich um eine Gabe Gottes. In 38,2 steht die Warnung vor dem Hochmut bei sexueller Askese am Ende einer Aufzählung als Klimax. Es kann sich sehr wohl um eine Spitze gegen die Unruhestifter in Korinth handeln.

Gnosis und bei den radikal asketischen Enkratiten des 2. Jh.s, für die die „materielle", sichtbare Welt nicht mehr Gottes gute Schöpfung darstellt und die darum grundsätzlich leibfeindlich waren. Die Pastoralbriefe, die sich in den ersten beiden Jahrzehnten des 2. Jh.s[394] gegen die Gefahr einer beginnenden, inhaltlich noch kaum faßbaren „Gnosis" (1 Tim 6,20) wenden, zählen unter deren Irrlehren auch das Verbot der Ehe (4,3) auf. Demgegenüber fordert der unbekannte Verfasser wieder recht nüchtern, daß die jungen Witwen besser „heiraten und Kinder bekommen und ihren Haushalt recht führen sollen" (5,14). Selbstverständlich setzt er voraus, daß die christlichen Gemeindeleiter in der Regel verheiratet sind: Der *Episkopos* sei „untadelig, mit *einer* Frau verheiratet" – d. h., eine zweite Ehe nach dem Tod der ersten Ehegattin galt für ihn als Amtsträger als anstößig. Außerdem solle er „seinem eigenen Hause wohl vorstehen" und „gehorsame Kinder haben". Wenn er dazu nicht in der Lage ist, „wie sollte er sich um die Ge-

[394] Die Pastoralbriefe werden in der Regel zu früh angesetzt. Ich würde sie etwa gleichzeitig mit den Ignatiusbriefen datieren. Sie setzen die Sammlung der Paulusbriefe voraus und kennen die Apg. S. o. Anm. 174.270. H. v. CAMPENHAUSEN hat die sachliche und theologische Nähe zu Polykarp m. E. aufgezeigt in: Polykarp von Smyrna, SHAW.PH, 1951, 5–51 = DERS., Aus der Frühzeit des Christentums, Tübingen 1963, 197–252, freilich ist Polykarp sicher nicht der Verfasser derselben, auch gehören sie nicht in die Auseinandersetzung mit Marcion, sondern eher in die Frühzeit des Bischofs von Smyrna, in der auch sein Brief an die Gemeinde in Philippi anzusetzen ist.

meinde Gottes kümmern?" (3,2 ff.) Der Titusbrief erhebt dieselbe Forderung für die „Ältesten". Sie sollen „Gatten *einer* Frau" sein und „gläubige Kinder haben" (Tit 1,6). Dementsprechend legt die frühchristliche Paränese überhaupt im Anschluß an die alttestamentliche, jüdische und stoische Tradition einen großen Wert auf ein geordnetes, in der Liebe Christi gegründetes Leben in den Familien. Diese Familien, in deren „Häusern" man zusammenkam, bildeten die Zentren der christlichen Ortsgemeinden.

Daß wir so wenig Konkretes über die Familienverhältnisse in den frühesten christlichen Texten erfahren, hängt damit zusammen, daß diese mit persönlichen biographisch-privaten Details und individuellen Daten überhaupt sparsam umgehen. Im umfangreichen Corpus Paulinum z. B. hören wir kein Wort über Paulus' Eltern und seine Familie. Die Tatsache, daß er aus Tarsus stammt, römischer Bürger ist und einen Schwestersohn in Jerusalem hat, d. h. doch, daß eine Schwester in Jerusalem wohnte, berichtet uns nur Lukas.[395] Im Mittelpunkt der Evangelien wie der Briefe stehen nicht

[395] Apg 9,11; 21,39; 22,3 vgl. 9,30; 11,25. Zum Schwestersohn 23,16. Dieser kleine Hinweis beleuchtet wieder Phil 3,5 f. und Apg 22,3. Paulus stammt aus einer pharisäischen Familie, die Beziehungen nach Jerusalem besaß, und er hat dort studiert; s. M. HENGEL, Kleine Schriften III (Anm. 21), 68–192. Lk weiß sehr viel mehr, als er uns oft eher zufällig berichtet. Ohne die Hinweise auf Tarsus müßte man Paulus nach den Briefen für einen griechisch-sprechenden Palästinajuden halten. Derartige Notizen zeigen die relative Zuverlässigkeit des lukanischen Be-

Individuen und ihre Familienangelegenheiten, sondern das Heilswerk Christi, die Predigt Jesu und der Apostel, d.h. das Evangelium und der daraus resultierende Glaube, sowie die Mahnung zu einem Christus gemäßen Leben im Geist.

3. Spätere Nachrichten über apostolische Familien

Und doch besitzen wir einige wenige und zerstreute Nachrichten, die mit der missionarischen Wirksamkeit einzelner „Familien" zusammenhängen. So erzählt Lk Apg 21,8, daß Paulus auf seiner letzten Reise nach Jerusalem zusammen mit seinen zahlreichen Reisegenossen in Caesarea „im Hause des Evangelisten *Philippus* aus den Sieben", der vier Töchter hatte, die Jungfrauen und Profetinnen waren, Aufnahme fand. Dieser Philippus ist eine rätselhafte Gestalt, über die wir ein wenig mehr wissen als über andere urchristliche Missionare.[396] Nach

---

richts im zweiten Teil der Apg. Lk war wirklich Reisebegleiter des Paulus gewesen.

[396] Zu den Philippustexten s. A. v. DOBBELER, Der Evangelist Philippus in der Geschichte des Urchristentums. Eine prosographische Skizze, TANZ 30, Tübingen/Basel 2000; zu seinen profetischen Töchtern s. 233–248; DOBBELER verweist auf die Darstellung der vier inspirierten Töchter Hiobs in TestJob 46–53, wobei er freilich mit der Vermutung, bei den vier Töchtern des Philippus könnte es sich auch um „Schülerinnen" handeln (235), den Boden dessen, was historisch wahrscheinlich zu machen ist,

Apg 6,5 nimmt er in der Siebenerliste der „Hellenisten" in Jerusalem nach dem Protomärtyrer Stephanus den zweiten Platz ein. Aus Jerusalem vertrieben, missioniert er nach Apg 8 zuerst in Samarien und bekehrt später den äthiopischen Finanzminister auf dessen Rückreise in die Heimat. Dazu erscheint er als Missionar der Städte der palästinischen Küstenebene, „bis er nach Caesarea kam" (8,40). Dann verschwindet er aus der Erzählung des Lk,[397] bis er als Vater der vier profetisch begabten Töchter und Gastgeber des Paulus in 21,8 f. kurz vor dem Wochenfest des Jahres 57 wieder auftaucht. Dazwischen mögen etwa 23/24 Jahre liegen.[398] Er, der freie Wandermissionar, hatte offenbar in Caesarea, der Hafenstadt und der offiziellen Hauptstadt der römischen Provinz Judäa, einen eigenen Hausstand gegründet. Von seiner Frau sagt Lk kein Wort, nur von den vier inspirierten, inzwischen erwachsenen Mädchen. Sie waren ein so auffälliges Phänomen, daß Lk, der hier in der ersten Person Plural erzählt und als Reisebegleiter des Paulus Augenzeuge war,[399] sie nicht übergehen wollte. Vermutlich war Philippus das Haupt der ältesten Hausgemeinde

---

verläßt. Dagegen sprechen die Nachrichten des Lk, Papias, Polykrates von Ephesus und Clemens Alexandrinus.

397 Es ist bezeichnend für seine rigide eklektische Erzählweise, daß Lk den Philippus im Zusammenhang mit der Bekehrung und Taufe des römischen Centurio Cornelius durch Petrus nicht mehr in Erscheinung treten läßt.

398 Die Verfolgung und Vertreibung der „Hellenisten" ereignet sich ca. 32/33 n. Chr.

399 S. dazu C.-J. THORNTON, Zeuge (Anm. 361), 275 f.

in Caesarea und dem Paulus trotz der Angriffe gegen diesen aus judenchristlichen Kreisen gewogen. Lk berichtet ausdrücklich, daß die Reisegruppe in das „Haus des Evangelisten Philippus (…) einkehrte und bei ihm blieb“. D. h., Paulus und seine Begleiter, darunter Lukas, waren mehrere Tage Gäste des Philippus.

Einzigartig ist, daß wir über Philippus und seine Töchter noch spätere, relativ verläßliche Nachrichten aus dem 2. Jh. besitzen. So sind sie vermutlich im Zusammenhang mit den schweren Unruhen zwischen Juden und „Griechen“ in Caesarea vor Ausbruch des Jüdischen Krieges 66 n. Chr. nach Hierapolis in Phrygien übergesiedelt. Dort hat später Papias, der Bischof in dieser Stadt, noch persönlich von diesen Töchtern mündliche Überlieferungen von eigenartigen Wundergeschichten empfangen.[400] Am ausführlichsten berichtet Bischof Polykrates von Ephesus, der seit 65 Jahren Christ ist, um 190 in seinem Brief an Bischof Viktor in Rom[401] über Philippus und seine Töchter und ihren späteren Aufenthalt in Hierapolis. Er tut dies, um im Zusammenhang mit der Kontroverse über die Passafeier gegenüber

[400] Zitiert bei Euseb, h. e. 3,39,9 ff., vgl. auch Proklos bei Euseb, h. e. 3,31,4. Wenn diese Töchter etwa zwischen 33–45 geboren wurden und Paulus sie auf der Reise nach Jerusalem etwa 57 antraf, können sie gut bis ca. 110 gelebt haben. Papias wird ca. 110–140 Bischof in Hierapolis gewesen sein. Nach Polykrates sind die Töchter recht alt geworden. Zum Ganzen s. TH. ZAHN, FGNK VI, 158–175 über Philippus in Hierapolis.

[401] Euseb, h. e. 5,24,1–8.

dem römischen Bischof die apostolische Autorität der kleinasiatischen Überlieferung hervorzuheben.

„Denn auch in Asien haben große Sterne ihre Ruhestätte gefunden, welche am Jüngsten Tage bei der Wiederkunft des Herrn auferstehen werden. An diesem Tage wird der Herr mit Herrlichkeit vom Himmel kommen und alle Heiligen aufsuchen, nämlich: Philippus, einen der zwölf Apostel, der in Hierapolis entschlafen ist, mit seinen beiden bejahrten, im jungfräulichen Stande verbliebenen Töchtern, während eine andere Tochter, die im Heiligen Geist wandelte, in Ephesus ruht, und Johannes, der an der Brust des Herrn lag, Priester, Glaubenszeuge und Lehrer war und in Ephesus zur Ruhe eingegangen ist (…)“[402].

Philippus wird hier – gegen Lk, der den „Evangelisten“ vom „Apostel“ unterscheidet[403] – mit dem Apostel identifiziert, was wohl schon im vierten Evangelium, in dem Philippus aus Beth Saida nach Petrus der wichtigste Jünger ist, und dann wieder bei Papias geschieht, der dem johanneischen Kreis zuzurechnen ist. Eine Identität von Apostel und Evangelist ist darum nicht völlig auszuschließen. Möglicherweise war er bewußt aus dem Zwölferkreis in den der „Sieben“ übergetreten.[404] Die Alternative wäre, daß die Kleinasiaten durch die

---

[402] Euseb, h. e. 5,24,2 f. = 3,31,3 f.; vgl. dazu und zum folgenden M. HENGEL, Johanneische Frage (Anm. 339), 33–36.79–82.91 f.

[403] Vgl. Lk 6,13; Apg 1,13 und 6,5; 8,5; 21,8.

[404] Lk würde dann seinerseits durch die Bezeichnung „der Evangelist aus dem Siebenerkreis“ seine spätere Distanz zum – im Jahre 57 nicht mehr existenten – Zwölfer- und Apostelkreis betonen, wie er ja auch dem Paulus den Aposteltitel (mit Ausnahme in Apg 14,4.14) gegenüber den „Zwölf“ vorenthält.

Identifikation ihren Philippus als Apostel gegenüber der römischen Berufung auf Petrus und Paulus aufwerteten. Auffallend ist auf jeden Fall, daß der Lieblingsjünger Johannes erst nach ihm an zweiter Stelle folgt. M. E. galt dieser nicht als „Apostel", sondern als „Jünger des Herrn" und war mit dem „Alten" Johannes bei Papias und im 2. und 3. Johannesbrief identisch. Bei ihm bezeugt die kirchliche Überlieferung seit den Johannesakten und Tertullian, daß er unverheiratet blieb.[405] Eine ähnliche Überlieferung existierte wohl auch von Andreas, dem Bruder des Petrus, der sich als radikaler Asket nach den Andreasakten besonders um die Verhinderung von Eheschließungen bemüht haben soll. Polykrates, etwa um 125 geboren, kam aus einer alten christlichen Familie, die vor ihm sieben Bischöfe hervorgebracht hatte, die er seine Verwandten (συγγενεῖς) nennt. Er selbst ist der achte. Man möchte annehmen, daß zumindest ein Teil von ihnen Familienväter gewesen waren und der Sohn dem Vater im Amt nachfolgte.[406] Er muß Traditionen besessen haben, die über das, was Lk rund 100 Jahre

---

[405] Vgl. M. HENGEL, Johanneische Frage (Anm. 339), 116 f.

[406] Nach Hippolyts verlorengegangenem Syntagma war Marcion der Sohn eines Bischofs von Sinope im kleinasiatischen Pontus, vgl. A. v. HARNACK, Marcion (Nachdruck Darmstadt 1960), 23.23*–28*. Marcion selbst vertrat, seinem dualistisch-gnostischen Weltbild entsprechend, die strenge Ehelosigkeit für seine Gemeindeglieder, vgl. loc. cit. 148 f.277*f.: „(E)r taufte nur Ehelose oder Getrennte". Dieser Brauch mag schon auf ältere „Dualisten" wie Kerdon zurückgehen, den Irenäus als Lehrer Marcions bezeichnet hat, s. o. S. 139 Anm. 286.

früher mitteilt, und auch über die Notiz des Papias und des Proklos, eines montanistischen Zeitgenossen des Polykrates in Rom,[407] hinausgehen, denn er spricht nur noch von drei Töchtern, davon sind zwei als Profetinnen, die bis ins Alter ehelos blieben, wie ihr Vater in Hierapolis gestorben und dort auch begraben, eine dritte ist in Ephesus bestattet, vermutlich weil sie dort verheiratet war. Daß auch sie „im Heiligen Geiste wandelte", deutet auf ihre Treue zum christlichen Glauben hin. Wir können uns die „Lebendigkeit" der Gottesdienste in der Hausgemeinde des Philippus in Caesarea und später in Hierapolis mit vier bzw. drei profetisch Inspirierten nur schwer vorstellen. Den besten Kommentar dazu gibt uns bereits Paulus in seiner Schilderung des enthusiastischen Gottesdienstes der Frühzeit 1 Kor 14,26 ff. Das *mulier tacet in ecclesia* 14,34 dient, wenn es nicht überhaupt erst später hinzugefügt wurde, der Dämpfung des enthusiastischen Überschwangs. 1 Kor 11,2–12 zeigt, daß geisterfüllte Frauen sehr wohl im Gottesdienst „profetische Rede" vortrugen. Der entscheidende Satz in diesem schwierigen Text steht als Fazit am Ende (11,11): „Auf jeden Fall ist weder eine Frau ohne den Mann noch ein Mann ohne Frau im Herrn." Das mag für die frühchristliche Ehe überhaupt gelten. Diese vier Töchter des Philippus – und damit indirekt die Ehe dieses bedeutenden urchristlichen Missionars – werden nur erwähnt wegen des besonderen geistlichen Charismas der vier

[407] Euseb, h. e. 3,31,4.

Mädchen, das der Glaubensverkündigung diente und das – in dieser „familiären" Form – eine Ausnahme war, die man nicht mehr vergaß.[408] In der zweiten Hälfte des 2. Jh.s haben sich dann die montanistischen Profeten und Profetinnen auf sie als Vorbilder berufen.[409]

Ein ganz anderes Beispiel einer „apostolischen Familie" bietet das Ehepaar *Priscilla und Aquila*, das bei Paulus und bei Lk immer nur als Ehepaar zusammen erwähnt wird, wobei, auch das ist ein Unikum im Urchristentum, die Frau, als der wohl aktivere Teil, abgesehen von zwei kontextbedingten Ausnahmen zuerst genannt wird.[410] Paulus trifft beide in Korinth und schließt sich ihnen an, weil er wie sie „Zeltmacher" war. Vermutlich hat er in

---

[408] Erst in einem späten, ganz und gar legendären byzantinischen *Monologion* erscheinen ihre Namen: Hermione, Charitine, Irais und Eutychiane, vgl. R. A. Lipsius, Die apokryphen Apostelgeschichten und Apostellegenden II,2 (1884, Nachdruck Amsterdam 1906), 3, Anm.

[409] Vgl. den antimontanistischen *Anonymus* bei Euseb, h. e. 5,17,2 f.: Hier wird eine weitere vormontanistische christliche Prophetin Ammia aus Philadelphia erwähnt. Vgl. auch Apk 2,20 die Polemik gegen eine „Profetin", die den Schimpfnamen Iezabel (1 Kön 16,31) erhält, weil sie Christen zum Libertinismus verführt haben soll.

[410] In den Paulusbriefen erscheinen sie zweimal als „Priska und Akylas", Röm 16,3 und deuteropaulinisch 2 Tim 4,19. Lk spricht von „Priskilla und Akylas" Apg 18,18.26. Nur in 1 Kor 16,19 und in Apg 18,2 bei der erstmaligen Erwähnung wird der Mann zuerst erwähnt: „Und er [Paulus] fand einen Juden mit Namen Akylas, der aus dem Pontus stammte und gerade aus Italien gekommen war, und Priskilla, seine Frau (…)".

ihrer Werkstatt Arbeit gefunden. Sie waren kurz zuvor, im Jahre 49, als Judenchristen von Kaiser Claudius aus Rom vertrieben worden.[411] Am Ende seines achtzehnmonatigen Aufenthalts in Korinth, ca. 51 n. Chr., begleiten sie Paulus nach Ephesus, wo er sie zurückläßt, damit sie den Aufbau einer Hausgemeinde vorbereiten. Dabei sollen sie unter anderem den aus Alexandrien stammenden christlichen Missionar und rhetorisch versierten Lehrer Apollos, „obwohl er im Geiste brannte", „noch genauer über den Weg Gottes unterrichtet" haben (Apg 18,25 f.).

Während des späteren, ca. dreijährigen Aufenthaltes des Paulus in Ephesus müssen sie in einer bedrohlichen Situation unter Einsatz ihres Lebens für ihn gebürgt haben.[412] Nach der Aufhebung des Claudiusediktes,[413] das die Judenchristen aus Rom vertrieben hatte, kehren sie vermutlich nach Rom zurück, nicht zuletzt deshalb, damit sie dort die seit langem geplante Romreise des Apostels und seine Weiterreise nach Spanien wieder durch den Aufbau einer Hausgemeinde unterstützten.[414]

---

[411] Apg 18,2; vgl. Sueton, Claudius 25,3; dazu R. RIESNER, Die Frühzeit des Apostels Paulus, WUNT 71, Tübingen 1994, 199 ff., s. auch Index.

[412] Röm 16,4; vgl. 2 Kor 1,8 und Apg 19,23 ff.

[413] Die Aufhebung erfolgte wohl bald nach dem Amtsantritt Neros am 13.10.54.

[414] Die Gründung einer paulinischen Hausgemeinde durch eine wohlhabende berufstätige Frau wird Apg 16,14 f. geschildert: Die Purpurhändlerin Lydia „wurde mit ihrem ganzen Haus getauft"; s. dazu J.-P. STERCK-DEGUELDRE, Eine Frau namens

1 Kor 16,19 nennt neben all den anderen Gemeinden der Provinz Asien nur sie und ihre „Hausgemeinde" in Ephesus mit Namen und läßt die Gemeinde in Korinth durch sie besonders grüßen. Im Römerbrief, der im Winter 56/57 von Korinth aus geschrieben wurde, erwähnt Paulus im Grußkapitel 16,3 f. ausdrücklich sie zuerst als „meine Mitarbeiter in Christus Jesus, die für mein Leben ihren Hals dargeboten (d. h. dafür gebürgt) haben, und denen nicht nur ich, sondern auch alle Gemeinden der Heiden zu danken haben". Dann grüßt er die Gemeinde „in ihrem Hause" und eine größere Zahl ihm bekannter Gemeindeglieder. Da die Großstadt Rom vermutlich damals noch keine geschlossene Ortsgemeinde kannte,[415] war wohl ihre Hausgemeinde die eigentliche Empfängerin des Briefes. Dieser wäre dann von dort an die anderen Hauskirchen in Rom weitergegeben worden. Eine weitere „Missionsgehilfin" des Paulus, die wohl einem eigenen „Haus" vorstand und nicht ganz unvermögend war, ist die Überbringerin des Römerbriefes, „Phoebe", die das Amt einer „Dienerin" (διάκονος) der Gemeinde in Kenchräa, der Nachbar-

---

Lydia, WUNT II/176, Tübingen 2004. Kol 4,15 grüßt Paulus „die Brüder in Laodikeia und Nympha und die Gemeinde in ihrem Hause". Auch hier handelt es sich wohl um eine Frau. Vielleicht waren Lydia und Nympha Witwen. Diese spielen dann in den Pastoralbriefen und überhaupt im frühen Christentum eine große Rolle als Stützen der sozialen Gemeindearbeit; vgl. 1 Tim 5,3 ff.

[415] Vgl. dazu die eigenartige Adressenangabe Röm 1,7 „denen, die in Rom sind", die das Wort ἐκκλησία vermeidet.

stadt von Korinth an der Ägäis, innehatte. Sie sei „für viele zum Beistand geworden, auch für mich selbst“[416]. Man darf in ihr zugleich die erste „Auslegerin“ des Römerbriefes sehen. Sie mußte ja in der Lage sein, Fragen der römischen Christen zu diesem schwierigen Brief zu beantworten, und wird wohl auch persönliche Auskünfte über Paulus und seine Reisepläne gegeben haben.

Unter denen, die in Röm 16 weitere Grüße empfangen, findet sich an vierter Stelle noch ein auffallendes Ehepaar: „Grüßet Andronikos und Junias,[417] meine Verwandten und meine Mitgefangenen, die angesehen sind unter den Aposteln und die auch vor mir Christen geworden sind“ (Röm 16,7). Möglicherweise gehörte dieses Paar zu den weiteren 1 Kor 15,7 erwähnten, über den Kreis der Zwölf hinausgehenden Gliedern des Apostelkreises. Eine Alternative wäre, daß sie bei den Jerusalemer Aposteln hohes Ansehen genossen. Auch 1 Kor 9,5 sprach ja davon, daß „die übrigen Apostel“ verheiratet waren. An unserer Stelle würde, falls die erste Vermutung zutrifft, auch die Frau mit als „Apo-

---

[416] Röm 16,2: προστάτις, wörtlich „Beschützerin, Patronin“, s. BAUER/ALAND, WNT^6, 1439.

[417] Zur femininen Namensform vgl. P. LAMPE, Die stadtrömischen Christen, WUNT II/18, Tübingen ^{2}1989, 137–140.147. DERS., From Paul to Valentinus. Christians in Rome in the First two Centuries, Minneapolis 2003, 166–171.176 f. Die Maskulinform „Junias“ als Kurzform von „Junianus“ ist nirgendwo belegt, der Frauenname Junias ist dagegen häufig.

stel" bezeichnet.[418] Das „meine Verwandten" deutet wohl auf eine gemeinsame jüdische Herkunft hin,[419] doch ist auch eine besondere Blutsverwandtschaft mit Paulus nicht völlig auszuschließen. Paulus hatte ja einen Schwestersohn in Jerusalem (Apg 23,16). Sie scheinen, wo und wann wissen wir nicht, einmal „Mitgefangene des Paulus" gewesen zu sein.[420] Dieses „apostolische" oder zumindest den Aposteln nahestehende Paar verweist auf die Anfänge der Urgemeinde in Jerusalem und den dortigen Kreis der „Hellenisten" oder aber auf Tarsus und Antiochien zurück. Vielleicht gehörten sie zu den – uns sonst unbekannten – Mitbegründern der Gemeinde in Rom,[421] die etwa in der Zeit des Caligula (37–41 n. Chr.) entstand. Wir sehen aus diesen zerstreuten Angaben, wie wenig wir über die persönlichen Verhältnisse, d. h. auch über „apostolische Familien",

---

418 Später hat die griechische Kirche einzelne Frauen wie Maria Magdalena, die Paulusbegleiterin Thekla der Paulusakten und die Kaisermutter Helena als ἰσαπόστολος, d. h. als „Apostelgleiche" bezeichnet, vgl. Du Cange, Glossarium ad scriptores mediae et infimae Graecitatis (1688, Nachdruck Graz 1958), 1, 521.

419 Vgl. Röm 9,3; 16,11.21. Die συγγενεῖς μου könnten aus Jerusalem (vgl. Apg 23,16 ff.) oder aus Tarsus (Apg 9,30; 11,25) stammen. Paulus muß dort mehrere Jahre missioniert haben, vgl. Hengel/Schwemer, Paulus (Anm. 343), 147 ff.237 ff.274 ff.

420 Röm 16,7: συναιχμαλώτους μου, vgl. 2 Kor 11,23: ἐν φυλακαῖς περισσοτέρως.

421 S. dazu ausführlich R. Bauckham, Gospel Women (Anm. 360), 109–202 (197 f.). Er verbindet die Junia auf kühne Weise mit der Johanna Lk 8,3; 24,10.

im Urchristentum wissen. Nur die Paulusbriefe und partiell die Apg erhellen unsere Unwissenheit ein klein wenig.

4. Clemens Alexandrinus und der Enkratismus

Ein Vorteil für missionarisch aktive Ehepaare war, daß die Frauen bessere Verbindungen zu den schwer zugänglichen Frauengemächern der Familien des gehobenen Bürgertums herstellen konnten. Darauf weist um 200 n. Chr. *Clemens von Alexandrien* hin, der „Ehefreudigste" unter den frühen östlichen Kirchenvätern und „erste christl(iche) Ethiker".[422] Für unsere Vorstellungen ist seine Haltung zur Ehe asketisch; er verteidigt jedoch ihr

[422] A. Oepke, Artk. Ehe I, RAC 4, 1959, 662, dort weitere Belege. Wie schon in der neutestamentlichen Paränese fließen hier alttestamentliche und stoische Traditionen zusammen, jedoch ist der philosophische Einfluß stärker. Seine überwiegend positiven Aussagen zur Ehe werden häufig durch Paulustexte begründet, die er jedoch platonisierend interpretiert. Vgl. z. B. das 3. Buch der *Stromateis*, wo neben anderen Texten 1 Kor 7 und 1 Tim im Hintergrund stehen. Gleichwohl wird jedoch der wahre christliche Gnostiker „größeres Verdienst bei Gott dadurch erwerben", wenn er „die Strenge seines Lebens steigern kann" und „rein und verständig Enthaltsamkeit geübt hat". Diese darf jedoch nicht durch Übersteigerung zu Hochmut führen. „Denn (...) auch die Ehe (hat) ihre eigenen Dienstleistungen und Aufgaben", vgl. strom. 3,79,4 f. (übers. v. O. Stählin, in: BKV 3, 304). Clemens war vermutlich verheiratet und Familienvater. Dasselbe gilt von seinem Zeitgenossen Tertullian in Karthago.

Recht und ihre Notwendigkeit als göttliche Schöpfungsordnung gegenüber radikalen dualistisch-enkratitischen und doketischen Häretikern und kann sich daher positiv zur Kinderzeugung als Aufgabe der Ehe äußern, obwohl er den Verzicht auf Geschlechtsverkehr in der Ehe höherstellt. Grundsätzlich steht jedoch „der Stand des Junggesellen hinter dem des Verheirateten zurück (…), insofern sich dem Junggesellen weniger Gelegenheiten zur Selbstverleugnung bieten“[423]. Als Beispiel verweist er dabei auf „apostolische Ehen“. So versteht er fälschlicherweise das γνήσιε σύζυγε „liebe Gefährtin“ in Phil 4,3 als „Gattin“ und schließt daraus, daß auch Paulus trotz 1 Kor 7 verheiratet gewesen sei, nur daß er seine Frau nicht „wie die übrigen Apostel auf seinen Reisen mit sich führte, um seinen apostolischen Dienst nicht zu behindern“.[424] Aber selbst die verheirateten Apostel „richteten, ihrem Dienst entsprechend, ihre Gedanken nur auf die Predigt, ohne sich ablenken zu lassen,[425] und führten ihre Frauen nicht als Ehegattinnen, sondern als Schwestern mit sich, damit sie ihre Gehilfinnen bei den (verheirateten) Hausfrauen seien; und durch sie konnte die Lehre des Herrn auch in das Frauengemach kommen, ohne daß üble Nachrede entstand“.[426] Dennoch ist auch für ihn die „Enthaltsamkeit das höchste Ideal“, entsprechend hatten „die verheirateten Apostel (…)

423 H. Chadwick, Artk. Enkrateia, RAC 5, 1962, 358.

424 Vgl. 1 Kor 9,5, s. o. 180 ff.; Clem. Alex., strom. 3,53 f.

425 Vgl. 1 Kor 7,35.

426 Clem. Alex., strom. 3,53,3 (übers. v. O. Stählin).

keine ehelichen Beziehungen mehr zu ihren Frauen", denn „die sinnliche Leidenschaft spielt in der Liebe eines Christen zu seiner Frau keine Rolle (mehr)". Mann und Frau sollen nicht mehr durch den Körper verbunden werden, „sondern allein durch die Schönheit der Seele (...). Dieser Zustand ist ein Vorgeschmack des engelgleichen (Lk 20,36) Lebens im Himmel" und „eine Nachahmung des Herrn". Clemens zeichnet das Ideal eines „orthodoxen Enkratiten", der die Enthaltsamkeit übt „aus Liebe zum Herrn u(nd) nicht aus Verachtung der geschaffenen Dinge"[427].

Hinter seiner Auffassung von den „apostolischen Ehen" steht nicht nur die Zurückweisung radikaler Asketen, die die Ehe grundsätzlich ablehnten, sondern auch die lebendige missionarische Erfahrung aus den ersten rund 150 Jahren christlicher Missionsgeschichte. Schon Josephus bezeugt, daß heidnische Frauen ein besonderes Interesse für den jüdischen Synagogengottesdienst mit seiner attraktiven Predigt eines lebendigen ethischen Monotheismus zeigten, dasselbe wird von Lk für die urchristliche Mission bestätigt: Paulus sei gerade in diesem Milieu auf interessierte Zuhörerinnen gestoßen.[428] Frauen konnten in den Familien der Oberschicht u. U. die besseren Missionarinnen sein.

---

[427] H. Chadwick, Artk. Enkrateia (Anm. 423), 358 f. mit reichen Belegen.

[428] Vgl. Josephus, bell. 2,560 zu Damaskus; ant. 20,34; Apg 13,50 f. Man beobachte die Voranstellung der Frauen: 16,13 f.;

Diese ihre Rolle setzte sich im ganzen 2. und 3. Jh. fort, nur daß – vor allem wegen des Auftretens von gnostischen Lehrerinnen in den Schulen Marcions und Valentins und von Profetinnen bei den Montanisten – die aktive Lehrfunktion der Frauen allmählich zurückgedrängt wurde und diese sich mehr und mehr auf die soziale Fürsorge beschränkten: zum Schaden für die weitere kirchliche Entwicklung.[429] Aber selbst in den stark enkratitisch gefärbten Paulusakten, die von einem kleinasiatischen Presbyter gegen Ende des 2. Jh.s stammen, wird die glühende Paulusverehrerin Thekla vom Apostel als Missionarin ausgesandt: „Gehe hin und lehre das Wort Gottes."[430] Freilich blieb diese frühchristliche Romangestalt, die auf Grund der Predigt des Paulus eine Ehe abgelehnt haben soll, bis zu ihrem Lebensende strenge Asketin. Die seit der zweiten Hälfte des 2. Jh.s wild wachsende Literatur der Apostelromane und -legenden hatte bei ihrer eindeutig ehefeindlichen, radikal enkratitischen Tendenz kein Interesse mehr an „apostolischen Familien". Dort wurde „die geistliche

---

17,4.34: Vgl. dazu HENGEL/SCHWEMER, Paulus (Anm. 343), 51 ff.

[429] Vgl. dazu die knappe, immer noch nicht überholte Darstellung bei A. v. HARNACK, Die Mission und Ausbreitung des Christentums in den ersten drei Jahrhunderten, Leipzig ^{4}1924, 2, 589–611.

[430] Tertullian, bapt. 17; Taten des Paulus und der Thekla c. 41, NTApo^{5} II,223.

E(he) bzw. die Eheverweigerung der Bräute die regelmäßige Folge der apostolischen Predigt".[431]

Eine Ausnahme bildeten *Petrus* und in geringerem Maße *Philippus*. Hier konnte man über die biblischen Nachrichten nicht einfach hinweggehen. So verweist Clemens auf „die Gerechten in alter Zeit", d.h. des Alten Testaments, von denen „einige" verheiratet waren „und Kinder zeugten". Nur sträflicher Hochmut kann „behaupten, diese Männer in ihrem Wandel und Leben übertreffen" zu können. Aber diese Asketen „verachten auch die Apostel". Denn auch „Petrus und Philippus zeugten Kinder" und „Philippus verheiratete seine Töchter".[432] Darüber hinaus hat Clemens eine einzigartige legendäre Tradition über Petrus und seine Frau, die – wie auch manches andere bei ihm – aus mündlicher, vermutlich römischer Tradition stammen könnte, da sie uns sonst nirgendwo mehr begegnet, auch nicht in den späteren Petrusakten. Es geht um das Martyrium der Frau des Petrus[433]:

---

[431] A. OEPKE, Artk. Ehe I (Anm. 422), 660 vgl. H. CHADWICK, Artk. Enkrateia (Anm. 423), 354f., diese Apostelromane stehen in ihrer ehefeindlichen Haltung „auf der Grenzscheide zwischen Orthodoxie u(nd) Häresie".

[432] Clem. Alex., strom. 3,52,5 = Euseb, h.e. 3,30,1: Πέτρος μὲν γὰρ καὶ Φίλιππος ἐπαιδοποιήσαντο, Φίλιππος δὲ καὶ τὰς θυγατέρας ἀνδράσιν ἐξέδωκεν. Er ist im Blick auf Philippus weniger genau orientiert als sein Zeitgenosse Polykrates von Ephesus, s.o. Anm. 402.

[433] Clem. Alex., strom. 7,63,3 (übers. v. O. STÄHLIN) vgl. Euseb, h.e. 3,30,2. Wären uns die Hypotyposen des Clemens

„So erzählt man (φασὶ γοῦν), daß der selige Petrus, als er sah, wie seine Frau zur Hinrichtung abgeführt wurde, sich über ihre Berufung zur Seligkeit und über ihre Rückkehr in die wahre Heimat gefreut habe; er habe ihr aber schöne Worte der Ermahnung und des Trostes zugerufen, habe sie bei ihrem Namen genannt und zu ihr gesagt: ‚Sei du des Herrn eingedenk' (μέμνησο, ὦ αὕτη, τοῦ κυρίου)."

Für Clemens wird sie zum grundsätzlichen Beispiel: „Solcher Art war die Ehe der seligen Männer und ihre vollkommene Gemütsruhe auch da, wo es sich um ihre Liebsten handelte", und er beruft sich dabei wieder auf Paulus: „Wer heiratet, soll sein, als heirate er nicht (ὡς μὴ γαμῶν)." War bei Paulus dieses ὡς μή (1 Kor 7,29.31) „*als nicht*" durch die unmittelbare Nähe des Herrn bedingt, weist die „vollkommene Gemütsruhe" – von der Paulus so nicht spricht – bei Clemens eher auf das stoische Ideal hin, wie überhaupt der ganze Kontext das Verhalten des wahren „christlichen Gnostikers" darstellen will, „der das Erschaffene genießt, wenn und soweit es die Vernunft gebietet, mit Dankbarkeit gegen den Schöpfer".[434] Die Legende von der Frau des Petrus mag in Rom entstanden sein, wo die Tradition vom Martyrium des Petrus seit der neronischen Verfolgung fest verankert war. Clemens Alexandrinus selbst berichtet von der Entstehung des Markusevangeliums in

erhalten, besäßen wir sicher mehr vergleichbare legendäre Traditionen.

[434] Clem. Alex., strom. 7,62,3 f. und 62,1; vgl. auch Euseb, h. e. 3,30,2.

Rom,[435] und schon Clemens Romanus erwähnt um 100 dort das Martyrium des Petrus.[436] Wenig später spielt dieser auf Frauen als Märtyrerinnen in der neronischen Verfolgung an.[437]

Daß Petrus auf seinen Missionsreisen von seiner Frau begleitet wurde, erzählt, freilich nur in marginaler Weise, auch dreimal der *pseudoklementinische Roman*. Die Gemahlin des Apostels begleitet diesen mit Clemens und dessen von den Toten auferweckter Mutter nach Laodicea und bezeugt durch einen Schwur das eintägige Fasten des Clemens vor der Taufe. Sie könnte in diesem Zusammenhang das Gegenbild zu Helena, der Reisegefährtin Simon des Magiers, bilden.[438] In den in ihrer Urfassung judenchristlichen und antipaulinischen Pseudoklementinen, wo Petrus ganz auf der Seite des Jakobus steht, nahm man an der Ehe des ersten Jüngers und seiner Frau als Reisebegleiterin keinen Anstoß. In den uns bekannten späteren Petrusakten ist von ihr dagegen nicht mehr die Rede, wohl jedoch von

---

[435] Euseb, h.e. 2,15,1f. und 6,14,5ff., nach Clemens, Hypotyposen, vgl. Irenäus, adv. haer. 3,1,1.

[436] 1Clem 5,4. „Die Kämpfer der jüngsten Zeit" (1Clem 5,1) bezieht sich natürlich auf römische Martyrien. Vgl. auch ohne Ortsangabe Joh 21,18, vgl. 13,36 und Dionysius von Korinth bei Euseb, h.e. 2,25,8. Weitere Belege o. S. 8f. 160f.

[437] 1Clem 6,2: Die „als Danaiden und Dirken furchtbare und ruchlose Folterqualen erlitten". Vgl. dazu Tacitus, ann. 15,44 und o. Anm. 11.

[438] Ps. Clem., recogn. 7,25,3; 7,36,1; 9,38; hom. 13,1,1; 13,11,2; zu Simon und Helena: hom. 2,25,1.

seiner Tochter, freilich jetzt mit deutlich enkratitischer Tendenz.

Clemens Alexandrinus kannte ja eine Überlieferung von Kindern des Petrus.[439] Möglicherweise war ihm auch jene eigenartige, romanhaft ausgestaltete Legende von der *Tochter des Apostels* bekannt, die zu den Petrusakten gehört und in ihrer ältesten Fassung in einem koptischen Papyrus erhalten ist, aber auch in den Philippusakten und nach Augustin in manichäischen Apostelakten begegnet: Das Mädchen ist seit seinem zehnten Lebensjahr halbseitig gelähmt, und Petrus verzichtete nach Gottes Willen darauf, sie zu heilen, denn schon bei ihrer Geburt wurde ihm offenbart: „Petrus, dir widerfährt heute eine große Prüfung; diese (deine Tochter) wird nämlich viele Seelen schädigen, wenn ihr Leib gesund bleibt." Die Lähmung bewahrt so das Mädchen vor der Ehe mit einem Reichen, der sie gegen den Willen ihrer Mutter zur Frau nehmen wollte:

„Und ein Mann reich an Vermögen, mit Namen Ptolemäus, als er das Mädchen mit seiner Mutter beim Baden gesehen hatte (2 Sam 11,2), schickte er nach ihm, um es sich zur Frau zu nehmen; (doch) seine Mutter ließ sich nicht überreden". Es folgt eine Lücke, die wohl von der Entführung des Mädchens handelt. Petrus bewirkt jedoch durch sein Gebet, daß seine Tochter gelähmt wird. Darauf läßt es Ptolemäus durch seine Leute zurückbringen und „vor die Tür des Hauses legen (...). Als ich aber und seine Mutter es bemerkten, (...) fanden wir, daß die eine Seite des Mädchens (...) ganz gelähmt war. Wir trugen es (ins Haus) und priesen den Herrn, der seine

[439] S. o. Anm. 432.

Dienerin vor Befleckung, Schändung und Verderben bewahrt hat." Ptolemäus wird zur Strafe blind, bekehrt sich aber durch eine Vision, wird geheilt und verschreibt vor seinem Tod in seinem Testament dem Mädchen ein Stück Land zu ihrem Lebensunterhalt, „weil er durch sie zum Glauben an Gott gekommen und gerettet worden war“[440]. Um freilich einen kritischen Frager und die Menge zu überzeugen, daß Gott fähig ist zu heilen, läßt Petrus am Anfang der Erzählung sie rasch kerngesund werden und dann wieder sofort in ihre Krankheit zurückfallen.

Die *Philippusakten* erzählen den Vorgang nur ganz knapp, um zu illustrieren, warum „der berühmte Petrus vor jedem Anblick einer Frau geflohen ist“. Denn schon das Beispiel der Eva zeige, „daß die Begierde in den Augen πορνεία ist“. In den *Acta SS Nerei et Achillei* aus dem 5./6. Jh., deren c. 15 von den Petrusakten abhängig ist, wird die rührselige Geschichte in einer wesentlich anderen römischen Version erzählt: Dort wird die Tochter, nachdem sie in ihrer Frömmigkeit innerlich stark geworden ist, geheilt, stirbt jedoch, als sie wegen ihrer Schönheit von einem Comes Flaccus zur Ehefrau begehrt wird, nach dreitägigem Fasten und dem Empfang der Eucharistie. Die Tochter des Petrus erhält hier

---

[440] Vgl. NTApo[5] II,256 vgl. 251; koptischer Text bei J. Brasler/P. M. Parrot, The Act of Peter BG 4:128,1–141,7, in: NHC V,2–5 and VI with Papyrus Berolinensis 8502 1 and 4, NHS II, Leiden 1979, 473–493. S. jetzt auch H. M. Schenke, in: Nag Hammadi Deutsch (GCS NF 12) II, 844–852, Übersetzung 851; Parallelen: ActPhil 36, s. Lipsius/Bonnet II,2,81 mit zwei Versionen; Augustin, C. Adimantum 17,5 (CSEL 25,1,170).

den Namen „*Petronilla*", während die Mutter auch jetzt namenlos bleibt.[441] Der Name bezog sich ursprünglich auf eine römische Christin und Märtyrerin der frühen Zeit und wurde erst sekundär im 5./6. Jh. auf die Petrustochter übertragen.[442]

Der Gegensatz zwischen den kurzen Notizen eines Clemens Alexandrinus und der Legende der Petrusakten ist offensichtlich. Der erste große christliche Gelehrte verwendet die Hinweise auf Petrus und Philippus zur Verteidigung der Ehe als Gottes gute Schöpfungsgabe, die durch ein Leben der Ehepartner im Glauben und der Liebe geheiligt wird. Darum fügt er noch hinzu, daß Philippus seine Töchter auch verheiratet habe. Dies schließt nicht aus, daß er den ehelosen Stand

---

[441] Vgl. H. ACHELIS, Acta SS. Nerei et Achillei, in: TU XI,2, Berlin 1893, 14 f. Ihr Grab in der Domitillakatakombe wird 17 f. erwähnt. Weiteres dazu bei R.A. LIPSIUS, Apostelgeschichten (Anm. 408), II,1, 203–206. Der große syrische Gelehrte BarHebräus (13. Jh.) berichtet in Zusammenhang mit 1 Petr 5,13 und Apg 12,12 f. von einer Tochter des Petrus mit Namen Rome oder Rhode, s. TH. ZAHN, Einleitung in das Neue Testament, Leipzig [3]1924, 2, 16 Anm. 11 nach der Ausgabe von M. Klamroth, in: Act. apostolicas et epist. catholicas adnotationes, Göttingen 1878, 15.29 (*non vidi*).

[442] Es handelt sich um einen lateinischen, von Petronius/-ia abgeleiteten Namen, der mit Petrus nichts zu tun hat (s. o. Anm. 63): E. DIEHL, ILCV I, Nr. 1995 B adn. Die Inschrift auf einem verlorengegangenen Sarkophag: *Aur. Petronillae filiae dulcissimae* „weist auf die Zugehörigkeit (…) zur Familie der Aurelier hin"; s. dazu G. MUSCHIOL, Artk. Petronilla, LThK[3] 8, 89. Weiteres s. u. S. 213 f. Anm. 452–454.

unter Berufung auf Paulus als den höherstehenden betrachtet. Gleichzeitig widerspricht er jedoch dem auch in der Kirche wachsenden leibfeindlich-dualistischen Enkratismus, der in der Regel einen gnostizierenden Hintergrund besaß. Typisch dafür sind die populären „enkratitischen" Apostelromane mit ihren legendären Erzählungen, die Ehe und Kinderzeugung nicht nur abwerten, sondern in der Regel völlig verwerfen und einem künstlichen asketischen Ideal huldigen, das das Evangelium mit der Predigt der sexuellen Enthaltsamkeit identifiziert. Die Frau des Petrus und Mutter des Mädchens, die man auf Grund der Evangelien und 1 Kor 9,5 nicht völlig leugnen konnte, erhält dabei völlig marginale Bedeutung. Im Gegensatz zur Tochter bleibt sie in allen Quellenhinweisen namenlos.

Es ist hier nicht der Raum, auf die Väterexegese unserer wenigen neutestamentlichen Texte über „apostolische Ehen" näher einzugehen. Immerhin vertrat *Theophylaktos*,[443] der in seinem großen Bibelkommentar die Väterexegese zusammenfaßt, zu Mt 8,14 (= Mk 1,29 f.) die Ansicht, daß die „Ehe die Tugend nicht hindere. Denn der Fürst der Apostel hatte eine Schwiegermutter." D. h., er nimmt eine ähnliche Haltung wie mehr als acht Jahrhunderte früher Clemens Alexandrinus ein. Ob hier indirekt eine kleine Spitze gegen den Westen vorliegt, wo sich gerade im 11. Jh. im Rahmen der

---

443 Vgl. PG 123, Sp. 221. Th. war Bischof von Achrida in Mazedonien, ca. 1050–1108.

cluniazensischen Reform der Priesterzölibat endgültig durchsetzte?[444]

Schwieriger ist die Auslegung von 1 Kor 9,5. Schon Clemens hatte dazu betont, daß die Apostel ihre Frauen nicht als wirkliche Ehegattinnen, sondern eher als Missionsgehilfinnen zur Frauenmission mit sich führten und deutete die Stelle zugleich gut stoisch als einen Ausdruck der Selbstbeherrschung.[445] *Severian von Gabala*[446] läßt es dabei offen, ob es sich um „Ehefrauen oder nicht" handelte. Das von Paulus zu „Frau" hinzugefügte Wort „Schwester" drücke „das Geziemende und Selbstbeherrschte und Reine aus" und zeige, „daß bei Petrus und den anderen (Aposteln) die Frauen aus Interesse an deren Lehre mitreisten". *Theodoret*[447] verweist auf eine verbreitete Auslegung, die in diesen Frauen nicht Ehegattinnen, sondern „gläubige Frauen" sah, „wie sie dem Herrn nachgefolgt waren[448] und für

---

[444] S. H. Chadwick, East and West. The Making of a Rift in the Church, Oxford 2003, 220f.225: „but major issues were western scorn for married priests".

[445] Clem. Alex., strom. 3,53,3 (s. o. Anm. 426) und paed. 2,9,1.

[446] Bischof von Gabala, gegen Ende des 4. Jh.s, zitiert nach K. Staab, Pauluskommentare aus der griechischen Kirche, Münster 1933, 256. Einige westliche Handschriften (F G a b; Tert Ambst Pel) haben 1 Kor 9,5 nur den Plural γυναῖκας.

[447] Bischof von Kyros, erste Hälfte des 5. Jh.s, zitiert nach J.A. Cramer, Catenae in Graecorum Patrum in Novum Testamentum, Vol. V, Catenae in Sancti Pauli epist. ad Cor. (1841, Nachdruck 1967), 166.

[448] Vgl. Mk 15,40f. und Lk 8,2f., s. o. S. 178f.

den Lebensunterhalt der Jünger sorgten". So seien später einige den Aposteln gefolgt, hätten damit ihren heißen Glauben bewiesen, sich der Lehre der Apostel gewidmet und seien Mitarbeiterinnen der göttlichen Botschaft geworden. D. h., der Schwerpunkt des Textes verlagert sich ganz von der ehelichen Partnerschaft auf die geistliche Gefolgschaft. Freilich enthält auch diese Deutung eine *particula veri*. Wir können nicht ausschließen, daß unter den galiläischen Frauen, die Jesus und seiner Jüngerschar folgten, auch Frauen und andere Familienmitglieder dieser Jünger waren. Theophylaktos folgt später einfach dieser Auslegung, wobei er hervorhebt, daß es „wohlhabende Frauen" waren, die den Aposteln den notwendigen Lebensunterhalt zukommen ließen, so daß sie ohne Sorgen sich der Verkündigung widmen konnten.[449] Damit wird die ursprüngliche Bedeutung der Paulustexte umgebogen.

Gleichwohl hat die Frau und Familie des Petrus die Legende auch in späteren byzantinischen Texten beschäftigt. Dafür nur ein Beispiel: Gemäß einer Andreasvita des *Epiphanios Monachos*[450] hinterließ ein armer

---

[449] Vgl. PG 124, 665, vgl. Lk 8,3.

[450] Aus dem Kloster Kallistraton in Konstantinopel, geschrieben zwischen 800 und 813, vgl. H. G. Beck, Kirche und theologische Literatur im Byzantinischen Reich, Byzantinisches Handbuch, II,1, München 1977, 513, s. PG 120, 216–260. Er verfaßte auch das erste bekannte Marienleben. Vgl. dazu R. A. Lipsius, Apostelgeschichten (Anm. 408), I,570 ff.

Mann, Jonas aus Beth Saida,[451] zwei Söhne, Simon und Andreas, in äußerster Armut, die sich ihren Unterhalt als Tagelöhner (vgl. dagegen Mk 1,20) verdienten. Simon habe die Tochter des Aristobulos, eines Bruders des Apostels Barnabas, zur Frau genommen und mit ihr, wie einige sagen, einen Sohn und eine Tochter gezeugt, späterhin aber nach dem Tode seiner Schwiegermutter seine Frau der Mutter Gottes übergeben. „Andreas habe sich der Keuschheit geweiht."[452] Auffallend ist, daß in all diesen Legenden Frau und Schwiegermutter des Petrus anonym bleiben, während die legendäre Tochter – wenn auch erst in späterer Überlieferung, vermutlich auf Grund einer Verwechslung – einen Namen, Petronilla, erhält und als angebliche Märtyrerin zu einer römischen Heiligen wird, deren Grab man in der Domitilla-Katakombe verehrte und mit einer Basilika schmückte. Dort zeigt sie ein Fresko etwa aus dem Jahr 357 n. Chr. als Seelengeleiterin im Paradies. Durch Papst Paul I. (757–767) werden ihre Reliquien nach St. Peter überführt, wo sie

---

451 Zu Jonas vgl. Mt 16,17 und zu Beth Saida vgl. Joh 1,44.

452 R. A. Lipsius, Apostelgeschichten (Anm. 408), I,575; vgl. den Hinweis auf ein dem Patriarchen Sophronius von Jerusalem (gest. 638) zugeschriebenes lateinisch erhaltenes Fragment „de laboribus certaminibus et peregrinationibus SS. Petri et Pauli" und griechische Menäen und Menologien, z. B. das Menologicum Basilii, in: PG 117, 513 f., in dem die Legende in ähnlicher Form wiederkehrt. Die griechischen Andreasakten stellen ihren Helden als ausgesprochenen Feind der Ehe dar; s. J.-M. Prieur, Acta Andreae, CC Ser. Apocr. 6, 1989, Index II, 762 s. v. „Encratisme (rejet de la sexualité)" und „Mariage".

eine Kapelle erhält. Sehr realistisch erscheint sie auf einem Wandgemälde in der Stiftskirche in St. Goar aus dem 15. Jh. als „Verwalterin des Hauswesens des Petrus" mit Schlüssel und Besen. Ihre Volkstümlichkeit erlangte sie nicht zuletzt dadurch, daß ihre *vita* in die Sammlung der *Legenda aurea* des Jacobus von Voragine aufgenommen wurde.[453]

Trotz der alten Notiz des Clemens Alexandrinus über das Martyrium der Frau des Petrus, die selbst Jacobus de Voragine auf Grund seiner Lektüre von Eusebs Kirchengeschichte wiederentdeckt,[454] bleibt sie, soweit ich sehe, in der ganzen Apostellegende namenlos und wird im Grunde fast vergessen. Nur ihr Vater wird in einem späten Text als angeblicher Bruder des Barnabas mit dem gut jüdischen, aus der Kenntnis des Josephus

---

[453] S. o. Anm. 442 und Jacobus de Voragine, Legenda aurea (dt. von R. Benz, Jena 1925), 1, 513–515, zum Grab 1, 508; bei ihm sollen auch St. Nereus und Achilleus, die Täuflinge des Petrus, begraben worden sein. Vgl. auch loc. cit. 2, 511, zu ihrer Überführung nach St. Peter. Zu ihrer Kapelle F. Gregorovius, Geschichte der Stadt Rom im Mittelalter, München 1978, 1, 1, 150 und 1, 2, 383 f. Zur Domitilla-Katakombe vgl. H. Leclercq in: DACL IV, 2, 1409–1422; I, 1, 1515, Abb. 360; L. Schütz, LCI, 8, 157. Zur Kirche in St. Goar vgl. J. Braun, Tracht und Attribute der Heiligen in der deutschen Kunst, Stuttgart 1943 (Nachdr. 1964), 295 Abb. 150; zur Überführung nach St. Peter vgl. W. Buchowiecki, Handbuch der Kirchen Roms, III (Wien 1947, 354), vgl. 362. S. jetzt auch G. Muschiol, Artk. Petronilla (s. Anm. 442), 89.

[454] Jacobus de Voragine, Legenda aurea 1, 556f.

geschöpften Namen Aristobul[455] bedacht. Sie selbst erscheint dadurch in den späteren Petrusviten als eine Nichte des Barnabas, d.h., sie wird damit zum Äquivalent von dessen Neffen Johannes Markus (Apg 12,12.25; 13,5.13; 15,37; Kol 4,10), der in 1 Petr 5,13 „mein Sohn" genannt wird und der nach einer zuverlässigen Tradition Schüler und Dolmetscher des Petrus gewesen war.[456] Aber selbst diese sachlich eindeutige Stelle wurde nach einer rätselhaften orientalischen Tradition, die bei dem gelehrten nestorianischen Exegeten Ishodad von Merw (9. Jh.) auftaucht, umgedeutet.[457] In seiner Einleitung zur Erklärung des Markusevangeliums schreibt er:

„Markus aber ist, wie Clemens bezeugt, ein Sohn des Petrus. Es sagt nämlich Clemens in jenem großen Brief gegen die, welche die ehelichen Verbindungen verwerfen, in dem er diejenigen Apostel aufzählt, welche in der Welt verheiratet waren, nachdem sie aber Jünger des Herrn geworden waren, Reinheit und Heiligkeit bewahrten, wie auch Moses und andere, welche, nachdem sie göttlicher Offenbarung gewürdigt worden waren, sich von der ehelichen Verbindung fernhielten und Heiligkeit bewahrten. Denn dieser (Clemens) sagt: ‚Oder verwarfen sie gar auch die Apostel? Denn Petrus und Philippus haben sogar Kinder gezeugt; Paulus aber verschmähte nicht,

---

455 So hießen drei hasmonäische Hohepriester und der Sohn des Herodes und der Mariamne, der Vater des Königs Herodes Agrippa I.

456 S.o. Anm. 335.

457 Zu seiner Person s. R. Peters, BBKL 2, 1990, 1364f.

seine Ehegenossin in seinem Brief zu grüßen[458]; aber er führte sie nicht mit sich wegen der Heiligkeit des Dienstes.'"[459]

Th. Zahn vermutet, daß Ishodad aus einer frühen, verlorengegangenen Schrift zitiert, die nur Clemens selbst erwähnt.[460] Dagegen äußerte C. Heussi[461] den Einwand, daß es sich um ein relativ freies Zitat aus Strom. Buch III handeln könne, das das Thema von Ehe und Enthaltsamkeit behandelt, und in den §§ 52 f. zu einem guten Teil mit dem Text von Ishodad übereinstimmt, außer jenem eigenartigen Hinweis, am Anfang des Zitats, daß Clemens Mk als leiblichen Sohn des Petrus bezeichnet habe. Da diese absonderliche Interpretation von 1 Petr 5,13 nirgendwo sonst im Werk des Clemens auftaucht und seinen Nachrichten über die Entstehung des zweiten Evangeliums in Rom eher widerspricht, da darin Mk als „Nachfolger" des Petrus erscheint,[462]

---

[458] Phil 4,3: γνήσιε σύζυγε, dazu o. S. 201 Anm. 424.

[459] Deutsche Übersetzung nach Th. Zahn, Retractationes, NKZ 12 (1901), 744 f. Text und englische Übersetzung: Horae Semitica V, The Commentaries of Isho'dad of Merv in Syriac and English, ed. M. D. Gibson, Vol. I, Cambridge 1911, 123.

[460] Clem. Alex., paed. 2,94: περὶ ἐγκρατείας oder 3,41: λόγος γαμικός, s. FGNK III, 37; dazu auch O. Stählin, Clemens von Alexandria aus dem Griechischen übersetzt, BKV II/7; 1, 1934, Einleitung, 39 f.: „eine besondere, sonst nicht bekannte Schrift" (40).

[461] C. Heussi, ZWTh NF 10 (1902), 480–487.

[462] Nach Clem. Alex., Hypotyposen, Buch VI bei Euseb, h. e. 6,14,6; 2,15,1; Adumbrationes ad 1 Petr 5,13: s. K. Aland, Synopse [15]1996, 555. S. o. S. 74–77.

ist eine Herkunft derselben von Clemens selbst wenig wahrscheinlich. Da sie andererseits auch Ishodad selbst kaum erfunden hat, bleibt ihre Herkunft offen. Während heute ein selbstverständlicher Konsens darin besteht, daß 1 Petr 5,13 a: „Es grüßt euch die Mitauserwählte (συνεκλεκτή) in Babylon" auf die christliche Gemeinde in Rom zu beziehen ist, vertraten einzelne ältere Ausleger die Meinung, mit dieser Bezeichnung sei die Frau des Petrus gemeint. Der bekannteste Vertreter dieser Deutung war ALBRECHT BENGEL in seinem Gnomon (zu 1 Petr 5,13): „συνεκλεκτὴ, coëlecta. Sic conjugem suam appellare videtur. Cf. 3,7. Erat enim soror. 1 Cor 9,5. Et congruit mentio filii, Marci"[463].

5. Abschließende Überlegungen

Wir haben vom Haus des Fischers in Kapernaum bis hin zu phantasievollen späten Legenden und absonderlichen Vermutungen einzelner Ausleger einen langen und oftmals komplizierten Weg verfolgt. Er zeigt einmal, wie wenig wir über die realen Lebensvollzüge der großen Gründergestalten des Urchristentums wissen. Dennoch war der Weg reicher, lebendiger, man könnte auch sagen, überraschender und zugleich abgründiger, als wir es bei

[463] S. dazu G. WOHLENBERG, Der erste und zweite Petrusbrief und der Judasbrief, KNT XV, Leipzig 1915, 161 Anm.; TH. ZAHN, Einleitung in das Neue Testament (Anm. 441), 2, 16 Anm. 11.

unserer Neigung zur theologischen Abstraktion und Schematisierung wahrhaben wollen. Ehe und Familie spielten offenbar schon bei den ersten Anfängen, bei Jesus und dem Kreis der Jünger, die er um sich berief, eine größere – und zugleich widerspruchsvollere – Rolle, als in der Regel angenommen wird. Das Problem beginnt bereits mit der Kritik der Familie Jesu an ihm nach seinem öffentlichen Auftreten in Galiläa.[464] Es setzt sich fort in seinem Ruf in die Nachfolge im Blick auf die drängende Nähe der anbrechenden Gottesherrschaft, der den Bruch mit den familiären Bindungen forderte und zunächst selbst die Familie Jesu in eine Krise führte. Dieser Ruf galt als erstem dem verheirateten Fischer Simon, dem Jesus den Beinamen „Fels" gab, seinem Bruder Andreas und den ihnen nahestehenden Zebedaidensöhnen. Und doch wurden die Familienbande auf die Dauer nicht aufgelöst. Im Gegenteil: Verwandschaftsverhältnisse spielten wohl schon im Anhängerkreis, der den Meister nach Jerusalem begleitete, eine gewisse Rolle. Dazu gehörten offenbar auch Frauen aus der Verwandtschaft Jesu und der Jünger. Nach Ostern erhielten dann die Familien mit ihren „Häusern" eine ganz neue Aufgabe als Stützpunkte im „Netzwerk" der sich jetzt formierenden Jesusgemeinden. Schon Namen wie Maria und Martha oder Lazarus zeugen davon. Ohne „Hausgemeinden" und die missionarische

---

[464] S. die anstößigen Texte Mk 3,21.31–35 = Lk 8,19–21 = Mt 12,46–50; Mk 6,1–6a parr.; Joh 7,2–10.

Zusammenarbeit von christlichen Ehepaaren hätte sich die neue Botschaft nicht in dieser Schnelligkeit und Nachhaltigkeit ausbreiten können. Es waren so von Anfang an zwei widerstrebende Kräfte am Werk: Einmal die Nähe des Endes und die im Zusammenhang damit geforderte Freiheit für den Dienst gegenüber dem kommenden Herrn und andererseits die Notwendigkeit der Hausgemeinde als Kern des ständig fortschreitenden Gemeindeaufbaus. Unser Thema, die Familie des Petrus und andere apostolische Familien, ist in dieses spannungsgeladene Kräfteparallelogramm einzuschreiben. Petrus und Paulus stehen sich auch an diesem Punkt scheinbar als Kontrahenten gegenüber. Den Ausgleich bildeten missionarisch wirksame Ehepaare wie Prisca und Aquila, denen Paulus und seine Missionsarbeit unendlich viel verdanken, aber auch Andronikus und Junia in Rom und ihre unbekannte Vorgeschichte wären hier zu erwähnen. Vielleicht müßte man die – uns fast unbekannte – Mission des Ehemanns Petrus und anderer verheirateter Apostel ebenfalls unter diesem Gesichtswinkel sehen. 1 Kor 7 hat die aus alttestamentlich-jüdischer Tradition stammende Hochschätzung der Ehe und Familie durch seine spätere Wirkungsgeschichte negativ beeinflußt. Im zweiten Jahrhundert verstärkte sich die leib- und ehefeindliche, die Familienbildung abwertende Wirkung eines platonisierenden asketisch-enkratitischen Dualismus, dessen radikale Formen, etwa die grundsätzliche Verwerfung der Ehe, zwar zurückgewiesen wurden, die aber doch nur einen unbefriedigenden

Kompromiß zuließen, der erstmals relativ ausführlich bei Clemens Alexandrinus sichtbar wird, einen Kompromiß, der die Zukunft der kirchlichen Eheauffassung bestimmte, jedoch der ursprünglichen Wirklichkeit der „apostolischen Familien" in der Urgemeinde kaum mehr gerecht wurde.

Zeittafel*

Tiberius	17.9.14–16.3.37 n. Chr.
Auftreten des Täufers	ca. 27
Berufung des Petrus	ca. 28/29
Tod Jesu und Osterereignisse	Passafest 30
Petrus in Jerusalem	Wochenfest 30
Tod des Stephanus und Vertreibung der Hellenisten	ca. 32/33
Bekehrung des Paulus	ca. 33
Besuch des Paulus bei Petrus	ca. 36
Anfänge der Heidenmission in Antiochien	ca. 36/37
Paulus in Tarsus	ca. 36–39/40
Bekehrung des Cornelius	ca. 37–38
Caligula	18.3.37–24.1.41
Die ersten Christen in Rom	ca. 38–40
Die Bedrohung des Tempels durch Caligula	ca. 39/41
Claudius	25.1.41–13.10.54
Agrippa I., König in Jerusalem	Frühjahr 41
Verhaftung und Flucht des Petrus	Passafest 42/43
Tod Agrippas I.; Judäa wieder römische Provinz	Frühjahr 44

* S. dazu R. Riesner, Paulus (Anm. 254); Hengel/Schwemer, Paulus (Anm. 92), 473–475; M. Hengel, Gospels (Anm. 9), 208 f.

Apostelkonzil	ca. 48/49
Vertreibung der Judenchristen aus Rom	ca. 49
Paulus in Korinth	ca. 50/51
Konflikt in Antiochien	ca. 52/53
Paulus in Ephesus	ca. 53 – Frühjahr 56
Petrus in Korinth	ca. 53/54
Nero	13.10.54–9.6.68
Rückkehr der aus Rom vertriebenen Juden(christen)	ab Ende 54
1 Kor	ca. 54/55
Gal/2 Kor	56
Paulus wieder in Korinth – Römerbrief	Winter 56/57
Verhaftung des Paulus in Jerusalem	Wochenfest 57
Gefangenschaft des Paulus in Caesarea	57–59
Überführung nach Rom	Winter 59/60
Gefangenschaft des Paulus in Rom	ca. 60–62
Reise nach Spanien	ca. 62–64
Steinigung des Jakobus und anderer führender Judenchristen in Jerusalem	62
Neronische Verfolgung	
Martyrium des Petrus und Paulus	64/66
Ausbruch des Jüdischen Krieges,	
Flucht der Gemeinde nach Pella	Sommer 66
Vespasian	1.7.68–24.6.79
Belagerung und Eroberung Jerusalems durch Titus	April – September 70
Evangelium nach Markus in Rom	ca. 69/70
Doppelwerk des Lukas	ca. 75–85
Domitian	14.9.81–18.9.96

Evangelium nach Matthäus im südlichen Syrien	ca. 90–100
1. Clemensbrief	bald nach 96
1. Petrusbrief	ca. 90–100
Trajan	27.1.98–8./9.9.117
Sammlung der Paulusbriefe	ca. 90–100
Herausgabe des Evangeliums nach Johannes und der Johannesbriefe in Ephesus	ca. 100–110
Pastoralbriefe	ca. 110
Ignatiusbriefe	ca. 110–114
Hadrian	11.8.117–10.7.138
2. Petrusbrief	ca. 120–140
Papias von Hierapolis	
Basilides in Alexandrien	
Valentin in Rom	
Phlegon von Tralles	
Antoninus Pius	10.7.138–7.3.161
Exkommunikation Marcions	144
Justin der Märtyrer	
Apologie	nach 150
Dialog mit Trypho	ca. 160
Martyrium Polykarps	156 (oder 167)
Mark Aurel	7.3.161–17.3.180
Hegesipp	
Reise nach Rom	ca. 160
5 Bücher Hypomnemata	ca. 180
Dionysius von Korinth	ca. 160–170
Irenäus von Lyon	ca. 180

Stellenregister

I. Altes Testament

Genesis
2,24 (LXX) 184
9,5 102

Exodus
19,6 29
32,28 54

Levitikus
17 f. 100
17,11 f. 102

Numeri
12,7 (LXX) 183
20,8–10 34
34,11 65

Richter
6,20 34
15,13 34

1. Samuel
13,6 34
23,25 34

2. Samuel
11,2 207

1. Könige
16,31 195
19,11 34

Jesaja
8,14 36
28,16 25, 28 f., 36
51,1 f. 39
52,15 153
53 141 f.
53,7 f. 141
60,17 83

Jeremia
4,29 34
9,22 f. 110
23,29 35
48,28 35

Joel
3,1–5 116

Amos
6,12 35

Habakuk
2,4 (LXX) 95

Sacharja
6,12 25

Psalmen
8,7 143
24,1 106
110,1 142 f.
118,22 36

Hiob
30,6 33

Proverbia
10,25 12

Daniel
7,9 f. 6
7,22 6
7,26 6

II. Apokryphen und Pseudepigraphen zum Alten Testament

Assumptio Mosis
1,12 12

4. Esra
6,55–59 12
8,44 12

2. Makkabäer
1,16 36
4,41 36

3. Makkabäer
5,51 9

Psalmen Salomos
16,2 9
17,43 133

Sirach
40,14 34

Syrische Baruchapokalypse
14,18 12
15,7 12
21,24 12

Testament Hiobs
46–53 189

Weisheit Salomos
16,13 9

III. Qumranisches Schrifttum

Loblieder
1QH 14,23 f. 25
1QH 14,26 ff. 25
1QH 15,8 f. 25

Texte aus Höhle 4
4Q201
Col. II,8 33
4Q204 fr. 4,5 33
4Q205 fr.2
Col. II,27 33
4Q206 fr.5
Col. III,19 33

Hiobtargum
11Q10
Col. 32,1 33
11Q10
Col. 33,9 33

IV. Flavius Josephus

Antiquitates Iudaicae
18,153 61

20,200 ff. 15, 106
20,34 202

Bellum Iudaicum
2,560 f. 90, 202
5,189 34
6,410 34
7,43 47

V. Neues Testament

Matthäus
1,21 141
4,18 30, 41
4,18–22 174
4,19 89
4,24 64
5,10–12 10
5,13–20 44
5,17–19 50
5,18 50
5,32 184
5,44 10
6,12 141, 158
6,14 f. 141
7,12 85, 101
7,13 f. 7, 44
7,21 f. 7
7,24 ff. 7
8,14 30, 170, 210
8,14 f. 169
8,18–22 184
8,19–22 175
8,21 f. 174 f.
9,5–7 170
9,13 69, 85
10,2 30, 41, 45, 70
10,4 32
10,10 110
10,20 54
10,23 10
10,37 174
11,25 23
11,27 24
12,7 85
12,46–50 16, 218
13,16 f. 24
13,52 5, 82
13,55 16, 178
13,56 177
14,28 f. 45
14,28–33 70
14,33 23
15,15 45
16 40
16,13–16 30
16,16 6
16,17 4, 11, 30, 35, 171, 213
16,17–19 1 ff., 21 f., 24, 26, 29, 37, 42, 51, 57, 82, 156 f.
16,18 1 f., 4, 25, 27 ff., 33, 37 ff., 49, 147
16,18 f. 12, 162
16,19 4 ff., 43
16,21–23 11
16,22 11
16,23 11, 45, 114
16,24 10

16,27 f. 23
17,5 23
17,24 ff. 45, 70
17,25 30, 35
18,17 4
18,18 6, 43
18,21 f. 45
18,21–35 43, 141
19,6 184
19,12 186
19,16–26 173
19,27 174
19,28 6, 175
19,29 174 f.
20,20 41, 179
22,44 142
23 7
23,1–12 7
23,13 6, 44
23,23 85
23,34 5, 10 f., 82
24,3 11
24,9 ff. 10
24,21 f. 10
24,21–29 10
24,27 11
24,37 11
24,39 11
26,26–29 141
26,28 140 f.
26,33–35 45
26,64 142
26,73 21
26,75 45, 71
27,16 31
27,56 41, 179
28,16–20 116
28,18–20 51
28,20 11, 50

Markus

1,1 23, 63, 169
1,4 140
1,11 63
1,14 169
1,16 41, 65, 67, 168
1,16 ff. 65 f.
1,16–20 174
1,16–39 64
1,17 66, 89, 155
1,19 65
1,20 213
1,21 19, 65
1,24 63
1,25 170
1,29 41, 66, 172
1,29 ff. 19, 169, 171, 210
1,31 178
1,34 63
1,36 66
2,1 65
2,5 ff. 140
2,9–12 170
2,17 69, 140
2,23–28 85
3,12 170
3,14 66
3,16 30
3,16 f. 168
3,17 34
3,18 31 f., 41
3,21 16, 47, 218

3,31	47	10,17–27	173
3,31 ff.	181	10,29	169, 175
3,31–35	16, 218	10,30	175
3,35	47	10,32	69
5,37	79	10,35	41
6,1–6	218	10,45	140 f.
6,3	16, 177, 181	10,46	31
6,12 f.	124	12,6 ff.	63
6,45	65	12,35 ff.	63
7,3	59, 64	12,36	142
7,7	124	12,42	64
7,18–23	85	13,3	41, 65, 79
7,26	64	13,10	66, 155, 169
7,31	61	13,19 f.	10
8,17 ff.	69	14,1	59
8,22	65	14,9	66, 136, 155, 169
8,27–9,8	64	14,12	59
8,29	23, 63	14,22–25	141
8,31–33	11, 63	14,24	140 f.
8,32 f.	135	14,26–72	64
8,33	69, 114	14,29–31	64
8,34	10	14,31	135
9,2	79	14,33	64, 79
9,5 f.	63	14,36	142
9,6	69	14,37	35, 64
9,7	23, 63	14,51	68
9,10	69	14,54	64
9,10–13	63	14,61	63
9,19	69	14,61 f.	23
9,25	170	14,62	142
9,33	65	14,66–72	64
9,33–37	151	14,71	135
9,38	41, 79	14,72	71
9,41	63	15,16	64
10,6–9	184	15,21	177
10,8 f.	184	15,40	41, 176

15,40 f.	178 f., 211
15,41	170
15,47	179
16,1	179
16,7	67, 168, 184
16,9–20	72
sek. Schluß	67

Lukas

1,2	130
1,77	141
3,3	140
4,16–30	177
4,35	170
4,38 f.	169 f.
5,1 f.	65
5,7	65
5,8	69 f., 141
5,10	89
5,11	174
5,23–25	170
6,13	192
6,14	30, 41
6,15	32
6,20	132
6,31	85, 101
6,40	132
7,18	132
7,48 f.	141
8,2 f.	211
8,3	170, 180, 199, 212
8,19–21	16, 218
8,22 f.	65
8,33	65
8,45	67
9,14	54
9,20	23
9,22	11
9,35	23
9,42	170
9,49	79
9,57–62	175, 184
9,62	184
10,2	132
10,7	110
10,21	23
10,22	24
10,40	170
11,4	158
11,49	5
11,52	6, 44
12,12	54
13,24	44
14,26	132, 174
15	141
16,18	184
18,9–14	141
18,11	70
18,18–27	173
18,29	173
19,1–10	141
20,36	202
20,42 f.	142
21,12–19	129
22,8	79
22,19 f.	141
22,27	141
22,30	6
22,31 f.	35, 71, 141, 162
22,32	71, 141, 157
22,37	141

22,62 45, 71
22,69 142
23,43 141
24,10 180, 199
24,25 f. 69
24,31 f. 69
24,34 35, 46, 71
24,37 21
24,39 21
24,47 69, 141

Johannes

1,35–42 30, 46
1,40 41
1,42 31, 35, 171
1,42 f. 30
1,44 19, 31, 41, 171, 213
6,8 41
6,60 f. 49
6,66–69 12, 49
7,2–10 47, 218
7,5 16
7,5 ff. 181
10,12 18
12,2 170
12,20 ff. 31
12,22 41, 125
13,23 ff. 134
13,36 8, 49, 206
16,2 18, 49
19,25 176, 178
19,26 f. 134
19,35 ff. 134
20,8 134
20,20 21
20,23 43
20,27 21
20,28 12
20,31 23
21 45, 49, 62
21,5 21
21,7 134
21,12 21
21,15 35
21,15–17 11, 31, 49, 71, 157
21,15–18 162
21,15–19 12, 80
21,17 35
21,18 f. 8, 10, 49, 206

Apostelgeschichte

1–5 138
1,8 129
1,13 41, 79, 192
1,15 54
1,23 31
2 116
2–5 89
2,9–11 114
2,17–21 116
2,22–36 137
2,29 54
2,32 130
2,34 f. 142
2,38 69, 140 f.
2,41 54
2,42 138
3 f. 141
3,13 141
3,15 130

3,19	141
3,26	141
4,4	54
4,6	19
4,8	54
4,13	19, 54
4,20	130
4,27	141
4,29	54
4,30	141
4,31	54, 116
4,36	31
5,3 ff.	135
5,15 f.	124
5,31	69, 141
5,32	130
5,41	129
6,1	94
6,1 ff.	137
6,5	190, 192
6,14	85
7,59 f.	142
8	190
8,5	192
8,14 ff.	128, 148
8,20 ff.	135
8,32	141
8,40	148, 190
9,4	122
9,11	188
9,19–22	90
9,26–28	56
9,29	56
9,30	188, 199
9,32 ff.	148
9,32–43	89, 124
9,32–11,18	128
9,36 ff.	148
10,1–11,18	79, 86, 136
10,14	86
10,14 ff.	136
10,38 f.	130
10,41	21
10,43	69, 141
10,44	116
11,1	86
11,1–3	94
11,2 f.	86
11,8 ff.	136
11,15	116
11,20	91
11,25	188, 199
12,1 ff.	125
12,2	79
12,12	74, 158, 215
12,12 f.	209
12,17	16, 74, 77, 79, 128
12,25	74, 158, 215
13,1	96
13,1 ff.	92
13,5	215
13,6	31
13,7 ff.	91
13,13	158 f., 215
13,14	159
13,31	130
13,38	69, 136, 141
13,43–48	91
13,50	202
13,51	159
14,1	159

14,4	125, 192	16,7	80
14,6	159	16,13 f.	202
14,8	159	16,14 f.	196
14,14	125, 192	17,4	203
14,19	129, 159	17,16	94
15	126	17,34	203
15,1	126	18,2	80, 154, 195 f.
15,1 ff.	137	18,3	110
15,5	106, 126	18,18	195
15,7	94, 126, 136	18,22 f.	93, 121
15,7–9	136	18,23	100
15,7–11	85, 126, 135	18,24	81, 108
15,11	136	18,25 f.	196
15,13	16	18,26	195
15,13–21	15, 88, 126	19,8	109
15,14	32, 35	19,10	109
15,19	101	19,21 f.	109
15,19 f.	120	19,23 ff.	109, 196
15,19–21	100	20,1–3	151
15,20	102, 106	20,18 D	109
15,22	104	20,24	136, 159
15,22 f.	126	20,29	159
15,23–29	100	20,29 ff.	129, 139
15,27	104	20,31	109
15,28	101, 106	21,8	189, 192
15,28 f.	120	21,8 ff.	148, 190
15,29	102, 106	21,10–16	119
15,37	74, 158, 215	21,18	16, 127
15,37–39	93, 159	21,18 ff.	94, 105, 119
15,39	74, 94, 158	21,20	54
15,40	104	21,21	137
15,40 f.	121	21,21–25	88
16–28	127	21,23 ff.	94
16,1	159	21,25	100 f., 120
16,1–3	99	21,28	137
16,4	100, 120, 126	21,39	188

22,1 159
22,3 188
22,7 122
22,15 126
22,17–21 91, 119
23,16 188, 199
23,16 ff. 199
24,17 94, 104
24,23 94, 119
26,14 122
26,16 126
26,16–18 91
27,3 94
28,14–16 127
28,15 119
28,30 9
28,31 129

Römer

1,1 119
1,1–15 127
1,3 f. 123
1,7 197
1,10–13 153
1,11–15 154
1,13 120
1,13 f. 153
1,14 91
1,16 90, 134
2,16 72
3,5–8 118
3,8 90, 113, 115, 118
3,20–31 97
3,28 96
6 114
6,1 118
7,2 f. 185
7,7 118
8,3 ff. 97
8,15 f. 142
8,34 143
9–11 155
9,3 199
9,5 123
11,1 118
11,13 91, 119
11,14 90
11,17–24 155
12 f. 123
12,1 ff. 114
13 9
13,11 f. 135
14 106
14,1 122
14,15–23 122
14,17 122
14,22 f. 122
15 151
15,8 123
15,17–21 110
15,18 f. 152
15,19 104, 119, 124, 152
15,19 f. 127
15,20 26, 38, 108, 152
15,22 120, 127, 153 f.
15,22–24 153
15,23 ff. 153
15,24 9, 150
15,25–31 120
15,25 ff. 104
15,26 17

15,28	9, 150
15,30–32	89
15,30 f.	106
15,31	104
16	198
16,1–23	119
16,2	198
16,3	119, 195
16,3 f.	197
16,3–5	155
16,4	196
16,7	90, 119, 177, 198 f.
16,11	199
16,13	177
16,17–20	119, 151
16,21	199
16,25	72

1. Korinther

1–3	39
1,10–3,4	37 f.
1,11 f.	107
1,12	48, 80, 108
1,12 f.	56
1,13	107, 158
1,31	110
2,2	123
2,10	23
3,4–9	108
3,9	26
3,10	26, 152
3,10 ff.	25 ff., 108, 150, 182
3,11	25, 27, 38, 108, 127
3,12–15	118
3,15	118
3,16 f.	26
3,21 ff.	110 f., 113
3,22	48, 80, 108
5,1–5	102
5,9	102
5,9–13	102
6,2 f.	6
6,9–13	113
6,12 ff.	113
7	186, 200 f., 219
7,1–6	185
7,6	185
7,7	185
7,8	185
7,9	185
7,10	123
7,11	184
7,18	112
7,18 ff.	99
7,19	112 f.
7,25	123
7,28 ff.	185
7,29	135, 205
7,31	205
7,32 ff.	185
7,35	185, 201
7,36	182
7,36 ff.	185
7,39	185
7,40	185
8–10	101 f., 106
8,1	101
8,1–13	122
8,7	122

8,10 122
8,12 122
9,1 ff. 80, 107 ff., 117
9,1–23 180
9,2 f. 38
9,3–6 181
9,3–18 110
9,4 ff. 108
9,5 38, 48, 67, 109 f., 114, 171, 173, 182 f., 186, 198, 201, 210 f., 217
9,6 181
9,12 181
9,14 110, 123
9,15 ff. 151
9,18 181
9,19–23 99
9,20 f. 99
9,20 ff. 90
9,22 99
10,4 27, 39
10,21 101
10,23 113
10,25–29 122
10,25 f. 106
11,2–12 194
11,11 194
11,16 114
11,19 107
11,23 123
11,23 ff. 123
13,5 94
14,26 ff. 194
14,34 194
15,1 ff. 111, 150
15,3 55, 141
15,3 ff. 69, 71, 123
15,5 35, 46, 48, 107
15,6 54
15,7 16, 109, 183, 198
15,9 72
15,9 f. 107, 110
15,10 54
15,11 107, 111
15,25 ff. 143
15,50 24
15,56 87
16,1 112, 120
16,1 ff. 104
16,3 104
16,12 108
16,15 120
16,19 195, 197
16,22 117, 142, 151

2. Korinther

1 109
1,8 196
1,14 150
1,17 117
1,19 104
2,3 151
2,13 151
3,1 115
3,1 ff. 115, 149
3,6–11 87
3,6 f. 113
4,2 149
5,12 149
5,14 f. 97

5,16	72, 117, 123
5,16 f.	122
5,20	97
6,4	149
7,5	151
7,11	149
8 f.	104, 112
8,1	151
8,4	120
8,9	123
9,1	120
9,12	120
10 f.	112
10–12	56, 166
10–13	117 f., 151 f.
10,1–6	109
10,2	115, 117
10,7–11	116
10,12	115, 149
10,12–18	149
10,13	117, 149
10,14	150
10,15	149
10,16	149, 153
10,17	110
10,18	149
11,2	117
11,4	116
11,5	109, 114, 125
11,7 ff.	110, 181
11,9 f.	151
11,10	135
11,12–15	114
11,13	114
11,14	114
11,15	118
11,16–33	151
11,22 f.	114
11,23	199
11,29	117
12,11	114, 149
12,11 ff.	109, 124
12,13	110
13,3	152
13,4	117
13,8	135

Galater

1,1	109
1,6	116
1,7	115
1,8 f.	97
1,11 f.	72, 134 f.
1,12	24
1,13 f.	72
1,15 ff.	24, 91, 119, 152
1,16	23
1,17	91, 110, 124
1,17 f.	104
1,18	37, 48, 56, 144, 183
1,19	16
2,1	104
2,1 ff.	112, 137
2,2	104, 111
2,3–5	97
2,5	103, 135
2,6	121, 125
2,7	48, 66
2,7 f.	37, 88, 136
2,7–9	88, 92
2,8	48, 89

2,9 14 ff., 37, 48, 50 f., 88 f., 125 f., 134
2,10 17, 104, 120 f.
2,11 37, 48, 95, 104
2,11 f. 89
2,11 ff. 17, 38, 85, 92 f., 95, 99, 108, 137, 180
2,12 16, 86, 95 f., 102, 112, 115, 136
2,13 94, 96
2,14 37, 48, 96, 103, 135 f.
2,14–21 135
2,16 96, 135
2,17 97
2,18 97
2,19 97
3,1 123
3,13 f. 97
4,4 123
4,4 f. 97
4,5 f. 142
4,25 f. 104
4,26 29
4,29 98
5,3 f. 101
5,6 99, 113
5,11 99, 117
5,13 ff. 113
5,25 113
6,11–17 151
6,12–15 99

Epheser
1,20–22 143
2,20 26, 29
2,20 f. 28
3,5 23
3,8 72

Philipper
1,14–17 80, 111
1,15 115
1,15 f. 127
2,16 150
3,2 117
3,2–11 87
3,5 116
3,5 f. 188
3,6 72
4,3 201, 216
4,12–18 110

Kolosser
2,7 29
4,10 74, 158, 169, 215
4,11 48
4,14 131, 158, 170
4,15 197

1. Thessalonicher
1,1 104
2,14 f. 98
2,15 117
2,19 f. 150
4,14–17 55
4,15 123
5,2 123
5,2 f. 55

1. Timotheus
1,15 69
1,15 f. 72
3,2 ff. 188
4,3 187
5,3 ff. 197
5,14 187
6,20 187

2. Timotheus
1,3 ff. 159
2,8 72
3,11 159
3,15 159
4,3 159
4,6–8 159
4,7 159
4,11 74, 158 f.
4,12 159
4,16 159
4,16–18 159
4,19 195
4,20 159

Titus
1,6 188

Philemon
24 74, 158

Hebräer
2,3 130
3,6 183
6,1 26
10,38 95

Jakobus
1,1 16
2,20–26 150
2,24 96
4,13 ff. 150

1. Petrus
1,1 16, 80, 82
1,5 23
2,4 28
2,4–8 29
2,6 28
2,9 29
2,13 ff. 9
2,22–25 141
3,22 143
4,17 136
5,1 8, 160
5,12 104
5,13 8, 73 ff., 77, 160, 167, 209, 215 ff.

2. Petrus
1,1 16, 32, 35
1,13–15 8
3,15 f. 160

1. Johannes
1,1 22

Judas
1,1 16

Apokalypse
2,20 195
14,6 136
20,4 6
20,10 10
20,14 10
21,2 28

21,14 28
22,20 142

VI. Neutestamentliche Apokryphen

Apokryphe Apostelakten

Andreasakten 10, 80 f.

Petrusakten (Actus Vercellenses)
1,1 9
37 f. 10
37–41 8

Philippusakten
36 208

Ascensio Isaiae
4,2 f. 8

Hebräerevangelium
Fragment 7 13

Pseudoklementinische Literatur

Briefe
Ep. Clementis 1,1 14
Ep. Clementis 1,2 f. 26
Ep. Petri 1,1 14

Homilien
2,25,1 206
7,8,1 101
8,19,1 101
13,1,1 206
13,11,2 206

Rekognitionen
1,43,3 83
7,25,3 206
7,36,1 206
9,38 206

VII. Apostolische Väter

Barnabasbrief
5,9 69

1. Clemens
1,3 83
5 161
5 f. 8 f., 56
5,1 206
5,1–4 78
5,4 21, 206
5,7 9
6,1 8
6,2 206
21,6 83
35,2 186
38,2 186
42,4 f. 83
44,5 83
59–61 155
64,2 186

Didache
10,6 142
11,11 182

Hirte des Hermas

Similitudines
9,14,6 (= 91,6) 26

Ignatius von Antiochien

Epistula ad Ephesios
2,2 161

Epistula ad Polycarpum
5,2 186

Epistula ad Romanos
2,2 83
4,3 21, 56, 78, 161

Epistula ad Smyrnaeos
3,1 67
3,1 ff. 21
3,2 161
5,3 115
7,2 115

Polykarp von Smyrna

Epistula ad Philippenses
9,1 f. 9

VIII. Schriften aus Nag Hammadi

Apokryphon des Jakobus (NHC I,2)
NHC I,2 14

Thomasevangelium (NHC II,2)
Logion 12 12, 134
Logion 13 132
Logion 39,1 f. 6
Logion 114 132

2. Apokalypse des Jakobus (NHC V,4)
NHC V,4 15

Akten des Petrus und der Zwölf Apostel (NHC VI,1)
NHC VI,1 42

Apokalypse des Petrus (NHC VII,3)
NHC VII,3 42

Brief des Petrus an Philippus (NHC VIII,2)
NHC VIII,2 42

Petrusakten (BG 4)
BG 8502,4 42

IX. Kirchenväter, christliche Autoren und Schriften

Acta SS. Nerei et Achillei
15 208

Augustinus

Contra Adimantum
17,5 208

Canon Muratori
37 ff. 9

Clemens von Alexandrien

Adumbrationes in Epistolas Canonicas
Ad 1Petr 5,13 77, 216

Paedagogus
2,91 211
2,94 216
3,41 216

Stromateis
3,52,5 204
3,53 f. 201
3,53,3 201, 211
3,79,4 f. 200
7,62,1 205
7,63,3 204
7,62,3 f. 205
7,106,4 53

Epiphanius von Salamis

Panarion
78,8,1 177
78,9,6 177
78,14 15

Eusebius von Caesarea

Hieronymi Chronicon 8 f., 81

Historia Ecclesiastica
2,1,3 14, 83
2,1,4 14
2,1,5 15
2,14,6 82, 89
2,15 167, 176
2,15,1 216
2,15,1 f. 77, 206
2,16,24 80
2,23,4 14
2,23,4–18 15
2,23,8–18 134
2,25,8 8 f., 57, 109, 206
3,1,1 f. 80
3,1,2 10
3,5,3 106
3,11 176
3,22 81
3,30,1 204
3,30,2 204 f.
3,31,3 f. 192
3,31,4 191, 194
3,32,4 176
3,39,14 f. 74
3,39,15 19, 53, 58, 167
3,39,16 20, 51, 75
3,39,4 46, 168
3,39,7 74
3,39,9 ff. 191
4,11,1 139
4,11,2 139
4,22,4 176
5,8,3 76
5,17,2 f. 195
5,23,1 60
5,24,1–8 191
5,24,2 f. 192
5,24,6 60
6,14,5–7 77
6,14,5 ff. 206
6,14,6 216
6,25,6 77
8,6,1–4 49

Hieronymus

De Viris Inlustribus
1 82
2 13 f.

8 77

Irenäus von Lyon

Adversus Haereses
1,26,2 17
1,27,1 139
3,1,1 9, 57, 76, 167, 176, 206
3,3,2 57
3,4,3 139
3,12,15 14, 83

Justin

Apologia I
67 155
67,3 72

Dialogus cum Tryphone Iudaeo
47 17
103,8 72
106,3 72, 168

Origenes

Commentarii im Mt
77
XV,21 175

Contra Celsum
1,63 69
2,14 53

Homiliae in Lc
VI 81

Tertullian

Adversus Marcionem
4,5,3 72
4,13,6 26

De Baptismo
17 203

De Praescriptione Haereticorum
22,44 26 f.

De Pudicitia
22,9 27, 29

Scorpiace
15,3 10

X. Rabbinisches Schrifttum

Babylonischer Talmud
bChag 12b 12

Jalqut Shimoni
I § 766 39

Midrasch Kohelet
1,8 172

Targumim

Onkelos
Num 20,8–10 34

Jeruschalmi I
Num 20,8–10 34

XI. Pagane antike Quellen

Livius

39,13,14 8

Porphyrius

„Gegen die Christen"
III,22 94

Sueton

De Vita Caesarum
Claudius 25,3 196
Nero 16,2.38 8

Tacitus

Annales
15,44 206
15,44,2–5 8
15,44,4 8, 10

Autorenregister

Achelis, H. 209
Achtemeier, P. 68
Adam, A. 182
Ådna, J. 25
Aland, B. 72
Aland, K. 12, 19, 95, 149 f., 152, 170, 182, 216
Allison, D. C. 1, 5, 39
Arnold, C. E. 100

Baldwin, M. C. 43, 49
Barrett, C. K. 100, 109
Bauckham, R. 8, 10, 51, 176 ff., 199
Bauer, W. 8, 19, 95, 149 f., 152, 160 f., 170, 182
Baur, F. C. 68, 84, 113
Beck, H. G. 212
Becker, H.-J. 7
Bengel, A. 217
Berger, K. 42
Bernheim, P.-A. 13, 17, 83
Betz, O. 25
Beyer, W. 149
Billerbeck, P. 5, 21, 24, 31, 61, 100, 172
Blinzler, J. 177
Böcher, O. 2, 54, 58
Bockmuehl, M. 20, 22, 31, 39, 47, 72
Böttrich, Ch. 33
Brasler, J. 208
Braun, J. 214
Brun, L. 54
Buchowiecki, W. 214
Burchard, Ch. 126
Byrskog, S. 130

Campenhausen, H. v. 79, 187
Caragounis, C. C. 32
Carleton Paget, J. 17
Chadwick, H. 201 f., 204, 211
Claudel, G. 2
Conzelmann, H. 55, 60
Cook, J. G. 53, 94
Cramer, J. A. 211
Cullmann, O. 2, 8, 97, 171

Davies, W. D. 1, 5, 39
Deines, R. 44, 50, 101
Dell, A. 33 f.
Dibelius, M. 28
Diehl, E. 209
Dobbeler, A. v. 189
Dschulnigg, P. 2, 64, 71
Du Cange 199

Elm, S. 182

Feldmeier, R. 45 f., 58, 63, 168
Fitzmyer, J. A. 33
Ford, J. M. 33
Froelich, K. 82

Gäckle, V. 102, 106, 122
Gnilka, J. 2, 74
Grappe, Chr. 2, 8, 10, 25 ff.
Grässer, E. 117, 124
Gregorovius, F. 214
Günther, M. 75

Haenchen, E. 55, 73
Harnack, A. v. 9, 72, 94, 125, 138, 170, 193, 203
Heckel, Th. K. 73, 76
Heckel, U. 12, 118
Herzer, J. 87 f.
Heussi, K. 160, 216
Hezser, C. 19
Hommel, H. 9
Horbury, W. 136
Hurtado, L. 140

Ilan, T. 31, 179

Jeremias, J. 36
Jülicher, A. 6
Jüngel, E. 137 f.

Kammler, H.-C. 37
Karrer, M. 107, 115
Kelhoffer, J. A. 73
Klauck, H.-J. 43
Klijn, A. F. J. 33
Klostermann, E. 71
Knoch, O. 48
Köhler, W.-D. 22, 51
Körtner, U. H. J. 75
Kümmel, W. G. 70, 101, 152, 180

Lagrange, P. M.-J. 1
Lampe, P. 33 f., 49, 61, 83, 139, 198
Leclercq, H. 214
Lietzmann, H. 101, 106, 108 f., 113 f., 151 f., 180
Lindemann, A. 60
Lipsius, R. A. 195, 209, 212 f.
Löhr, H. 155
Löhr, W. A. 53
Luz, U. 1, 4, 22, 33, 40, 48, 53 f.

Mach, R. 13
Markschies, Chr. 53
Martinez, F. G. 25, 33
Metzger, B. M. 100
Meyer, E. 61, 109, 114
Michel, O. 183
Mimouni, S. C. 17
Mitchell, M. M. 51
Mittmann-Richert, U. 69, 141
Morgenthaler, R. 46
Muschiol, G. 209, 214
Mutschler, B. 76

Nau, A. J. 2, 45

Oepke, A. 200, 204

Parrot, P. M. 208
Pesch, R. 2, 33, 35, 173
Peters, R. 215
Philonenko, M. 142
Pratscher, W. 13 f.
Prieur, J.-M. 80, 213

Rahmani, L. Y. 31
Regul, J. 77
Riesner, R. 125, 154, 173, 196, 221
Rüger, H.-P. 34, 59

Schenk, W. 49
Schenke, H. M. 208
Schlatter, A. 1, 34 f., 40 f., 152
Schlier, H. 28 f.
Schnelle, U. 18, 59 ff., 74
Schrage, W. 107, 182
Schürer, E. 47, 128
Schütz, L. 214
Schwemer, A. M. 15, 47, 98, 108
Shanks, H. 172
Smith, T. V. 68, 114
Sokoloff, M. 34
Staab, K. 211
Stählin, O. 200 f., 204, 216
Sterck-Degueldre, J.-P. 196
Strange, J. F. 172
Strobel, A. 92
Stuhlmacher, P. 39, 136

Testa, E. 172
Thornton, C.-J. 76, 176, 190
Thrall, M. E. 114, 116, 149
Thümmel, H. G. 8
Tigchelaar, E. J. C. 25, 33
Trebilco, P. 76

Vielhauer, Ph. 5, 28, 73, 108 f., 156

Wehr, L. 2, 4, 33, 36, 40, 74, 82
Wellhausen, J. 61
Wenham, D. 123
Wiarda, T. 2
Wilckens, U. 55
Windisch, H. 149
Wohlenberg, G. 217
Wrede, W. 69

Zahn, Th. 68, 81 f., 190, 209, 216 f.

Sachregister

Abba/Abbaruf 142
Abendmahlsbericht 71, 123, 141
Abraham 39
Achaia 80, 150
Agrippa I. 74, 86, 105, 146, 215
Agrippaverfolgung 15, 47, 68, 74, 77, 89, 125, 146 f., 163
Ägypten 32, 77, 81
Alexander und Rufus 177
Alexandrien 81, 196
Älteste 14, 87, 126, 188
Ananias und Sapphira 145
Andreas, Bruder des Petrus 19, 30 f., 41, 46, 65 f., 80, 125, 170 f., 193, 213, 218
– radikaler Asket 193 ff.
Andreasakten 80, 193, 213
Andronikus und Iunia 90, 119, 177, 198, 219
Anicet 83
Antinomisten 6, 44, 108
Antiochien in Pisidien 136, 159
Antiochien in Syrien 47, 78, 80 f., 87, 91 f., 102, 104, 121 ff., 126 f., 134, 147 f., 199
– Gemeindegründung 81, 124
– Heidenchristen 98, 103, 121
– Judenchristen 92, 94 ff. 103, 121
– Konflikt zwischen Petrus und Paulus 38, 81, 85, 89, 92 ff., 107, 120 f., 128, 137 f., 146, 156, 164
– – Datierung 93
Apollos 38, 81, 108, 196
Apostelakten/-romane 42, 195, 203 f., 207, 210
Aposteldekret 82, 100 ff., 120, 126, 137
– Datierung 121
Apostelgeschichte 88, 125 ff., 159
– historische Zuverlässigkeit 188 f.
Apostelkonzil 15, 37, 78, 81, 84 ff., 97 ff., 112, 121, 125, 136, 156, 164
Apostolisches Zeugnis 52, 145, 162, 166
Aquila, s. Priscilla
Asia (römische Provinz) 80, 197

Asketen/Askese 182, 185 ff., 193, 201 f., 204, 210
Augustus 20

Babylonien 172
Barnabas 14, 48, 88, 91 f., 96 f., 99 f., 103 f., 119, 121, 180 f., 213 f.
– Trennung von Paulus 93 f., 159
Barnabasbrief 139
Basilides 52
Benedikt XVI., Papst 137
Beschneidung 88, 97, 99 f., 112
Beth Saida 19, 65, 171, 192, 213
Binde- und Lösegewalt 5

Caesarea 79, 91, 119, 127, 148, 189 ff.
Caligula 86 f., 105, 124, 199
Celsus 53
Charismen 117
Christologie 55, 63, 87, 138, 142 f., 159, 165, 189
– Entstehung 54, 165
Christus, s. Jesus Christus
Claudius 81, 87, 89, 154, 196
Claudiusedikt 154, 196
Clemens Alexandrinus 13 f., 36, 43, 52, 76 f., 83, 167, 182, 190, 200 ff., 220
– Eheverständnis 200 ff.
Clemens Romanus 18, 26, 78, 206
Cornelius 91, 128, 130, 136, 146 f., 148, 190
Corpus Johanneum 161, 166

Damaskus 56, 61, 90, 137, 202
Diaspora 47, 82, 89, 99, 154
Dionysius von Korinth 8 f., 56, 109, 206
Doketen/Doketismus 113, 201
Domitian 10, 18
Domitilla-Katakombe 209, 213 f.

Ebionäer 17, 82
Ehe 184 ff., 200 ff.
– apostolische Ehen 182, 201
– bischöfliche Ehen 187
– „geistliche Ehe“ 203 f., 212
– Eheabwertung 203 f., 210
– Ehehochschätzung 219
– Ehelosigkeit 185 ff.
– Ehescheidung 176, 184
– Wiederheirat 184 f., 187
Ehefrauen, apostolische 110, 174, 180, 201
Ehepaare, missionarische 183, 200, 219
Einheit der Kirche 105, 111 f., 120, 137, 147, 158
Empfehlungsschreiben 115, 149
Enkratiten/Enkratismus 187, 200 ff., 210, 219
Enthaltsamkeit 210
Enthusiasmus 55, 141, 194

Epheserbrief, Entstehung/ Datierung 28
Ephesus 80, 108 f.
Erwählung 24, 41, 136
Ethos, christliches 144, 165, 200
Eucharistie 13, 95, 102, 136, 164, 208
Evangelien 47
– Adressaten 51, 73
– Entstehungsverhältnisse 4, 52, 73, 77, 144
– synoptische Tradition 144
– Verfasserangaben 59, 73, 169

Familien, apostolische 169 ff., 188 ff., 199, 220
Fels 24 ff., 32 ff., 35 ff.
Formgeschichte 144
Frauenbewegung 178 f.
Frauenmission 211

Galaterbrief 52, 112, 138, 164
– Entstehung/Datierung 108
Galatien 38, 80, 100, 103, 109, 111 f.
Geistbegabung 116, 194
Gemeinde
– als (eschatologischer) Tempel 24 ff., 28, 183
– als Haus Gottes 183
– als Priesterschaft 29
– soziale Fürsorge 197, 203
Gerechte 12 f., 69, 204
Gesetz, jüdisches 17, 50, 87, 95, 101, 106, 112 f., 118, 122
– Heilsbedeutung 96 f., 113
Glaukias 52
Gnade 41, 110, 136
Gnostiker/Gnosis 113, 117, 139, 187
Goldene Regel 101
Gottesfürchtige 90, 96, 148, 163
Gottesherrschaft 5 f., 39, 44, 133
Götzenopferfleisch 92, 101 f., 106
Gütergemeinschaft 183

Hadrian 52 f., 75
Hausgemeinde(n) 188, 190, 194, 218 f.
– in Ephesus 196 f.
– in Rom 119, 147, 155, 176, 197
Hebräerevangelium 13
Hegesipp 14 f., 133, 176
Heidenchristen(tum) 50, 84, 92 ff., 96, 98, 103, 106, 121
Hellenisten 35, 85, 87, 91, 146, 163, 190, 199
Henochfragmente 33
Herodes Antipas 180
Hierapolis 191

Identität, jüdische 98, 102
Ignatius von Antiochien 22, 78, 81, 83, 87, 161, 186
Ikonium 159

Illyrikum 127, 152
Irenäus 17, 51, 57, 72, 75 f., 139, 167, 193
Ishodad von Merw 215 ff.

Jakobus, Herrenbruder 12 ff., 35, 47 f., 50, 56, 85, 87 f., 100, 109, 113, 155
– Auferstehungszeuge 111
– Bischof von Jerusalem 13 f.
– Boten des 87, 95, 105, 137
– „der Gerechte" 12 f., 134
– Führungsanspruch 12 f., 82
– Gemeindeleiter in Jerusalem 68, 77, 82 f., 126, 163
– Häufigkeit im NT 15 f.
– Konkurrenz zu Petrus 13
– Martyrium 15, 82, 84, 105 f., 133 f.
– Offenbarungsempfänger 14
Jakobus, Zebedaide 42, 79
Jakobusbrief 87, 150
Jerusalem 26, 89, 91, 98, 104, 119 f., 163
– endzeitliches 28
– Zerstörung 70 n. Chr. 5, 17, 139, 169
Jesus Christus
– als „Fels" 27
– als Fundament 25 ff., 182
– als Schlußstein 28 f.
– Auferstehung 111, 125, 137, 142, 179
– Beruf 178
– Brüder Jesu 15 f., 47, 108, 177, 181 f., 185
– Eheverständnis 173 ff., 184
– Gottesknecht 4, 141
– Kreuzigung/Tod 49, 53, 71, 97, 104, 107, 111, 117, 134, 176, 178
– Leidensweissagung 11, 63
– Nachfolge 49, 173 ff., 218
– Schwestern Jesu 177
– Sohn Gottes 6, 23, 40, 122, 132
– Verwandte Jesu 16, 176 f.
– Wunder 117, 169 f.
– Zuwendung zu den Sündern 140 f.
Johanna, Frau des Chuza 180, 199
Johanneische Schule 75 f., 80
Johannes der Täufer 140
Johannes, Presbyter 20, 50, 53, 60, 74 f., 167, 193
Johannes, Zebedaide 7, 15, 19, 42, 48, 50, 130, 146
Johannesakten 193
Johannesapokalypse 10
Johannesevangelium 11, 18, 63
Joppe 146, 148
Joseph, Vater Jesu 178
Josephus 15, 20, 34, 47, 90, 202, 214
Juden 36, 90
– in Anatolien 100
– in Caesarea 128
– in Palästina 5, 7, 47, 60, 86, 105, 123, 173, 177
– in Rom 9, 123 f., 176 f.
– in Syrien 47

Judenchristen(tum) 13, 17, 39, 50, 84, 88, 98, 100, 112, 114, 121, 154, 172
– Apostasievorwurf 88, 106
– Bedrängnis/Verfolgung in Jerusalem 98, 105 f., 137, 163 f.
– Eiferer für das Gesetz 105, 112
– führende Rolle 92, 146, 155
– in Antiochien 103, 106, 121
– in Jerusalem 104 ff., 112, 121, 163
– in Kapernaum 172
– Missionare 114, 116, 150, 154
Jüdischer Krieg 9, 84, 105, 128, 191
Julian Apostata 53, 93
Julias (Polis) 19
Jünger Jesu, s. a. Zwölferkreis
– als Statisten 40, 47, 133
– Berufung 30, 174
– Ehefrauen/Heirat 175 f., 181
– Unverständnis 69, 71
Jüngerinnen Jesu 176, 178, 212, 218
Justin 51, 72, 75, 168

Kaiserkult 143
Kapernaum 19, 65, 79, 169 ff.
Kenchräa 197
Kephas, s. Petrus
Kephaspartei, s. Korinth
Kerdon 139, 193
Kilikien 126
Kleinasien 79, 83, 121
Kollekte für Jerusalem 90, 94, 104, 112, 120
Kolosserbrief 159
Konflikt in Antiochien, s. Antiochien
Kontinuität zwischen Jesus und der Kirche 129, 142
Korinth 38 f., 56, 80, 101 ff., 106 ff., 131, 134, 147 f., 150 f., 180, 195
– Besuch des Petrus 106 ff.
– Gemeindegründung 26, 107, 109, 111, 149 f.
– Kephaspartei 38, 56, 107 ff., 109, 127, 156, 164, 186
Korintherbriefe 52, 106 ff., 112, 119, 164
– Einteilungshypothesen 151
– 1. Korintherbrief 181
– – Datierung 119, 181
– 2. Korintherbrief 111 ff., 151
– – Datierung 119, 151

Laodikeia 197, 206
Legenda Aurea 214
Lehr- und Disziplinargewalt 5 f., 43
Libertinisten/Libertinismus 6, 44, 113 f., 118, 195
Lieblingsjünger 11, 30, 41, 46, 48 f., 134, 193
– Konkurrenz zu Petrus 11
Logientradition (Q) 62, 131 ff., 174 f., 184
Lukas, Evangelist 70, 129 ff.

– Beruf 130, 170
– Besuch in Jerusalem 130
– Doppelwerk 52, 129, 147
– – Entstehung/Datierung 130 f.
– Harmonisierung/Vermittlung 11, 85, 93, 107, 115, 126 ff., 139, 141, 166
– Jesustradition 130
– paulinischer Einfluß 70, 138, 184
– Paulusbegleiter 130 f., 189 f.
Lukasevangelium 131
– Datierung 129
– Petrusbild 129, 146
– Verfasser 70
Lydda 146, 148
Lydia 196 f.
Lystra 99, 159

Makedonien 80, 151, 210
Maranatha 142
Marcion 27, 72, 138 f., 187, 193, 203
Maria Magdalena 176, 178
Maria und Martha 218
Maria, Frau des Klopas 176
Maria, Mutter des Jakobus und Joses 179
Maria, Mutter des Johannes Markus 74
Maria, Mutter Jesu 176 f.
Markus, Evangelist 58 ff., 68, 167, 158 ff.
– anerkannte Autorität 74, 169
– Beiname Johannes 68, 159, 169, 215
– Dolmetscher des Petrus 19, 60, 74, 167
– Neffe des Barnabas 74, 158, 169
– Schüler des Petrus 58 ff., 129, 139, 160, 165, 167
– Sohn des Petrus 215 f.
– Theologie 139
Markusevangelium
– antipetrinische Tendenzen? 68
– Datierung 63, 169, 176
– Entstehung 58 f., 64, 167
– historische Zuverlässigkeit 139, 171, 178
– *inclusio* für Petrus 66 f., 168
– petrinische Tradition/Autorität 62 ff., 72, 77, 167 ff.
– Petrusbild 22, 66, 165
– Redaktion 62
– Sprache 59, 64, 169 f.
– Verfasser 60, 70, 74
Märtyrerinnen 206
Matthäus, Evangelist 5,7, 22
– Eheverständnis 186
– judenchristlicher Schriftgelehrter 5, 50
– Sammlung von Jesuslogien 20, 51, 75
– Zollpächter 20
Matthäusevangelium
– „Felsenwort“ Mt 16,17–19 1 ff., 22, 29, 37, 157

– Entstehung/Datierung 7, 82
– Petrusbild 45, 49, 147
– Redaktion des Evangelisten 4
– Situation 7, 18, 44, 50
– Sprache/Theologie 7
– Verfasser 5, 50, 70, 186
Menschenfischer 66, 89, 174
Messiasgeheimnis 69
Minor Agreements 174
Mischehe 99
Mission 80 ff., 108 ff.,127 f., 146 ff., 154
– Heidenmission 50, 91, 164
– Kampf um Missionsgebiete 127, 149
– Konkurrenz 150, 152 f.
– Missionarinnen 197, 202 f., 211
– paulinische Missionsgebiete 80, 99, 113, 128, 148, 184
– petrinische Missionsgebiete 80, 87
– Trennung von Juden- und Heidenmission 84 f., 88, 90, 92, 98
– weltweite Mission 116, 155
Monarchisches Bischofsamt 14, 83, 159
– Entstehung 82 f.
Montanisten 195, 203

Nag Hammadi 15, 42, 208
Naherwartung 55
Nero 8 ff., 52, 154, 196

Origenes 2, 10, 53, 69, 174 f.

Palästina, jüdisches 6, 47, 92, 128, 147, 150
Papias 19 f., 46, 51, 60, 73 ff., 167 f., 190 ff.
Paränese 123, 144, 188 f., 200
Parusie Christi 11, 18, 23, 150, 192
Pastoralbriefe 19, 159, 187, 197
– Datierung 83
– Eheverständnis 187 f.
– Verfasser 187
Paulus 7, 9, 50, 92 ff., 103 f., 109, 180 ff., 196
– Apostelamt, s. umstrittenes Apostolat
– Bekehrung 56, 177
– Bruch mit Antiochien 103 f.
– Christenverfolger 71, 85, 110, 122
– „dreizehnter Zeuge“ 125 f., 134
– Familienverhältnisse 188, 199
– – Beruf 110, 195
– – pharisäische Herkunft 20, 156, 188
– Gefangenschaft 109 f., 199
– Gegner/Vorwürfe 17, 56, 94, 108, 112 f., 117 f., 124, 149, 163
– Häufigkeit im NT 16
– Ironie 117, 149

– Jesustradition/Herrenworte 122 f., 131
– Märtyrer/Martyrium 9, 64, 76, 159 f.
– Mission 80, 90 f., 110, 122 f., 129, 147
– – „1. Missionsreise“ 91
– – „2. Missionsreise“ 93, 99, 104, 121, 160
– – „3. Missionsreise“ 93 ff., 100, 104, 154
– – Spanienreise 9, 150, 153, 196
– Polemik 26, 95, 107 f., 117, 182
– Schwachheit 117 f., 150
– Selbstruhm 107, 117, 151
– Selbstzeugnis 24, 91, 180
– Theologie 7, 135
– – Eheverständnis 185
– – Ethik 113 f.
– – Rechtfertigung 70, 96, 117, 135
– – theologia crucis 113
– – theologisches Testament 118
– – Gesetzesauffassung 87, 113
– umstrittenes Apostolat 107 ff., 117, 125, 149 ff., 180
– Verhältnis zu Petrus
– – Besuch bei Petrus 56, 144, 183
– – Grundkonsens 111, 135, 158, 165 f.
– – Konflikt s. Antiochien
– – Kontrahent 52, 85 f., 145, 219
– – Versöhnung 158 ff.
– Wunder 124, 126
Paulusakten 203
Paulusbriefe 52, 62, 85, 116, 135
– Erwähnung des Petrus 37 f., 48
– Sammlung 18, 28, 75, 187
Paulusschule 159
Pella, Flucht nach 105 f.
Petronilla, Tochter des Petrus 32, 209, 213
Petrus
– Autorität 5, 8, 21, 57, 155, 157
– – apostolische Grundgestalt 45, 48 f., 58
– – Augenzeuge 130
– – Begründer der Heidenmission? 92
– – Bischof in Rom 81
– – einzigartige Bedeutung 3, 8, 21, 144
– – führende Rolle in den Evangelien 68, 73, 78, 146
– – Fundament 21, 24, 26 f.
– – Lehrer 5, 145
– – Leitungsvollmacht 5
– – maßgeblicher Jünger 67, 133, 138
– – Offenbarungsempfänger 14, 22 ff.
– – Primat 156 f.

– – Protophanie 46, 54, 67, 71, 107, 111, 163
– – Sprecher der Jünger 21, 46, 55, 115, 133, 162 f.
– – Traditionsgarant 67
– – „typischer Jünger"? 40
– Boten des Petrus 39, 56, 79, 81, 90, 102, 111, 115 f., 124 ff., 131, 148 f.
– Familie 171, 173
– – Beruf 19 f., 30, 46, 65, 110, 156, 171, 217 f.
– – Ehe 19, 204, 206
– – Ehefrau 170, 181 f., 183, 204, 206 f., 210, 213, 217
– – – Martyrium 172, 204 f., 214
– – Heirat 169, 173
– – Kinder 204, 213
– – Schwiegermutter 66, 169 f., 210, 213
– – Tochter 207, 210, 213
– – Vater 171
– Flucht aus Jerusalem 77, 89, 154, 163
– Griechischkenntnisse 19, 21, 165
– Häufigkeit im NT 16, 45 f., 62
– in Korinth 106 ff.
– in Rom 81 f., 89, 114, 153 ff.
– Martyrium/Märtyrer 8 f., 25, 49, 58, 64, 81, 134, 145, 156 f., 205
– – Zweifel am Martyrium 160
– Mission 21, 26, 66, 81, 87, 106 ff., 110, 113 f., 122 ff., 127 f., 144, 150, 154, 163 ff.
– – Gemeindegründung 81 f., 147 f.
– – Heidenmissionar 53, 84, 91 f., 164
– – Judenmissionar 53 f., 88 f., 164
– – Missionsstratege/Organisator 145, 155, 165
– – Predigten 55, 138, 140 ff., 145
– Namensgebung 27, 30 ff., 57, 162 f.
– – Ehrenname 36, 145
– – Fels 24, 27, 34 ff., 39
– – Fels oder Stein? 32, 35
– – „Felsenmann" 11, 21 ff., 54, 147
– – „Simon Barjona" 4, 30, 171
– Theologie 55, 61, 64, 129, 135, 138, 140, 156, 165
– – Brückenfunktion 129
– – frühes Kerygma 143
– – Gesetzesauffassung 86
– – Judaist? 113
– – Vermittlungstheologe? 56
– Unterschätzung 52, 54, 58, 138, 157
– Urgemeindeleiter 47, 54, 77, 122, 145, 163
– Verhältnis zu Jakobus 13 f., 84

– Verhältnis zu Jesus
– – Berufung 46
– – Jesustradition 22, 54, 85, 122, 144, 164 f.
– – Messiasbekenntnis 4, 6, 21 ff., 63
– – Mittlerfunktion 133
– – Seligpreisung 11, 40
– – Verleugnung Jesu 64, 71, 140
– Verhältnis zu Markus 73 ff.
– – *inclusio* bei Mk 67, 168
– Verhältnis zu Paulus
– – Grundkonsens 111, 135, 158, 165 f.
– – Konflikt, s. Antiochien
– – Kontrahent 52, 85 f., 120, 134, 145, 219
– – Versöhnung 158 ff.
– Wunder 124, 126, 146, 152, 207 f.
Petrusamt, s. Primatsanspruch
Petrusliteratur 8, 18, 22, 42 f., 48, 57, 206 f., 209
– Petrusevangelium 49
– Petrusbriefe 18
– – 1. Petrusbrief 75, 87, 139, 160, 167
– – – Verfasser 78, 167
– – 2. Petrusbrief 18
Petrusschule 57, 145
Philemonbrief 158
Philipperbrief 164
– Entstehung 80, 109
Philippi 83
Philippus, Apostel/Evangelist 31, 41, 146, 148, 189 ff., 204
– Ehe/Familie 204
– Hausgemeinde 194
– Identität 192 f.
– profetische Töchter 189 ff., 204
Philippusakten 207 f.
Philo von Alexandrien 36
Phlegon von Tralles 53
Phoebe 197
Polykarp 159, 187
Polykarpbrief 83
Polykrates, Bischof von Ephesus 60, 190 f., 193, 204
Porphyrius 93 f.
Prämarcionitismus 139
Primatsanspruch 156 f., 162
Priscilla und Aquila 80, 119, 155, 195, 219
Pseudoklementinen 14, 17, 26, 43, 206

Q-Hypothese 132 f., 174
Qumran 25, 33, 115

Rabbinen 5, 7, 31, 39, 131, 172
Reinheitsverständnis 92 ff.
Rom 1, 9, 48, 59, 64, 78, 80, 89, 119, 127, 134, 147, 153 ff., 161, 176, 197 ff.
– „Babylon“ 75, 167, 217
– Bischof von 1, 81
– Gemeindearchiv 75, 176
– Gemeindegründung 87, 119, 123 f., 127, 153

– Peterskirche 1, 162, 213 f.
– Presbyterverfassung 83
Römerbrief 15, 89, 118 ff., 127, 164, 198
– Datierung 151, 197

Sadduzäer 105
Samarien 146, 148, 190
Schriftgelehrte 5 f., 44
Septuaginta 23, 143, 152, 183
Severian, Bischof von Gabala 211
Sidon 94
Silvanus/Silas 104, 120 f., 160
Simon Magus 82, 139, 146, 206
Simon Petrus, s. Petrus
Simon von Kyrene 177
Spanien 9, 150, 153, 196
Speiseverbote 121
Stephanus 142, 190
Synagoge(n) 17, 90, 99, 109, 163, 202
Syneisakten 182
Syrien 47, 64, 79, 89, 114, 121, 126, 148, 150, 154, 181

Tarsus 20, 188, 199
Tertullian 2, 27, 29, 77, 193, 200
Thekla 203
Theodat 52 f.
Theodoret, Bischof von Kyros 211
Theophilos 11, 73, 93, 128
Theophylaktos 210, 212
Thomas 12, 41 f.
Thomasevangelium 12, 132
Timotheus 99
Tischgemeinschaft 86, 92, 96, 102, 106, 121, 136 f.
Titus 97
Trajan 18, 32

Überapostel 124
Urgemeinde 35, 37, 48, 69, 71, 95, 98, 104 f., 108, 122, 125, 139 f., 142 f., 154, 177, 199, 220
– als familia Dei 183
– Geistenthusiasmus 141
– Gütergemeinschaft 183
– Leitung, s. Jakobus bzw. Petrus

Valentinus 52 f., 203
Verfolgung, eschatologische 10
Verfolgung, neronische 8 ff., 78, 115, 158, 160, 175, 205 f.
Vergebung 43, 69, 71, 140, 158
Viktor, Bischof von Rom 191

Wahrheit des Evangeliums 103, 111, 135, 137, 161
Wüstenwanderung Israels 39

Zebedaiden, Jakobus und Johannes 43, 41, 65, 79, 174, 218
– Häufigkeit im NT 41, 79
Zeloten 105, 137

Zölibat 211
Zwölferkreis, die „Zwölf" 28, 30, 41, 115, 125 f., 145, 162, 179, 181, 183, 192
– Auferstehungszeugen 111
– Disziplinarvollmacht 6, 43
– Krise/Streitigkeiten 12, 41, 49, 151
– Wunder 125

Griechische Begriffe

ἀκρογωνιαῖος 28
ἀπομνημονεύματα τῶν ἀποστόλων 51, 73
(οἱ) ἀπόστολοι 16, 119

Βαριωνᾶ 4

γράμμα 113

Ἑβραῖοι 114, 116
ἐκ πίστεως 96
ἐκκλησία 4, 27, 29, 155, 197
ἐπίσκοπος 83
εὐαγγελίζεσθαι 143
εὐαγγέλιον 136, 143
εὐαγγέλιον τετράμορφον 72

ζῆλος 117

θεμέλιος/-ον 25, 27 f., 36, 38, 108, 127, 152 f.

ἰουδαΐζειν 99
ἰσαπόστολος 199

καταγιγνώσκειν 95
καύχησις 150
Κηφᾶς 35, 67, 183

λίθος 36 f.

οἱ δώδεκα 16
οἱ μαθηταί 16, 133

παροξυσμός 94
παρρησία 54
περιτομή 89, 112
πέτρα 32 ff., 163
πέτρος 33, 35 f., 163
Πέτρος 27, 30, 32, 36 f., 40, 45, 66 f., 108
πίστις 122
πνευματικὴ πέτρα 39
πορνεία 101 f., 208
πρεσβύτερος 83
προσήλυτος 101
πτωχοί 17
πύλαι ᾅδου 9

Συμεών 32, 35
συνείδησις 122
συνεσθίειν 99, 102, 122
Συροφοινίκισσα 64

τέκτων 178
τέρμα τῆς δύσεως 9

υἱὸς θεοῦ 23

ὑπερλίαν ἀπόστολοι 114, 125
ὑποστέλλειν 95

Χριστός 23, 38, 96, 125, 183

ψευδαπόστολοι 114

ὡς μή 205